明治大正昭和の
日本の戦争史観

佐藤豊

明治大正昭和の
日本の戦争史観

まえがき

　私は戦後の総理大臣が、いずれも各国（特に中国・韓国）に対して平身低頭謝罪を繰り返すのをみて、負け犬がしっぽを巻くがごとくで情なく悔しい思いを持ち続けていた。いつまでこんなことを繰り返すのだろう。いつまでも列国に遠慮し、びくびくしながら生きて行かなければならないのか、もういい加減止めたらよいだろう。戦後七十年も経っているのだから。もう当然対等の立場で交際をはじめたってよいだろう。むしろその方が本当に諸国と分かり合える仲になっていくはずだ。本音で話し合えば、かえってお互いに理解し合えるようになるのではないかと思う。

　私が中学五年（旧制）のとき大東亜戦争がはじまった。私達は大東亜共栄圏をつくるのだ、ＡＢＣＤ包囲網によって生きてゆけなくなったから戦争するんだ、という風に教えられ、その通りに信じてきた。はじめは勝った勝ったで喜んでいた。ところが戦後になって私にも分かったのだが、勝った情報は大本営の偽りの情報だった。そして敗戦、戦争は終わった。

私はロクなものも食えない日々が続いた戦中の貧乏暮らしに耐えて、戦時中の銃後を守ってきた。でもそんな貧乏暮らしは私達にとって、これが普通の生活なんだ、こんなものなんだと思って別に不平も不満もなかった。

やがて戦争は負けた。弱いから負けたんだ、負けたのはしょうがない。今まではただ何となく国が総力戦だ、勝つまでは欲しがりません、本土決戦だと言って、俺たちもそうか、そんなものだと思っていた。そして英米憎し、鬼畜米英などの言葉が流行していた。私もそうだと思って暮らしていた。それは正直な私達の感情だった。

そして敗戦、戦後は今度は日本は悪いことをしてきたんだ。これまでの日本がしてきたことは侵略だったということになった。外国人が言うのはまだしも、日本人までがこれまで日本がしてきたことを批判する自虐的な発言が多くなってきた。私はこうした自虐的な発言を聞くたびに癪にさわって仕方がなかった。往時の日本は国を守ろうとして一生懸命に努力してきた。その当時の日本人の心情を思いやることもなく、ただ日本が悪かったのだ侵略したのだ、と片付ける連中には怒りを覚えたのである。

だが最近になって、いやちょっと待てよ、今までは単に感情的に思っていたが、これはひとつ冷静にこれまでの日本の戦争を改めて問い直してみようと思うようになった。それはもう米寿も近くなった頃からである。そして私なりに過去の歴史の事実、その因果関係を調べて、どっちが正しかったのか、どっちが悪かったのか本当のところを知りたいと思ってこの本を書いた。

十五世紀から十七世紀前半にかけて、いわゆる大航海時代がはじまり、これが契機となってヨーロッパ列強による植民地争奪が世界中に広がっていった。十八世紀半ば頃からイギリスからはじまった産業革命後は、この植民地争奪はいっそう激しくなっていった。

十八世紀末から十九世紀後半にかけて、西からはイギリス、フランス、オランダ、ポルトガル、プロシアなど、北からはロシア、東からはアメリカが極東アジアに進出してきて、あるいは交易を求め、あるいは戦争をはじめるなどをするようになってきた。日本をはじめ清国、朝鮮の沿岸にしきりに外国の軍艦や商船が出没するようになってきた。

日本は明治維新を成し遂げ、西洋文明の実力をいやというほど見せつけられ、その文明を取り入れなければ国が滅びる。その文明を取り入れて西洋と同等の国力をつけなければ西洋列強と対等のつき合いをしてゆくことはできないと悟ったのである。そして西洋に追いつき追いこせとばかり猛烈に明治の人達は勉励努力した。日本人はわが国の富国強兵、殖産興業に力を入れた。それはわが国を守るためには何よりも必要なことであり、明治人の目標だった。

それと同時に日本は主権線すなわちわが国の領土を守るだけでなく、利益線も守らなければならないと考えた。利益線とは主権線の安全に密接に関係する地域で、具体的には朝鮮半島を指していた。もし朝鮮半島が外国の影響下に入れば、日本にとって重大な問題になると考えたのである。それは当時の西欧列強の侵略主義、帝国主義の時代にあっては当然考えておかなければならないことであった。そのために日本は、朝鮮に対しては安全な独立国家となって、日本と友好的な交際のできる国になって欲しいと願ったのである。

なぜかというと、朝鮮という国はその当時（昔もそうであったが）、清国を宗主国とし毎年清国に朝貢（貢物をすること）し、自らは清国の従属国であるような国の体制になっていた。つまり朝鮮は自主独立の国家という体制になっていなかったのである。そしてやがて清国は朝鮮の朝貢外交だけに止まらず、朝鮮への支配力を強化していった。またロシアも朝鮮の北方を侵略するという事態が生じたのである。

やがて日本は利益線朝鮮を守るために日清戦争をはじめた。またロシアは北清事変後も満州に大量の兵力を駐留させ、殆んど満州を占領するといった状態であった。かつて利益線であった朝鮮半島が主権線（日韓併合）に入った結果、今度は満州が日本の利益線になった。このロシアの脅威を排除するために、ロシアの政策に批判的であった米英の理解・協力もあって日露戦争を断行した。日清・日露戦争はいずれも朝鮮問題が絡んでおり、日本の独立安全のためには朝鮮の独立達成が基本的に必要だということであった。日露戦争後の日本の対外政策は、満州権益の維持強化を基本目標として展開された。

大正時代に入って第一次世界大戦が勃発した。第一次世界大戦はヨーロッパにおける戦争だった。日本には何の関係もない遠い地域の戦争であったが、日英同盟国のイギリスからの要請があってこの大戦に参加し、山東半島におけるドイツの権益や、赤道以北のドイツ領マーシャル・マリアナ・カロリン諸島を国際連盟からの委任統治地としてわが国のものにした。まあそこまではよいとして、中華民国に対して対華二十一ヵ条要求をつきつけた。この要求の中には、支那が到底受け入れられない内政干渉といえる部分があったため、これを境に支那の反日感情は決定的に悪くなった。

そして昭和に入って満州事変、満州国建国と続くのであるが、このあたりで止めておけばよいのに、図に乗った日本は支那事変へと戦線を拡大させてしまった。私はこの支那事変は、無益な、かつ大義なき戦争だったと思っている。この戦争があったために、欧米が支那大陸に持っていた権益と衝突し、米英蘭は日本と敵対する形となり、ついに大東亜戦争（太平洋戦争）を誘発させる結果となったのである。

日本は戦争開始直前まで日米交渉を続け、平和的解決の努力をしたが、軍部の台頭による政府部内の政策の不統一、それを押さえつける強力なリーダーシップの欠如などがあって戦争を回避できず、しかも戦争をして勝てるという確かな勝算もなく、無謀な戦争をして日本史上最大の悲惨な敗北となったことはかえすがえすも残念なことであった。

目次

第一章　日清戦争前夜

明治維新を断行して欧米並みの近代国家をめざして歩み出した日本は、朝鮮にもその独立を願っていた。なぜか、世は未だ欧米列強の植民地侵略が続いていた。特に支那は朝鮮支配を強めてきており、ロシアも朝鮮侵出の野望を持っていたから、もし支那やロシアに支配されてはわが国の脅威となる。だから朝鮮にも近代的な独立国となってわが国との平和的な通商交流ができる状態になってもらいたいと願ったのである。

元来朝鮮は古くから清国の宗主権下にあって鎖国の方針を堅持してきた。西洋諸国は朝鮮の鎖国に不便を感じその開国を望むようになった。しかし朝鮮は鎖国の方針を改める意思をまったく持っていなかった。そのような中でフランス主教を含むカトリック教徒の虐殺事件が起きた。一八六六年（慶応二）フランス軍艦は朝鮮江華島を攻撃したが惨敗した。また同年アメリカの汽船が宣教師を乗せて大同江を上る途中座礁したのに対し朝鮮はこの船に火を放ち乗組員を殺害するという事件が起こった。一八七一年（明治四）アメリカ軍艦は江華島を攻撃したが撃退された。当時日本は西洋諸国の勢力が朝鮮の上に及ぶことになればわが国も西洋諸国の重大な脅威にさらされることになるとしてそれを強く恐れた。

征韓論起こる

幕府に代った明治政府は対島藩を通じて王政復古を朝鮮に伝えたが、その文書の中に「皇」とか「勅」の文字が使われていた。これらの文字は宗主国である清国のみが使う文字であってそれを使うということは、朝鮮国王を下にみて天皇をその上に位置づけるものだとして朝鮮は文書の受理を拒否した。

また明治政府は朝鮮に対し鎖国をやめて開国するよう迫ったが、朝鮮は明治政府が開国の方針をとり西洋文明の移植を熱心にはかるのに対してこれを侮蔑し、一八七二年（明治五）には和館（江戸時代対馬藩が釜山に和館を置いてこれを通じて朝鮮と通商が行われていた）との交易もついに絶つに至った。

また一八七三年（明治六）朝鮮政府が日本の公館草梁館（以前は対馬藩の和館であったが維新後改名して新政府の公館となる）の門の壁に貼った伝令書（民衆に告げる告諭）があった。それには「日本人は西洋人と交わり禽獣に等しき故これと交わるべからず。この禁を犯す者は断首の刑に処せん。恐らくわが朝鮮人は日本人に暴行を企てるであろう。かくして日本人を後悔させぬようまず諭して速やかに本国に引退させるべし」と書かれていた。

釜山では食料品や薪炭その他の品を供給するのを停止し、日本人と交際した妓女（遊び女）は斬首の刑に処せられた。

こうしたことがあって明治六年征韓論が起こったのである。しかし征韓論は殖産興業によって国内の近代化を第一義とする岩倉具視、大久保利通らによって反対され、西郷隆盛、板垣退助、後藤象二郎、江藤新平、副島種臣ら征韓派は敗れて政府を去った。

ここで西郷が征韓すなわち兵を出して韓国（朝鮮）を征伐するという征韓論者ではなかったことを言っておきたい。坂野潤治はその著『西郷隆盛と明治維新』の中で次のように書いている。西郷は「征韓」を唱えたのではなく、朝鮮への「使節派遣」を求めたにすぎず、自分が全権使節として訪韓して「暴殺」されれば「征韓」の口実ができると西郷が主張したのは、本当の「征韓」論者だった土佐の板垣退助の説得のためだった。西郷の目指した使節団が開戦の口実作りのためではなかったことは、二年後の江華島事件を口実作りの日本海軍の「恥ずべき所為《しょい》」と西郷が批判していることによっても明らかである。

また松浦玲はその著『勝海舟と西郷隆盛』の中で次のように書いている。

西郷と勝は肝胆相照らす仲であった。そして勝は、西郷は征韓論者ではないと主張している。朝鮮を征伐とは日清戦争のこと、海舟は朝鮮出兵も日清戦争にも反対だった。西郷が「朝鮮支那は今の機を延ばしてはわるい。拙者が行き一戦争やらなければならない」と言うと、鉄舟（山岡鉄舟）が「左様でござる。兵などは容易に動かすものではない」と受けた。西郷はさらに「雉子が声を出すから猟師が来る」と加えた。海舟は西郷が征韓論者ではないことを当人から聞いて知っていたという。鉄舟と西郷の談話でも西郷が「一戦争」といったのは自分が重荷を担って掛け合うという意味で、兵力を動かしての戦争ではない。鉄舟は応答を間違えていないというのである。西郷がさらに雉子を加えたのは、兵を動かして騒げば諸外国が隙を狙ってくる危険を説いたのだと海舟は説明を追加する。

江華島事件

一八七五年（明治八）九月二十日に起きた江華島事件は、朝鮮の開国を求めて行われた日本の軍事行動である。

原田敬一はその著『日清戦争』の中で、この事件は雲揚号の不法侵入と挑発的な測量行動、積極的な砲撃による意図的な事件であったと、「雲揚号艦長井上良馨の明治八年九月二十二日付江華島事件報告書」に基づき述べている。

また、崔基鎬《チェキホ》はその著『日韓併合の真実、韓国史家の証言』の中で、「日本は開国を進捗《しんちょく》させるために雲揚・春日・第二丁卯の三艦を派遣し、そしてボートを降ろした。ボートが江華島に接近すると岸から砲撃を受けた。雲揚号が応戦したが守備隊（朝鮮側）は旧式な砲しか持っていなかったために日本艦隊に届かず、近代砲によって一方的に叩かれた。雲揚号は海兵を上陸させ兵営を焼き払い、銅砲三〇数門を戦利品として奪って長崎に引きあげた」と述べている。

いずれにしても開港を求め、それを軍事的行動で示したということであった。アメリカ、イギリスをはじめ列強は朝鮮の開国を望んでいたから日本の行動を支持した。

西郷隆盛はこの事件をどうみていただろうか。再び坂野潤治の前掲書から引用してみよう。それは西郷が征韓論争で行動を共にした篠原国幹《くにもと》に送った書簡の一部であるが、現代人に分かる文体にして示すと、

「朝鮮とは数百年来交際をしてきたが、御一新以来対立して五、六年談判してきたが遂に今回の事件を引き起こしてしまった。まったく交際もなく話しても分からない国を相手に戦争するのと同様に戦端を開いてしまったことは誠に遺憾千万なことである」

「たとえ戦端を開くにしても、最初測量を予告し相手の承諾の上実施すべきである。そういうこともせず発砲されたとしても一応は談判をして何故このようなことをするのかを糺《ただ》すべきものである。ひたすら彼を蔑視し発砲してきたから応戦したというのでは、これまでの友誼上実に天理に恥ずべき仕方である」

以上から分かるように朝鮮との正式な開国交渉の必要を唱えてきた西郷には航路測量を口実と

して江華島砲台を挑発して、相手が撃ってきたとして一挙に同島を占領した雲揚号の応対は許しがたいものであったのである。

　この事件の翌年一八七六年（明治九）二月二十六日、朝鮮江華府で「日朝修好条規」（江華島条約）が調印され朝鮮は開国した。

　日朝修好条規の第一条は「朝鮮ハ自主ノ邦《クニ》ニシテ日本国ト平等ノ権ヲ有セリ」とうたっている。これは日本が朝鮮を独立国だと認めたもので、当時としては画期的なものだった。なぜかというと当時は「清国の属国」としてとらえられていた。清国がそうみていたし、朝鮮も清国を宗主国としていた。西洋列強も朝鮮は清国の一部位にしかみていなかったからである。またそれまで鎖国攘夷をとってきた朝鮮だったが、これを機に開国政策をとるようになった。

壬午事変

　一八七三年（明治六）十二月二十四日朝鮮では高宗《こうそう》・閔妃《びんぴ》政権が成立した。実はこれ以前も国王は高宗であったが、まだ少年であったので、父の大院君が攝政として政治の実権を握っていた。高宗は十五歳、閔妃は十六歳だった。大院君は極端な排外思想の持主で外国人を夷狄《いてき》とし特に日本人を目の敵《かたき》にした。やがて高宗は成人に達し国王親政を主張したので大院君もこれを否定できず摂政を隠退し、前記のごとく名実共に高宗・閔妃政権が誕生したのである。

ところで高宗・閔妃と大院君とはあまり仲が良くなかったようである。閔妃は開国主義をとり親日的であったので当然日本は閔妃を支持した。閔妃政権は次々と開化政策を進めた。閔妃は前述の日朝修好条規を結んで、日本の工兵中尉堀本礼造を迎えて朝鮮兵の洋式訓練もやった。だが王妃閔妃が実権を握る朝鮮宮廷は女と佞臣《ねいしん》がはびこり民衆の窮乏をよそに歌舞音曲に明け暮れる伏魔殿であった。

一八八二年（明治十五）七月二十三日の壬午《じんご》事変は、日本式兵制改革と待遇（給与の未払い）に不満をもっていた旧式軍隊兵士の反乱からはじまった。反乱は兵士だけに止まらず、ソウルと近郊の貧民を巻きこんで、閔妃一族の邸宅を焼き払い、日本守備隊の少尉が殺され日本公使館も焼き打ちされた。公使をはじめ館員たちは命からがら日本に逃げ帰った。閔妃の一族数十人が殺されたが閔妃は逃亡した。この事変は大院君が背後で糸を引いていたのである。事変は清国軍によって鎮圧され清国は大院君を天津に連れ去って幽閉し、閔妃一族による政権を復活させた。

日本は一八八二年八月三日朝鮮と済物浦《さいもつぽ》条約を結んで和解する。この条約で日本は填補金《てんぽきん》という名称で五〇万円を獲得（一八八四年特旨により三〇万円を免除）、同時に日本公使館警備の兵員駐留を認めさせた。

この事変後清国は朝鮮を属国扱いにして、閔妃も露骨な親清国政策をとるようになった。実際にこの後閔妃派は彼らを政権に復帰させた清国に親しむようになり、清国も自国民保護を名目として軍隊を京城に駐留させることになり、そればかりか清国は朝鮮の外交、内政にしきりに干渉するようになり、軍事使節団を送って朝鮮軍隊をその支配下に置くことを企てるようになった。清国は壬午事変を機会に朝鮮に対する宗主国の地位を強化するようになった。日本はこれらの情勢を重視して清国を仮想敵国として軍備拡張をはかることになるのである。

一方、清国から独立して閔妃の支配をしりぞけようとする若くて進歩的な金玉均《きんぎょくきん》、朴泳孝《ぼくえいこう》らは親日的な「独立党」をつくった。

甲申事変

一八八四年（明治十七）十二月四日の夜、京城に新設された郵政当局の開局記念祝賀会が催された。宴の最中独立党はこれに火をつけ、王宮に入って閔妃の事大党の大物など数名を殺害した。独立党は金允植《きんいんしく》、魚允中《ぎょいんちゅう》、金弘集《きんこうしゅう》ら穏健開国派と、金玉均《きんぎょくきん》、朴泳孝《ぼくえいこう》、洪英植《こうえいしく》、除光範《じょこうはん》らの急進開国派とがあった。この事変を実行したのは急進開国派によるものだった。

国王高宗は日本公使館に警護を頼んだ。公使は村上大尉率いる二〇〇名の隊員を王宮の警護に当たらせ、独立党は王宮に入って新政府を発足させた。

二日後の六日になると、ソウルに駐留していた袁世凱《えんせいがい》のひきいる六〇〇名の清・韓連合軍が王宮を取り囲んだ。国王は清国側に逃れた。京城は清国兵と事大党の韓国兵によって占領された。在留邦人、日本兵も暴徒と化した彼らによって多く殺された。公使館も焼き払われ公使は日本に引きあげるに至った。そして独立党の領袖《りょうしゅう》(親分)らは、あるいは殺されあるいは国外に逃れ、クーデターは完全に失敗した。そしてまた高宗と閔妃一族の政権が復活した。これを「甲申《こうしん》の変《へん》」という。壬午事変、甲申事変は完全な日本側の敗北であり、逆に朝鮮に対する清国の影響力が強化された。

天津条約

翌一八八五年(明治十八)一月、外務卿井上馨が特派全権大使として京城に赴き朝鮮政府と折衝し、謝罪と賠償を約束させ、ついで同年二月伊藤博文参議・宮内卿が特派全権大使として天津に赴き、北洋大臣李鴻章《りこうしょう》と交渉を行い同年四月十八日天津条約に調印した。条約の内容は、

一、日中両国はこれまで朝鮮に駐屯させていた軍隊を撤収する
二、両国は軍事教官を朝鮮に派遣しない
三、将来朝鮮に「変乱重大の事件」が生じて両国はその一国が朝鮮に出兵する場合には予め他

方に通告し、事態鎮静の上は速やかに撤兵する

以上各事件・事変について述べたように、日清関係はとかく烈しく緊張しがちであり、しかも両国の係争点であった朝鮮問題は、わが国の独立にかかわる問題と考えられた。かつまた、清国及び朝鮮は国内の近代化が進まず、その上清国は西洋諸大国の重圧下にあり、朝鮮の場合はその内政が極めて不安定であり、そのこと事態がわが民族独立に対する危惧《きぐ》を同時に意味するものであった。

西洋諸大国の重圧下にあった清国

それは一八四〇～一八四三年の阿片戦争である。イギリスの東インド会社は、インドで阿片を栽培させこれを支那に密輸させた。これを清国は阻止しようと英国商館を包囲して阿片を没収焼却した。英国はこの事件を清国の鎖国体制打破に利用して開戦した。イギリスが仕掛けた侵略戦争である。清国は敗れ厦門《アモイ》、上海など五港、香港の割譲などを約した南京条約をイギリスと結び、後に同様の不平等条約をアメリカ、フランスと結んで中国半植民地のはじまりとなった。

朝鮮内政の不安定

それは江華島条約を結んだ後、朝鮮は日本へ視察団を二回に渡って派遣し開化政策を進めると

共に西洋諸国と次々に修好条規を結んだ。ところが頑迷な攘夷派は開国に反対して不安定な状況がひろがった。江華島条約の五年後の一八八一年には、大院君の妾腹の息子李載先《りさいせん》の側近である安驥永《アンキョン》が部下とともに閔妃をはじめとする王妃一派を殺して大院君を復権させることを企てたことが発覚した。これは高宗と閔妃の宮廷を震駭させた。安驥永の一党は処刑され、李載先は高宗の腹違いの兄であるにもかかわらず毒殺された。この事件は大院君が背後で操っていたことは明らかであった。大院君はまだ権力欲に燃えていた。しかしさすがに高宗の実父である大院君まで処刑することはできない。大院君は軟禁状態におかれた。

高宗と閔妃は全国が疲弊し切っているのをよそに、連日連夜歌舞の宴に興じて逸楽に耽《ふ》けるといった状態であったのである。李王朝は建国以来五一八年にわたって限りない搾取と苛斂誅求《かれんちゅうきゅう》の歴史であると言う識者もいる。

第二章　日清戦争

日清戦争はいかにして起こったか。その動機は朝鮮問題にある。それは前章で述べたようないろいろの事件、紛争そして不安定な朝鮮の内情に起因するものであった。もともと日本は朝鮮の独立を願っていた。支那やロシア等に支配されてはわが国の脅威となる。それ故に近代的な独立国になってわが国と平和的な通商交流ができる状態が望ましかったのである。朝鮮の不安定そのものがわが国の独立に関係したのである。日清戦争の直接の発端となったのは東学党《とうがくとう》の乱である。

東学党の乱

一八九四年（明治二十七）四月東学党の乱が起こる。この乱は宗教としての教えや、その中に「斥倭洋《せきわよう》」（倭は日本、洋は西洋つまり日本や西洋を排斥する）などの攘夷思想があるのも事実だが、地方官や地主による農民収奪に反対する農民たちの反乱である。東学党の乱はあくまで朝鮮国内の内紛であり、それをどう収めるかは国内政治の問題である。天津条約が締結された一八八五年からこの乱のため再出兵が行われた一八九四年まであしかけ十年間、朝鮮をめぐる日清間の紛争は起きなかった。しかし、この乱をきっかけとして日清戦争がはじまるのである。だがどうしてこの乱をきっかけとして日清戦争がはじまったのか。

東学党の乱がしだいに全国に及ぶのを恐れた国王高宗は清国に救援出兵を依頼した。清国の袁世凱はすぐに出兵を約束した。そして日本に先の天津条約に基づいて通告をした。

この時伊藤内閣はすぐさま出兵を決めた。朝鮮は清国に助けを求めたのであり、日本に助けを求めたわけではない。ただ先の条約に基づいて清国は日本に清国出兵の通知を出しただけです。だからこの通知を受けて日本も出兵するか、しないか迷いがあった。実際に出兵を強くすすめたのは陸奥宗光外相だった。陸奥は「出兵せずにいれば朝鮮での日清間の勢力のバランスが崩れてしまう」と主張した。

伊藤首相は出兵は決めたものの清国とは戦いたくないと考えていた。明治天皇も戦争になるのではないかと不安に思っていた。ところが、陸奥外相や川上操六参謀次長らは清国と戦うための出兵だと考えていた。実際に出兵されたのはほぼ七、〇〇〇人で「居留民保護」という名目にしては大規模すぎる。

この辺の事情について田原総一朗はその著『日本の戦争』の中で次のように述べている。明治天皇は維新の修羅場をさんざん体験して鍛えられ、瞬時にものごとの本質を見抜く力を体得していた。そこで伊藤にズバッと問うた。

「韓国に兵を入れると清国と戦うことになるのではないか、勝算はあるのか」

「勝算ありと川上操六は申しておりますが……」伊藤は答えながら冷や汗をかいていたはずである。伊藤はこの時点で出兵は決めたものの清国との戦いはできるだけ避けたい、いや戦いたくないと考えていたのであった。ところが外相の陸奥は閣議で「出兵」を口にしたときから実は清国と戦うことを前提にしていた。

現に川上は「一個旅団程度の派遣は出来る」といい、伊藤は「一個旅団」つまり二、〇〇〇人程度の出兵と判断していたのだが、川上は陸奥とはかり何と七、〇〇〇人にも及ぶ混成旅団を用意した。これは明らかにはじめから清国と戦う腹で、いってみれば陸奥・川上コンビで首相の伊藤を騙したわけだ。

それでは首相の伊藤が戦争を回避したいと願っていたにもかかわらず、なぜ陸奥は派兵を当初から清と戦うべきだと考えていたのか、どんな意志が彼を動かしたのか。

「日本にとっては、ともかく自国の安全のために朝鮮半島が中立化していなくてはならない。朝鮮半島は日本の生命線で、日本以外の大国が朝鮮を支配下に置こうとすれば、日本は身体を張って徹底的にその国と戦わなければならない。これが当時の日本政府の首脳たちの考え方だった」（坂本多加雄・学習院大学教授）。

話を本題に戻そう。

日本と清国両軍が出兵したとき、朝鮮政府軍と農民軍の間で和解が成立してしまっていた。なぜ和解したのか。農民軍にとっては秋の収穫が近づいていたという事情があった。しかしそれ以上に日清両軍の派兵を知って、農民軍、政府軍ともに戦争の危機を察知したからである。それで農民軍は弊政改革二十七ヵ条の実行を条件に和解が成立したのである。

こうなると出兵の必要はなくなった。そこで全権大使として朝鮮に駐留していた大鳥圭介は外務省に「撤兵の必要あり」と電報を打った。現に朝鮮政府は、日清両国に一刻も早く撤兵すべしと表明していた。ところが陸奥外相は「絶対に撤兵するな、たとえ外交上多少の紛争があっても現地で滞陣せよ」と命じた。この頃は文官が軍隊の行動に命令できたのである。これを昭和の初期に軍人が政治を支配したのと対比してみると誠に興味深いものがある。それはともかく、とは言え兵を出先に置き続けるにはそれなりの理由が必要である。そこで陸奥は「日清両国が協力して内乱を鎮圧する」、「内乱を抑えた上は日清共同して朝鮮の内政を改革する」、「清国が内政改革に不同意の場合は日本単独で内政改革を進める」、と清国に提案した。

清国は「すでに平定している内乱に共に鎮圧の必要はない」、「朝鮮自主論をとる日本が内政干渉は不当。内乱鎮定後の撤兵は天津条約の取り決めであり両軍は速やかに撤兵すべきだ」、「朝鮮の内政については朝鮮にまかせればよい」と回答した。これはもっともと思われる正論である。

日本・朝鮮内政改革単独実施を申し入れる

しかし、日清両国ともに撤退すれば当然韓国とのつながりは、これまでと同じように清国の方が圧倒的に優位に立つ。陸奥はそうした清国の狙いがよく分かっていた。清国にしてみれば、壬午・甲申事変以来韓国ではあきらかに優勢な立場にあり、何も内政干渉など日本と一緒にやって日本の影響力を引き上げてやる理由など全然なかった。それに清国は小国日本が清国に戦争を挑もうとは夢にも考えていなかった。

実は、これらのやりとりの前にロシア、イギリスからの干渉があった。ロシアは日本の撤兵を強く要求した。清国との同時撤兵を拒否するならば日本政府に責任を求めるというものだった。イギリスは日清両国に朝鮮の内政改革を進めるための条件を求めた。それは日本は撤兵も含め同時に朝鮮の政治や通商に対し、清国と同等の権利・特権を求める、との要求を清国政府に伝えた。

清国は日本の撤兵があくまで条件だとしてイギリスの調停を拒否した。またロシアについては西徳二郎駐露公使から、ロシアはこれ以上動かないという情報が入った。これでロシア、イギリスからの干渉もなくなった。

日本はイギリスの調停を拒否したのだからと交渉を放棄し開戦準備を決める。そして清国に対し清国の拒否は問題の解決を遠ざけたものであり、今後起きる事態への責任は清国政府にあるという対清国絶交書を提出する。このあたりはイギリスに責任を転化するものであり、それを口実に対清絶交書を出すなど強引なやり方であった。

一八九四年（明治二十七）七月十四日、右の絶交書が清国政府に届き、これに激怒した清国皇帝は対日開戦を決意する。皇帝は直隷《ちょくれい》総督李鴻章に打電した。開戦となれば北洋陸軍と北洋水師（海軍）を握る李鴻章を動かさなければ不可能だった。

李は側近の伍廷芳を荒川巳次天津領事のもとへ派遣し「清国政府の態度いかんにかかわらず、李は朝鮮問題を解決するつもりだ」と話し合いで解決を求めていると伝えさせた。

荒川はすぐ陸奥外相に報告したが、陸奥は政府間の正式な交渉ルート以外での交渉は認められないから、李鴻章の提案は受けられないと返電する。英露の重石《おもし》がとれた日本政府はもはや開戦の道しか見えていなかった。

日本は清国が共同での朝鮮内政改革に乗らないので日本独自で内政改革をやると朝鮮国王に申し入れた。朝鮮国王は全面的に清国を頼っているから日本の提案など受け入れない。そこで日本は強引な策略をめぐらした。実はこの時高宗と高宗の実父大院君の関係はうまくいっていなかった。大院君はすでに権力の座を追われていた（前述）が、しかし大院君はまた権力の座に返り咲きたいという強い野心があった。そこで日本は大院君に近づき「日本政府は朝鮮を支配下におこうなどとはまったく考えていない。完全に独立国としてつきあっていく」、といって大院君を納得させると同時に高宗と王妃閔妃のソウル王宮を攻撃征圧した。そして大院君は再び権力の座についた。そして「清国を追い払うよう日本軍に依頼する」と言った、というより言わされた。これで日本は清国と戦う大義名分が一応出来上がった。大院君はいわば権力の座を奪い取るために日本と取り引きをしたのである。

日清戦争はじまる

すべての仕掛人は陸奥宗光外相だった。朝鮮が親日政権にならなければ日本の安全は守れない。陸奥はこの理念を押し通したのである。十九世紀末西欧列強の植民地獲得の野望はアジア極東の地を目標にしていた。開国して間もない日本にとっては植民地にされるか植民地を作るかという瀬戸際に立っていたのである。

だからといって当時の日本が朝鮮を植民地にしようと考えていたわけではない。伊藤にしても陸奥にしても当時の日本政府の首脳部は誰一人として植民地にしようなどとは考えてもいなかった。あくまで朝鮮の独立（朝鮮は清を宗主国とし、いわば清の従属国であった）を保証するといい続けている。陸奥は朝鮮を植民地にするのではなく、独立した親日国にしたいと考えていたのである。当時の日本政府の首脳部は皆こう考えていた。

しかし戦争になることは伊藤も明治天皇も反対だった。明治天皇は清国と戦争してもとても勝ち目はないと考えていた。だから開戦と決まったときには「閣僚の起こした戦争であって、朕《ちん》の戦争ではない」とはっきり言っております。

一八九四年（明治二十七年）八月一日、日清同時に宣戦布告。しかし実際の戦争は七月二十三日朝鮮王宮占領、二十五日豊島沖で清国艦隊攻撃（黄海海戦）ではじまった。旅順をほぼ占領し、さらに山東半島に上陸し、威海衛を完全に包囲したところでアメリカが調停に乗り出した。清国の独裁者西太后が敗戦を認めざるを得なくなってアメリカに調停を頼んだのである。

日清講和条約（下関条約）

一八九五年（明治二十八）四月十七日、下関で伊藤博文と李鴻章が講和条約に調印。条約の内容は次の通り
一、朝鮮の独立を承認する
一、遼東半島、台湾・澎湖《ぼうこ》島を割譲する
一、賠償金として二億両《テール》（約三億一、〇〇〇万円）を払う

甲午改革

これについては姜在彦著『歴史物語朝鮮半島』より引用して記す。

甲午《こうご》改革とは、一八九四年（明治二十七）七月から一八九六年（明治二十九）二月までの近代的改革をいう。日清戦争における日本の勝利を背景に行われた改革事業は日本側の干渉のため、いろいろの制約はあったが少なくとも封建的な旧体制が解体され、政治・経済・教育の各分野で「近代」を刻印する大きな変貌を遂げた。ただ残念なことには拙速による欠陥も多く、その成果が十分定着する前に短期間で挫折してしまった。

日清戦争がはじまる前一八九四年七月二十三日、前述したように日本軍は大院君側と閔妃派の対立を利用して大院君をかつぎ出してクーデターを起こして王宮を占領した。七月二十七日金弘集を首班とする軍国機務所が設置され改革事業がはじまった。その中心メンバーは金弘集、金允植、魚允中、兪吉濬など甲申政変に参加しなかった開化派の政治家であった（第一次金弘集政権）。

同年十二月にはクーデターにかつぎ出された大院君が政界から隠退し、軍国機務所を議政府に改め（後に内閣に改称）、甲申政変のとき日本に亡命していた朴泳孝、アメリカに亡命していた徐光範をも入閣させ、金弘集・朴泳孝の連立政権をつくった（第二次金弘集内閣）。一八九五年（明治二十八）八月に朴泳孝内部大臣は政敵の誣告《ぶこく》（故意に事実を偽って告げること）によって王妃殺害をたくらんだ「謀逆反人」とされ、日本に亡命したのち、第三次金弘集政権が成立したが改革事業は頓座せざるを得なかった。

これより先一八九五年一月七日、金弘集は内政改革の大方針を示す「洪範十四ヵ条」を宣布した。それは第一条「清国に依附《いふ》する慮念《りょねん》を断ち自主独立の基礎を確進する」にはじまる新政綱の基本精神を示す内容になっている。しかし、一八九六年二月金弘集政権が倒れ、甲午改革は挫折した。その発端は一八九五年十月八日の閔妃暗殺事件であった。

第三章　日清戦争後の内外情勢

三国干渉

ところが、ロシア・フランス・ドイツの三国が日清講和条約の実施に待ったをかけてきた。条約調印の六日後の四月二十三日のことであった。遼東半島を日本が所有すれば清国は危険にさらされ、朝鮮の独立など名ばかりになる。だから日本は遼東半島を支那に返せというのである。まったく理不尽な力による脅迫である。日本はせっかく手に入れた遼東半島をあきらめざるを得なかった。

結局日本は遼東半島を清に返還したが、その二年後一八九七年（明治三十）にはドイツは膠州湾を占領、翌九八年には占領した膠州湾と青島《チンタオ》を租借地とした。イギリスは威海衛と九龍《クーロン》を租借し、そしてロシアはなんと日本から返還させた遼東半島の旅順・大連を租借した。さらにその翌年フランスは広州湾を租借した。

この干渉はロシアの主唱によるものであった。日本は戦争に勝って外交に負けたのである。ロシアは日清戦争を機会に極東に関する関心を新たにした。ロシアは極東に新しい領土と冬に凍結しない港を狙っていたのである。そのため三国干渉の推進者としての役割を演じたのである。

支那はそれまで「眠れる獅子」として世界から見られていたが、日清戦争に敗れて西洋列強は清国与《くみ》し易《やす》しとばかり植民地の餌食として支那を侵略してきたのである。また日本は臥薪《がしん》嘗《しょう》胆《たん》、今後はロシアを仮想敵国としていつかこの屈辱を晴らそうと考えるに至った。

乙未政変

三国干渉の後一八九五年（明治二十八）十月八日乙未《いつび》政変が起こる。『岡義武著作集　第二巻　明治政治史Ⅱ』の中で岡は次のように述べている。

ところで朝鮮は一時は親日的であった閔妃は今度はロシアに就き親露派となった。よって親日派は凋落の形になった。このような中で三浦梧楼《ごろう》（陸軍中将・長州人）が井上に代って駐韓公使に就任（明治二十八年八月）し、朝鮮宮廷内の以上のような勢力関係をわが国側に有利なものにしようと考え、わが国の守備隊及び日本人将校によって養成された朝鮮人の訓練隊、さらに日本人壮士らが王宮に入って閔妃を殺害し、閔妃により蟄居《ちっきょ》を余儀なくされていた大院君を擁して親日派から成る新政府を樹立させた。これを乙未の政変という。

この陰謀は三浦を中心として計画実行されたもので伊藤内閣とは何らの関係もなかった。伊藤は終始対朝鮮問題は外交により平和的に処理し、朝鮮の独立を願っていた。

日本政府は三浦梧楼以下の事件関係者を召還して広島監獄に収容した。しかし事件関係者を収容した広島監獄も、事件の審理にあたった広島裁判所もともに三浦らを「国士」として丁重に扱った。のち全員釈放となり三浦は東京に帰ったが、その沿線には多くの人が集まり、列車に向かって万歳を浴びせる有様であった。世情は親露派となった閔妃が暗殺されたのを快よしとしていたのである。

しかし、この閔妃暗殺は三浦らの意図とは逆の効果をもたらした。この事件は朝鮮側を刺激して反日感情を煽ることになった。わが国は日清戦争により朝鮮から清国の勢力を除去することに成功したものの、戦後の朝鮮においてはロシアがかつての清国に代って大きな勢力を擁することになった。ロシア将校による朝鮮陸軍の改造、ロシア将校を指揮官として親衛隊による朝鮮宮廷の警護、財政顧問を派遣して朝鮮の財政を大きく左右した。さらにロシアの勢力は満州にも及び露清銀行、東清鉄道会社の実権はまったくロシア側に掌握された。

また崔基鎬は先に掲げた書の中で次のように述べている。

閔妃派は三国干渉によって日本の力が弱まると強国ロシアについた。従って朝鮮の親日派は衰えた。

三浦梧楼公使は何とか親日政権にしようと大院君と提携して王宮を攻略し閔妃を殺害した。乙未事変である。知識層の間では王宮に巣くう妖婦であった閔妃が殺されたことに歓声があがった。閔妃は朝鮮の〝ミニ西太后〟だった。

四十五歳の高宗は、王宮内で閔妃が実父の大院君と日本の浪人たちによって殺されたためいいえぬ恐怖に襲われていた。いつ何時父によって殺されるかも知れない。とにかく王は妻の閔妃とともに二十年以上にわたって父をいじめ抜いてきたのだった。

高宗はついにロシア公館に逃げこみそこで執務することになった。それは一八九六年（明治二十九）二月十一日のことだった。こんな政府を外国の公館に移すというのは異常なことだ、世界の歴史でまったく例のないことである。高宗はロシア公館に入ると、金弘集を「逆党」として指弾し金弘集を殺害した。金弘集は以前は高宗の下で開化派による新政権を発足させ、開国以来の大改革をやった人である。

高宗はほぼ一年ロシア公館に滞留した。この間高宗はロシアの代理人とならざるを得なかった。各国に鉄道敷設権、鉱山採掘権、森林伐採権、漁業権などの売却をした。これこそ売国行為である。

以上二人の記述を紹介したが、いずれにしてもこれ以後日本はロシアを仮想敵国として軍備を拡張してゆくのである。なお高宗は一八九七年（明治三十）十月十二日国号を大韓帝国と改め国王を皇帝と改めた。

日清戦争がアジアに及ぼした影響

清国は日清戦争の敗北によって東アジア最後の属邦である朝鮮に対する宗主権を失うことになったが、同時に清国と朝鮮との間にあった朝貢・冊封《さくほう》関係をなくして、東アジア世界の華夷秩序が崩壊し、近代的国際秩序への転換をもたらすことになった。

日清戦争以降、祖国再建のために清国から多くの留学生がやってきた。彼らは日本で近代化の体制を政治、経済、教育、軍事などあらゆる面で学び、祖国の再建あるいは反清革命を志す者が多かった。

また、アジア諸国の独立に勇気と希望を与えた。日本の勝利はナショナリズムの勝利であり、近代化の勝利であるとしてアジア解放の先駆者たちに勇気と希望を与えた。例えばフィリピンではアメリカに対する革命軍指導者のアギナルド将軍らによる独立運動を誘発した。

また清国の敗北は西洋列強にとっては支那の分割競争を開始させる結果を招いたのである。例えば一八九六年(明治二十九)から九八年(明治三十一)にかけてロシアは支那東北(いわゆる満州)の東清鉄道の、アメリカは粤漢《えつかん》(広州―武漢)のそれぞれ敷設権を獲得し、イギリスも滬寧《こねい》鉄道(上海―南京)の合弁契約に成功したことで清国の主要幹線鉄道の大部分が外国資本の支配下に置かれることになった。

さらに帝国主義列強は領土的野心を深めるために租借地をひろげてきた。一八九七年秋に山東省でドイツ人宣教師が殺害されると、ドイツは山東省青島の膠州湾を武力で占領し、翌年三月に同湾の租借を強引に認めさせた。ロシアも同年十二月に旅順に極東艦隊を入港させ翌年三月租借した。また一八九九年にはイギリスが山東省の威海衛と香港対岸の九龍《クーロン》半島を租借した他揚子江沿岸に関する権益を獲得した。さらに翌年にはフランスが広東州の広州湾を租借したほかに雲南鉄道（雲南―ハノイ）を敷設し、また広東省、広西省、雲南省の鉱山開発権を獲得した。

もはや支那は西洋列強の半植民地と化したのである。

第四章　日露戦争

北清事変（義和団の乱）

一八九九年（明治三十二）に義和団と称する宗教グループが中国山東省で民衆を巻きこんで決起し、一九〇〇年には首都北京を包囲した。義和団というのは義和拳という武術を基にした宗教グループなのだが、独自の呪文《じゅもん》を唱えてこの拳法を行えば、刀、槍、銃弾といえどもはじき飛ばせる。つまり傷つくことはないと信じられていた。その点では日清戦争の引き金となった朝鮮の東学党の乱が、東学を信ずれば万病が必ず治ると称していたのと酷似している。またいずれもキリスト教を敵としてそれが民衆の排外思想と結びついたものであった。

日清戦争に負けた清国は、まさに列強の餌食となり、ロシア、イギリス、フランス、ドイツなどが魅力ある地域や重要港を租借という名目でよりどりみどりの争奪戦を演じた。こうした列強の暴力的な略奪に清国内で怒りが爆発したのは当然のことだった。義和国はこうした国民の臨界に達した憤懣に応《こた》えるかたちで中国版「尊皇攘夷」ともいうべき「扶清滅洋《ふしんめつよう》」（清を扶《たす》け西洋を滅ぼす）をスローガンに決起したのである。

義和団は北京—天津間の鉄道を破壊し、北京を占領した。天津の居留民たちも包囲され孤立した。そこで列強は軍艦を集めて大沽《たいこ》の砲台を占拠して北京に進撃したのだが、弾丸が当たっても死なないと信じている義和団はおそろしく勇敢で列強連合軍は立往生した。そんな情況をみた清国の独裁者西太后は、義和団と組めば外国勢を追い払えるのではないかと考え、六月二十日列強に対して宣戦布告をした。これが北清事変である。

柴五郎中佐の活躍

北清事変で最も活躍したのは駐清日本公使館付武官柴五郎中佐（会津出身）である。救援隊が来るまで北京の各国公使館区域を守る壮烈な戦いを守り抜いたのは柴五郎である。ここの守備の総指揮官はイギリス公使マクドナルドであった。マクドナルドは実戦における柴五郎の沈着にして見事な指揮振りを見て、彼への信頼は不動のものとなっていった。のちに駐日公使になったマクドナルドは「日英同盟」の媒酌人の役割を果たした。と村上兵衛はその著『守城の人』の中で述べている。

また籠城当時のことを取材し「北京籠城」を書いたピーター・フレミングは、このときの日本人について次のように書いている。

日本軍を指揮した柴中佐は、籠城中のどの士官よりも有能で経験もゆたかであったばかりか、誰よりも好かれ尊敬された。当時の日本人とつきあう欧米人は殆んどいなかったが、この籠城を通してそれが変わった。日本人の姿が模範生としてみなの目に映るようになった。日本人の勇気、信頼性、そして明朗さは籠城者一同の賞讃の的になった。籠城に関する数多い記録の中で、直接的にも間接的にも一言の非難を浴びてはいないのは日本人だけである。

また渡部昇一はその著『渡部昇一の昭和史』の中でこの事変について次のような感想を述べている。アジアの小さな有色人種国家にすぎないと思われていた日本が、かくも規律正しく勇敢に動いたことが彼らの印象を一変させ「同盟相手として信ずるに足る国である」という評価をもたらした。たとえばロンドン在住の林董《ただす》公使に最初に日英同盟の提案をしたのはイギリスの外交官マクドナルドであった。彼は北清事変当時イギリス公使として北京に駐在していた人である。当然のことながら現地で柴中佐をはじめとする日本人の活躍を見ている。彼はおそらく本国の外務省に「日本は信頼できる」と伝えたであろう。結局国家間の外交も人間が動かすものである。そこには打算もあるだろうが最終的な決め手となるのはやはり人間的な信頼ではないか、そのことをこの北清事変は教えてくれている。

話をもとに戻そう。

列強は直ちに兵を派遣し連合軍の総数は三万六、〇〇〇人となった。最も多く兵を出したのは日本で二万二、〇〇〇人に上った。北清事変は列強と日本による連合軍の圧勝に終わった。

北清事変が終わると各国はそれぞれ軍隊を撤退したが、ロシアだけは満州に居すわり続けた。のちに一九三七年（昭和十二）七月七日盧溝橋事件が起こり支那事変とつながるのであるが、このとき日本軍が盧溝橋近くにいたのはこの北清事変後の駐兵権によるものであった。

日英同盟

北清事変終了後、各国は軍隊を撤兵したがロシアだけは満州に居すわり続けた。ロシアはまた朝鮮に越境し、鴨緑江の大掛かりな森林伐採事業をはじめたり、朝鮮国内の土地買収を企てたりした。一九〇〇年（明治三十三）の馬山浦《ばざんぽ》、一九〇三年（明治三十六）の龍巌浦《りゅうがんぽ》における土地買収の企てはわが国に強い警戒、疑惑の念を新たにさせることになった。韓国にロシアの勢力が及ぶことは、わが民族の独立への重大な脅威であった。

イギリスもまたロシアの影響が清国にまで広がるのを恐れた。支那大陸に多くの利権を持っているイギリスとしては見逃すわけにはいかない。ロシアに対する共通の恐れを持っていた国同士として一九〇二年（明治三十五）一月三十一日、日英同盟が調印された。

それにしても世界の超大国イギリスが、なぜ力量もまだ定まっていない列強の仲間入りをしたばかりのアジアの島国である日本と同盟を結ぶ気になったのか。その理由は南アフリカで起きたボーア戦争であった。南アフリカの中でもアフリカ大陸南端の喜望峰に近い地域はもともとイギリスの領土であった。そこへオランダ人が移民してきてオレンジとトランスバールという二つの共和国をつくった。ところがこの地域にダイアモンドと金が発見されたので、イギリスは武力でこの二国を征服しようとした。これに予想以上に兵力をとられたためにイギリスは北清事変に十分な軍隊を送ることができず、そこで日本に大量の派兵を求めたのである。ところでオレンジとトランスバールを征服したことでイギリスは国の内外から激しく批判され、すっかり弱気になっていた。それで日英同盟に積極的にならざるを得なくなったのである。

ロシアは、日英同盟が成立したためもあってか、居すわり続けた満州からの撤退を表明した。そしてまず第一次の撤兵を行ったが第二次撤兵は約束しながら実行しなかった。それどころか逆に軍隊を増強したのである。何とも清国を馬鹿にした行動であった。

日露交渉

日英同盟のあと小村寿太郎外相は、ロシア駐在公使栗野慎一郎に改めてロシアと交渉するよう命じた。伊藤をはじめ元老たちがなんとしてもロシアとの戦争は避けたいと強く求めたからである。

この交渉の経過をまた『岡義武著作集　第二巻　明治政治史Ⅱ』より引用してみると次のようで

ある。

わが国が日英同盟を締結したとき、それは対露戦争を予想して行われたものではなかった。当時のわが国にとってロシアは恐るべき大国であり、ロシアと戦争することなど考えてもいなかった。しかし満州や朝鮮におけるロシアの動向が進展してきたので、一九〇三年（明治三十六）桂首相は外交交渉で戦争を回避したいと考え、御前会議（天皇出席のもとに開かれた最高会議）を開き、小村寿太郎の起草した対露交渉意見について議定した。日露交渉は明治三十六年八月に行われた。わが国の提案内容は次のとおりである。

一、日露両国は清韓両国の独立、領土保全を尊重する

二、ロシアは韓国における日本の「優勢なる利益」を承認し、日本は満州における鉄道経営につきロシアが「特別なる利益」を持つことを承認する

三、日露両国は韓国における日本の、また満州におけるロシアの商工業上の活動を妨げない

四、右の二に掲げた利益を擁護するため、日本は韓国に、ロシアは満州に必要限度を越えない兵力を派遣することができる。

五、韓国における改革及び「善政」の助言及び援助を与えることは日本の「専権」である旨をロシアは承認する

ついで同年十月にロシアはわが国の提案に対する対案を提出した。その内容は満州については

まったく言及してなく満州を交渉の枠外とした。韓国については種々の制限を付していた。また日露両国は韓国領土の一部なりとも軍事上の目的に使用しないこと、朝鮮海峡の自由航行を害するような軍事的工事を韓国沿岸に施さないことを相互に約束すること、また北緯三十九度以北の韓国領土を中立地帯とし、日露両国は右地域に兵力を入れないこと、などであった。

こうした両者のやりとりに対して田原総一朗は、「満州はロシアの優先権を認める。ただし韓国では日本の優先権を認めて欲しいという日本の提案も、またロシアの返答も強国の論理そのものであり、独立国である韓国の主権、また中国の満州における治権を無視したもので、まったくの帝国主義的論理といわざるを得ない」と指摘している。

今でこそそう言えるが、当時はまだ弱肉強食、領土的野心による植民地獲得が常識だったから、こんなことが言えたのである。仮に支那、韓国もそれなりの国力を持っていたら、このような無礼な行動は取り得なかったであろう。

交渉は難行した、しかもその間にロシアは満州に兵力を増強し続けた。

日露戦争はじまる

わが国は交渉の前途に見通しが立たず、かつ時間の経過はロシアを軍事的に有利にするばかりとして焦慮した。そして一九〇四年（明治三十七）二月四日御前会議で対露交渉を打ち切り開戦を決定し、国交断絶をロシアに通告した。

最も戦争を避けたかったのは明治天皇でした。最終的に桂首相が開戦を認めて欲しいと天皇にお願いしたとき、天皇は「開戦は望まないが事ここに至ってしまった。もうどうにもならないが、もし敗れたらどのように祖先に詫び、国民にどう応じればよいか」と涙を流し深くため息をついたといいます。そしてこの御前会議で

「四方《よも》の海　みな同胞《はらから》と思う世に　など波風の立ち騒ぐらむ」と詠《よ》んだのであります。

国交断絶の通告に接してロシアは大いに驚き日本の同盟国イギリスに調停を求めた。イギリスは勿論拒絶した。そして国交断絶から二日後の夜半、わが海軍は旅順を奇襲攻撃しついで二月十日宣戦の詔勅が発せられここに日露戦争は開始された。本戦争に対してイギリス、アメリカまたは韓国、支那も好意的であった。

ところで、この戦争に対してわが国は軍事的にも財政的にも前途の見通しは立て難く、苦慮を重ねる有様であった。

軍事的には参謀次長児玉源太郎は

「勝負の見通しは五分五分である。しかし五分五分では到底始末がつかぬ。四分六分にしようと思って頭をいためている。四分六分にして六遍勝って四遍負けるとなれば、その中に誰か調停

者が出るだろう」といい、
海相山本権兵衛は、

「まず日本の軍艦は半分は沈める。その代わり残りの半分をもってロシアの軍艦を全滅させるつもりである」といった。

もって知るべし、財政についてもそうである。日露戦争におけるわが国の戦費は結局において一七億一、〇〇〇万円に達した。昭和三十七年度の歳入が約二億六、〇〇〇万円だったことを考えれば、いかに膨大なものであったかを理解できる。この巨額の費用をいかにして調達されたかをみると、その極めて一部は増税と一時借入金によった。しかしその大部分はすなわち八〇パーセント近くは公債に求めた。公債募集総額は一四億七、三〇〇万円、その内約八億円は外債、しかもそれは主としてイギリスとアメリカにおいて起債されたのである。

日露戦争で日本が勝利を手中にしたのは、奉天の会戦と日本海海戦で勝ったためだが、奉天の会戦では日本軍の死傷者約七万人（ロシア軍約九万人）で、途中で弾丸がなくなり石や瓦礫を投げて戦った部隊も少なくなかった。一九〇五年（明治三十八）三月二十八日児玉源太郎満州軍参謀総長が帰国し、まさに凱旋将軍のように大歓迎を受けたが、実は彼は「一刻も早く戦争を止めて欲しい、兵も弾丸も尽きた」ことを言うために帰国したのだった。そして日本海海戦も完勝はしたが海軍の幹部たちは、これが日本の体力の限界だと十分分かっていたのである。

そこへアメリカのルーズベルト大統領が講和の斡旋に入った。実はこれは開戦直前に日本側がルーズベルトに依頼しておいたものであった。アメリカに特使として金子堅太郎を送ったのである。金子はルーズベルトとハーバード大学の同窓であったので仲介者として依頼するのに最適であった。

それに対してロシアは、少なくとも陸軍に関しては敗北感はなく、継続そして逆転勝ちを考えていた。ではなぜこの斡旋を受け入れたのか。実は本当の敵はロシアの内部にいたのである。宣戦布告から十一ヵ月、一九〇五年一月二十二日、サンクト・ペテルブルグで一〇万人の大デモが行われた。軍隊がこれに発砲したため数百人の死者が出た。これがいわゆる「血の日曜日」で第一次ロシア革命の幕が切って落とされたのである。革命の波はどんどん全国に拡がり十月には全国政治ゼネストにまで発展した。だからロシアは内なる混乱のため戦いを止め講和の斡旋に応じたのである。

伊藤博文の終戦工作

セオドア・ルーズベルトが日露講和の仲介をとるのであるが、実は講和の動きは開戦以前からはじまっていた。日本がロシアと対立を深めていくなかで、日本の味方をしてくれた列強はイギリスだけであり、フランスとドイツはロシアと共に三国干渉を行った国なので頼りにならない。こうした中で「局外中立」を唱えていたアメリカを仲裁役に期待した。ロシアと対立しているイギリスよりもアメリカの方が仲裁に入りやすいと判断したからである。だがそのためにはアメリカの世論が日本に対して好意的でなければならない。そこで日露戦争に反対していた枢密院議長の伊藤博文は腹心の金子堅太郎（貴族院議員）をアメリカに派遣するのである。伊藤が金子に目をつけたのは、金子がハーバード大学でルーズベルトと学友であり、アメリカに多くの知己を得ていたからである。

ところが金子は伊藤から派遣の理由をきくと、アメリカ国内の事情に精通しているだけに「とてもこのような大役ははたせない」と辞退した。

そこで伊藤は「今度の戦争については一人として成功すると思う者はいない。陸軍も海軍も大蔵も今度の戦争に日本が確実に勝つと見込みを立てているものは一人としてありはしない。……しかしながら打ち捨てておけば露国はどんどん満州を占領し、朝鮮を侵略しついにはわが国家を脅迫するまでに暴威をふるうであろう。ことここに至れば国を賭しても戦う一途あるのみ、成功不成功など眼中にない……。君も一つ成功不成功を措《お》いて問わず、ただ君があらん限りの力を尽くして米国人が同情を寄せるようにやってくれ。それでもアメリカ人が同情せず、またいざというときに大統領ルーズベルト氏も調停してくれなければそれはもとより誰が行ってもできない。

かく博文は決意したから君もぜひ奪発してアメリカに行ってくれよ」と説得して頼んだのである。ルーズベルトが日本からの仲介の依頼を二つ返事で引き受けてくれたのは金子の影響が大きく働いていたことは言うまでもないが、アメリカも国益を抜きにして仲介に応じたわけではない。

一九〇一年から一九〇九年二月まで延べ七年半大統領の職にあったルーズベルトの極東政策の基本は「日露両勢力の力の均衡と中国満州の門戸開放」であった。そのアメリカの門戸開放の前に立ちはだかったのがロシアだったが、そのロシアの極東進出に立ち向かったのが極東の新興国日本だった。戦争が開始されるとルーズベルトはすぐ中立宣言を行い、常に日本に対して好意的態度をとってくれたのは、自分の極東政策を推進していく上で日露戦争は重要な戦いであったからである。

日本が大国ロシアに勝つと、日本の公債五〇〇〇万ドルを引き受けたアメリカの鉄道王ハリマンが来日して桂首相との間に「桂・ハリマン協定」を結んだことを見てもアメリカの思惑が見てとることができる。もっともこの協定は小村寿太郎外相の反対で廃止された（以上吉本貞昭著『日清・日露大戦争』ハート出版）。

明石元二郎大佐の対露工作

ヨーロッパでは明石元二郎大佐による熾烈な対露工作が展開された。ドイツ皇帝ウィルヘルム二世は「明石一人で大山巌満州軍二〇万に匹敵する戦果をあげた」と絶賛している。

日露戦争がはじまると駐露公使館はスウェーデンのストックホルムに移り、明石大佐も公使館付から参謀本部付となってストックホルムに活動拠点を移し、バルチック艦隊の動向を探りながら陰からロシア国内の政情を煽って、内部から崩壊させる活動を開始した。明石大佐は明治三十七年にジュネーブに亡命していた革命家レーニンと会見すると、反ロシア政府の活動家を集めて「パリ会議」を開催した。またこの反ロシア政府を支援する外国人の支援団体も結成し、さらにロシア国内の鉄道爆破も計画した。

明石大佐は反ロシア政府の活動家を煽動したが、その中でも有名なのが明治三十八年一月二十二日にロシアの首都サンクト・ペテルブルグで起こった「血の日曜日事件」である。これが引き金となって都市労働者を中心に各地に暴動が発生し、六月には軍隊の反乱にまで発展した。これを「第一次ロシア革命」と呼ぶが、明石大佐が引き起こしたロシア国内の政情不安によって軍隊のシベリアへの動員計画に大きな修正がもたらされる。これによってロシアのニコライ二世は日本海海戦の完敗を契機に日露戦争の続行を困難と判断し、ドイツのウイルヘルム二世の勧告を受け入れて日本と講和を結ぶのである（前掲書）。

高橋是清の資金工作

当時の参謀本部は、戦争の期間を一年間とみた場合戦争にかかる費用は約四億五、〇〇〇万円程度を見積もっていたが、そのうちの一億五、〇〇〇万円を外債（当時の国際通貨はポンド）で支払わなければならなかった。ところが当時の日本銀行には五、二〇〇〇万円分の外貨しかなかったことから、日本銀行は残りの一億円分を外国債の発行で補うことにした。この外国債を外国に売りに行く役目を担ったのが当時の日本銀行副総裁の高橋是清である。

高橋はまずアメリカに行った。しかし買ってくれる見込みはない。次にロンドンに行った。ここでもたとえ同盟国でも同情はするが公債を買うことは別ということでなかなか公債を買ってくれる銀行が見つからなかったが、高橋が十二歳のときに横浜の異人館でボーイとして仕えていたアラン・シャンドがパーズ銀行の頭取をやっていたことから有名な金融業者と知り合いになることができた。

さらに四月下旬になると、開戦以来日本軍がどんどん勝ち進んでいく姿を見たイギリス銀行家たちの中から、日本の公債を買ってもよいとする者が現れてきた。高橋はこのチャンスを逃さなかった。早速パーズ銀行、香港上海銀行そのほか若干の商社を説得し、ロンドン到着わずか一ヵ月で遂に目標の半額の五〇〇万ポンドの公債募集（外貨借入）に成功した。

するとロンドンの銀行家ヒルが高橋を晩餐会に招待してくれた。そこで高橋は思いがけない人物に出逢うのである。その人物とはアメリカのクーン・ロエブ商会社主の金融業者ヤコブ・シフで、ニューヨークやロンドンの金融業界では知らぬ者がいないくらい有名な人物であった。高橋はシフからの質問にできるだけ丁寧に応答し、残りの外国債がなかなか売れなくて困っていることを話した。すると翌日にヤコブ・シフがパーズ銀行の頭取シヤンドを通して残りの五〇〇万ポンドの公債を全額買ってもよいと言ってきた。

このニュースはまたたく間にイギリス中に広まり、アメリカも日本の支援に加わった。日本を助けてくれたヤコブ・シフはユダヤ人であった。シフが言うには、ロシアには多くの同胞がいるが非常な虐待を受けている。そこでユダヤ人同胞を救うために外国にいるユダヤ人の有志たちはロシア政府から資金の相談を受けるとできるだけ援助していたが、ロシア政府はいくら資金を提供しても少しもユダヤ人の待遇を変えようとはしなかった。シフが言うには「ロシアにいるユダヤ人の苦境を救う道は政治的一大変革を待つしかない。そのためにはぜひ日本に勝ってもらいたい。日本兵は強いから軍費さえ続けば必ず勝つ。ロシアが負ければ政治が改まってユダヤ人は今の虐待から救われるだろう。私はそう思って日本公債を引き受けたのである」と述べて日本への協力を惜しまなかったのである。

ところが公債募集は一回では済まなかった。二度目の公債募集は十一月にニューヨークとロンドンで行われ、二億円の公債はすぐに完売した。明治三十八年元旦に旅順要塞が陥落すると、そのニュースは世界中に広がり、さらに三月十日奉天会戦に大勝すると、二十九日に募集した三億円の公債も完売した。また日本海海戦の圧勝でも七月十日に募集した四回目の三億円の公債もすぐに完売した。この高橋の資金工作は金子堅太郎や明石元二郎の工作と同じ様に日露戦争を陰から勝利に導いたもう一つの戦いであった（前掲書）。

敗者に示した乃木司令官の武士道

乃木司令官は水師営の会見でステッセル司令官に「ロシア将兵の墓地は散在しているだろうから、できれば一ヵ所に集め標識を附し所在や氏名を明らかにしたい」と約束していた。

乃木司令官は約束した通りにロシア将兵の墓を一ヵ所に集めると、一九〇八年（明治四十一）三月に、ロシア将兵の慰霊のために旅順の案子山の東麓に慰霊塔（礼拝堂）を建立した。その壁の表面にはロシア語で「旅順防衛戦の露国殉難烈士の遺骨茲《ここ》に安眠す。一九〇七年日本政府此碑建つ」と刻まれ、また背面には関東都督大島義昌大将の追悼文が次のように漢字で刻まれている。

「戦場で戦いたおれた者には敵も味方もない。お互いに祖国のために忠義をつくしたことを讃えあう仁愛の道を弘めなければならない。まして今は友邦となった日露関係ではないか」

この慰霊塔の除幕式は同年六月十日にロシア正教の祭儀にのっとり挙行され、ロシア側からはニコライ二世の名代として侍従武官長グルングロス中将と陸軍大将チチャンコフ以下二〇人が出席したが「敵の弔魂碑を建てるなどということは世界にその例を見ない」とロシア側の参列者は「皆感激し、日本人をすっかり尊敬するようになった」という。

日本兵の「納骨堂」と「表忠塔」の除幕式が行われたのは翌年十一月二十八日であった。敵の慰霊を先に行い、味方の慰霊を後にしたのである。旅順港を一望できる白玉山頂に建立された表忠塔には東郷、乃木両大将による碑文が刻まれている。

ロシアに帰国したステッセル司令官を待ち受けていたのはロシア軍による軍法会議であった。ステッセル司令官は一九〇八年（明治四十一）に銃殺刑を宣告されると、乃木司令官はステッセル司令官の生命を救うために、当時パリに駐在していた津野田参謀にステッセルは最後まで敢闘したという資料を送り、ステッセルを弁護せよと命じた。津野田はその趣旨をパリ、ロンドン、ベルリンの諸新聞に投書して弁護の論陣を張った。その甲斐あってかステッセル司令官は死刑を免がれ、ベンバロウ要塞の牢獄に入れられたが三年後に大赦があって出獄した。

乃木司令官は明治天皇が明治四十五年七月三十日に崩御すると、一九一二年（大正一）九月十三日の御大喪の日に、静子夫人とともに殉死するが、そのときまでステッセル司令官の家族に生活費を送り続けたのである。のちにモスコーの一僧侶から香典が届けられたが、その香典はステッセル司令官からのものだったといわれる。

乃木大将の敗者に対する恩情の一端を紹介したが、こうした道徳意識や考え方の基本になっているのが日本の武士道なのである。七つある武士道の徳目（義・勇・仁・礼・誠・名誉・忠義）のうちで人に対する「思いやり」を説いているのが「仁」である。弱い者、劣った者、負けた者に対する思いやりを説いた仁は武士にふさわしいものとして尊ばれたのである。日本軍に敗れた清軍とロシアの将兵に対して、この「仁」をもって接したのが日本軍の将兵であった（前掲書）。

日露講和条約（ポーツマス条約）

一九〇五年（明治三十八）八月十日ポーツマスにおいて講和会議が開かれ、わが国は樺太割譲と賠償金を要求した。ロシアは樺太領土割譲も賠償も拒否した。講和会議は行き詰まった。わが国は講和会議を決裂させ戦争を続行することは軍事的にも財政的にも甚だ困難となりつつあった。そこで樺太全島割譲、賠償金は一旦断念した。その後わが国はロシア皇帝が駐露アメリカ大使に対し、ロシアとして樺太南部を日本に譲渡する意を仄めかしたことをたまたま知った。そこで政府は小村寿太郎全権大使に訓令を出し、樺太南半の割譲を要求させロシア側もついにそれを受諾した。

講和条約の調印は一九〇五年九月五日である。講和条約の主なる内容は次のとおりである。

一、ロシアは日本が韓国において「政治上、軍事上及び経済上の卓絶なる利益」をもつことを承認し、日本が韓国に関して必要に応じて「指導、保護及び監理の措置」をとることを認める

二、ロシアは清国の承諾を条件として遼東半島（旅順・大連及びその付近の領土・領海）の租借権を日本に譲渡する

三、ロシアは清国の承認を条件として長春・旅順間の鉄道及びその支線の全部ならびにこれら鉄道に付帯する一切の権益を日本に譲渡する

四、ロシアは樺太南部（北緯五十度以南）を日本に譲渡する

五、ロシアは日本海、オホーツク海及びベーリング海に面したロシア領土の沿岸における漁業権を日本国民に許与するため日本と協定を結ぶ

講和会議の内容が伝わると、わが国の人心は騒然となった。戦場における赫々《かくかく》たる勝利は拙劣なる外交によって失われた、と悲憤の声に国内は沸き立ったのである。そしてついにポーツマス

条約調印の日、東京では三万人にのぼる群衆が日々谷公園に集まり国民大会を開き、講和条約破棄、戦争続行を決議した。そして講和条約保持の立場をとった「国民新聞」また外務省、内相官廷、警察署などを襲撃し所々の交番を焼き打ちする暴動となった。この余波は日をへだてて横浜及び神戸に及び、また屈辱講和反対を叫ぶ国民大会、演説会は全国各地に開かれる有様であった。

日露戦争によって目覚めたアジア民族の独立心

日露戦争の勝利は当時の世界に甚大な衝撃を与えた。西洋諸国はわが国を見直した。同時に西洋諸国の間に少なからぬ不安を抱かせることになった。また長い間いわゆる「白人不敗」の神話を打ち崩すことになり、西洋諸大国の支配下に永年隷属してきたアジアに、その民族解放への希望の灯を点じることにもなった。

当時のフランス領インドシナにも影響を及ぼし、フランス人をインドシナから放逐しようという公然たる運動が開始され拡大した。またオランダ領インドシナにおいては原住民たちはこの勝利を歓喜して迎えたという。また後年インド民族解放運動の指導者となったネールは「日露戦争のころ、自分は少年であったが日本の勝利は私を熱狂させ、インド解放の一助たらんとする英雄的行為を夢みた」とその自伝において回想している。孫文は「この日本の勝利は全アジアに影響を及ぼし、アジア全体の民族は非常に歓喜し極めて大いなる希望を抱くに至った」と述べている。

アジア諸国の独立運動家たちは、日本を希望の国、そして独立運動をはじめる拠点として続々と日本にやってきた。たとえばインドからはラース・ビハーリ・ボース。フィリピンの志士アルテミオ・リカルテやベニグノ・ラモス彼らはアメリカから独立するために戦っていた。またビルマでイギリスと戦っていたウ・オッタマや、ベトナムでフランスと戦っていたクォン・デ。アフガニスタンで独立闘争を戦っていたマヘンドラ・プラタップも日本にやってきた。最も有名なのは孫文である。彼は清朝からの独立を目ざして頭山満、内田良平、大川周明らの世話になりながら辛亥革命をやってのけ、一九一二年（明治四十五）一月一日南京を首都とする中華民国を成立させその臨時大総統となった。一方長年国境を接したロシアの南下政策に悩まされてきたオスマン帝国も、皇帝アブデュルハミト二世は「日本の成功でわが国は意欲を取り戻した。ロシアに対する日本の勝利はわが国の勝利と考えるべきだ」とまでいい、トルコ帝国の改革を主張する人々を出現させ、一九〇八年の青年トルコ党革命の遠因となったとまで言われている。

このように「東洋の奇跡」とまで讃えられた日本の勝利は清国やトルコだけでなく、インド、ベトナム、フィリピン、ビルマ、中東などのアジア各地の民族独立運動や革命運動に大きな影響を与えた。

第五章　日露戦争前後の国際関係

この時代実に多くの条約が結ばれ、あるいは日本とロシア、韓国、アメリカなどとの間に重大な変化、事象が起きている。その主なるものについて解説を加えながら時系列的に述べていこう。

日韓議定書

日露戦争の目的は朝鮮を窺っているロシアを追い払うことであった。そのためには朝鮮をしっかりと日本側につけておくことが必要であった。なぜかというと、朝鮮はそのときどきに親日派になったり、親清派になったり、親露派になったりとコロコロと変わるので信用できなかった。それで朝鮮をしっかりと日本につなぎ止めておくために日韓議定書（一九〇四年＝明治三十七年七月二十三日調印）を締結した。議定書の内容は、一応大韓帝国の独立と領土の安全を保証するとはうたっていたが、一方で日本軍の駐留権と土地収用権を認めさせたものであった。

田原総一朗は、これについて次のように書いている。

伊藤博文が特派大使として天皇の親書を持って韓国に行き、韓国皇帝にあって次のように切り出した。

「国家の存立をはかるためには、固有の風俗や習慣などを改めたり捨てたりする必要があります。日本は過去数十年間この考えに立って自立を進めた結果、今日の日本をつくったのです」。

明治維新以後ヨーロッパの文明を取り入れ、ヨーロッパの国々にならった体制をつくって国家の構造を変えたことを伊藤は言おうとしていました。

「頑固な排斥主義は国を滅ぼします」と何度も繰り返し、しかし「武力をもって権力を広げようとする国に対しては断固として戦うしかない」ということも強調しました。つまり伊藤は韓国皇帝に日露戦争が日本にとって止むを得ない戦争であることを力説したのです。彼はロシアのことを「侵略のみをもくろむ国で、文明の敵であり野蛮だ」と決めつけたのです。そして伊藤は強い態度から一転して訴えるような口調で「日韓は兄弟であり他国に踏みにじるようなことはさせない。独立はしっかり守る」と韓国皇帝を懸命に口説いたのです。

韓国皇帝はこれを了承しました。すでに首都ソウルが日本に制圧され、ロシアに対する参戦まで約束させられた後では、韓国に拒否しようがなかったと言うべきかも知れません。(田原総一朗著『誰も書かなかった日本の戦争』ポプラ社)。

第一次日韓協約

戦況がその後わが国に優勢になるのを背景に韓国と折衝して第一次日韓協約が調印された(一九〇四年八月二十二日)。これは次の三ヵ条より成る。

一、韓国政府は日本政府の推薦する日本人一名を財政顧問に任命し、財務に関する「要務」はすべてその意見により取り行う

二、韓国政府は日本政府の推薦する外国人一名を外交顧問に任命し、外交に関する「要務」はすべてその意見により取り行う

三、韓国政府は外国との条約締結、その他重要な外交条件については予め日本政府と協議する

財政顧問には大蔵省主税局長目賀田種太郎、外交顧問には外務省に勤務していた米国人スティーブンスが任命された。目賀田種太郎は多くの旧韓国貨幣で紊乱した通貨を整理統合し、日本通貨に統一し通貨の安定、財政確立に貢献したことは大きい。『施政二十五年史』（朝鮮総督府発行）はこの時期を顧問時代と位置づけている。

桂・タフト協定

これは米陸軍長官タフトと桂首相との間で交換され、ルーズベルト大統領の承認を得た秘密覚書である。一九〇五年（明治三十八）七月二十九日調印され、その内容は次のとおり。

一、日本はフィリピン群島に対して何ら侵略的意図は抱いていない

二、極東における平和維持のため、最善かつ事実上唯一の途は日米英三国の意思疎通にある

三、タフト個人の意見としては、日本軍によって韓国に対する日本の宗主権が樹立され、韓国が日本の同意なくしては外国との間に一切の条約を結ばないとすることは、この度の戦争の

論理的帰結でありかつ東方における恒久的平和に直接貢献するものと考える
これらはルーズベルトの承認を得た。この覚書でわが国はアメリカのフィリピン群島領有を認め、その代償としてアメリカはわが国による韓国保護化に諒解を与えたのである。

第二次日英同盟

これは日英同盟の期限満了に先立ち改訂され拡大強化されたものである。一九〇五年八月十二日調印された。前文に同盟の目的として、
一、東亜及びインドにおける平和の確立
二、清国の独立及びその領土保全ならびに清国における機会均等主義の確立
三、東亜及びインドにおける日英両国の領土権の保持と、これらの地域における両国の特殊権益の防護
を掲げている。そして本文においては、
第一条　右の前文に列挙された両国の権益のいずれかが危険に瀕したと、日本またはイギリスが認めた場合には「侵迫」された権益を擁護するためにとるべき措置を協議する
第二条　締約国の一方が挑発によらずして一国または数国から攻撃を受けたため、または一国

または数国の侵略行動によって締約国が前文に掲げたその領土権または特殊利益を防衛するため開戦に至った場合、締約国の他方は直ちに同盟国に加担し単独講和は結ばない。
第三条　日本は韓国において政治上、軍事上、経済上「卓絶なる利益」をもつ、従ってイギリスは日本がこれらの利益の擁護、増進のため正当且つ必要と認める「指導、監理及び保護」の措置を取ることを承認する
第四条　イギリスはインド国境の安全に関する一切の事項について「特殊権益」を持つ。従って日本はイギリスが同国境付近でそのインド所領を防衛するためにする必要と認める措置をとることを承認する
これはイギリスが日本の韓国に対する保護権を認める代わりに、わが国はインドに対するイギリスの植民地支配を容認したものである。また第二条によって日英同盟は今やいわゆる攻守同盟に強化されたのである。

第二次日韓協約

日露講和条約締結の翌月に枢密院議長伊藤博文は特派大使として韓国に赴き、日本政府は韓国今後の対外事務を「監理指導」するとした内容の本協約を結んだ。条約調印は一九〇五年十一月

十七日である。日本は韓国政府のすべての外交権を掌握したのである。乙巳《いっし》条約ともいう。同時に京城には統監府が設置され伊藤博文がその初代統監となった。朝鮮総督府はこの時期を保護時代と位置づけている。

日露戦争には好意的、協力的であったが、この協約締結によって韓国人の怒りが爆発し朝鮮各地で反日暴動が起こるようになった。伊藤は統監となっても韓国を統治するのではなく、韓国の文化や経済を保護育成し、そしていずれ韓国を自立させるのだと口ぐせのように言っていたという。彼はあくまで併合には反対だったのである。たとえば一九〇七年（明治四十）七月伊藤はソウルでの講演で次のように強調している。

「旭日の旗と八卦《はっけ》の旗がならび立てば日本は満足する。日本は何を苦しんで韓国を滅ぼす必要があるか」、「併合ははなはだ厄介である。韓国は自治せねばならない。しかし当面は日本の指導監督がなければ健全な自治を遂げることができぬ」（前掲、田原総一朗著『誰も書かなかった日本の戦争』ポプラ社）。

そして伊藤は統監に赴任するや、いわゆる「文化政策」なる一連の政策を打ち出した。まず韓国が富強をできるだけ早く実現できるように一、〇〇〇万円（現在に直すと約三三二億円）の起業資金を借款として韓国に貸し付けた。

次にしたのが教育の振興であった。学校の新築、改造、整備など教育の普及を図った。さらに病院なども建設した、また農業の改良つまり道路の修築や灌漑、植林などにも力を入れた。つまり伊藤は従来の押しつけによる対韓政策を大修正し、日本の保護政治とは何よりも韓国の富強を考えているのだと、韓国国民に理解させようと努力したのである。

ポーツマス条約後の日米関係

ポーツマス条約（日露講和条約）締結に当たって仲介者となったアメリカのセオドア・ルーズベルト大統領は、日本がロシアに勝ったのを見て「これはシナ大陸にアメリカの利権を得るチャンスだ」と考えた。

それまでアメリカはシナ大陸については列国がひしめくように進出しているため割り込むことができなかった。ところが日露間の仲介者となって講和をまとめた。この機会を利用してシナ大陸の切り取り競争に参加したいと考えたようである。現にポーツマス条約が結ばれた年の秋に、アメリカの鉄道王ハリマンが来日したのはその最初の試みであったといえよう。ハリマンは桂太郎首相や井上馨に面会し、南満州鉄道の共同経営を申し入れた。桂も井上も、また財界を代表する渋沢栄一も賛成し予備協定の覚書も交わされた。財政的にも苦しい日本が独力で南満州鉄道を維持するには負担が重すぎるという判断からだった。ところがこれに反対したのがポーツマス条約をまとめて帰国してきた小村寿太郎外相である。自分に何の相談もなく、桂・ハリマン覚書が結ばれたことを知り小村は激怒した。「日本の将兵の血によって手に入れた満州をアメリカに売り飛ばすようなことはできない」と猛反発し、この覚書を破棄させたのである。

このあともアメリカは、たとえば一九〇九年（明治四十二）に満州鉄道中立化を提案している。これは結局「ロシアと日本ばかりうまい汁を吸うのは許せない」ということに他ならない。これ以外にもアメリカは清国に働きかけて何とか利権を得たいと運動したがいずれも失敗し、彼らのフラストレーション（欲求不満）は募る一方であった。そしてその不満は日本に向けられることになった。

アメリカの排日運動

新たなフロンティア（開拓の対象となる領域）を求めてシナ進出を目論むアメリカにとって日本は邪魔な存在になった。シナ大陸にはヨーロッパ列国も進出しているわけだが、それは同じ白人の国だからどうしても憎悪は日本にだけ向けられることになる。人種差別が当然の時代であるからそうなる。アメリカの排日の歴史は満州事変の項で詳しく述べるが、ここでは簡単に概観しておく。

一九〇六年（明治三十九）サンフランシスコ市教育委員会が日本人・コリア人学童の隔離教育

を決定
一九〇七年（明治四十）サンフランシスコで反日暴動起こる
一九〇八年（明治四十一）日米紳士条約締結、日本が移民を自粛する代わりに、排日移民法を作らないことを米国は約束する
一九一三年（大正二）カリフォルニア州で第一次排日土地法成立
一九二〇年（大正九）カリフォルニア州で第二次排日土地法成立、すでに日本人移民の土地所有を禁ずる法律を作っていたが、今度は日本人移民の子供まで土地所有を禁じられた
一九二二年（大正十一）アメリカの最高裁は「黄色人種（すなわち日本人）は帰化不能外国人であり帰化権はない」という判決を下す。この判決ですでに帰化した日本人の権利まで剥奪できるとした
一九二四年（大正十三）絶対的排日移民法成立。これはアメリカ連邦法、つまりアメリカ国家全体として日本人移民を排斥した。この絶対的排日移民法が日本人の対米感情を悪化させた。

第三次日韓協約

伊藤の「文化政策」はこの時期「自治育成政策」となってより具体化されていった。この政策

は「銀行設置」、「司法制度整備」、「教育振興」、「殖産興業」を四つの柱とするものであった。

前述の『施政二十五年史』では「今やこの新協約によって、顧問政治は一変して次官政治となり、日本人は各部次官に任用され多くの日本人またその下に在って韓国の官吏となり、従って行政各部の事業も大いに拡強せらるるに至った」と記している。

この協約によって日本は統監による内政指導権を完全に掌握した。日本人顧問は正式に韓国官吏になった。内閣の各部に次官を配置し、新設の大審院長、検事総長に日本人を採用し、控訴院や地方裁判所でも日本人の判事・検事が大量に採用された。かくて日本は内政に関する支配権を奪い、司法、警察権も掌握し、その上韓国の軍隊まで解散させてしまった。本協約は一九〇七年（明治四十）七月二十四日調印された。

第一次日露協約

一九〇七年七月三十日調印されたこの協約で日露両国は、清国の独立及び領土保全ならびに清国における列国諸商工業の機会均等主義の尊重を約束している。

また秘密協約としては、

一、北満におけるロシア、南満における日本のそれぞれの優位的地位を承認尊重する

二、ロシアは日露両国の政治的共通利害関係を承認し、その発展を尊重する
三、日本は外蒙古におけるロシアの特殊利益を承認尊重する
というものである。

日露戦争後日本が最も懸念していたのは日露関係であった。ロシアが復讐戦に出ることを恐れたのである。ところがやはりこれを恐れたのはロシアの同盟国フランスであった。フランスはロシアがアジア問題にあまり深入りすることを好まなかった。それでフランスは日露の和解を斡旋し、事実上それを条件として日本に借款の供与を申し出た。戦後の日本は尨大な戦費を使っていて財政立て直しに外資導入しなければならなかったから、フランスの借款供与に応じて、その結果結ばれたのが一九〇七年六月の日仏協商である。こうしたことも第一次日露協商の背景にあったのである。

ところでこの日露協商（日露協約）の成立は、極東において生じた注目すべき出来事であった。それは実に当時における世界政治の動きに密接に関連した出来事であった。

日露協商成立の翌八月には英露協商、またさきに結ばれた露仏同盟（一八九四年）、英仏協商（一九〇四年）により、イギリス、フランス、ロシアの三国は一つの環に結ばれ三国協商と呼ばれた。

そして一八八二年（明治十五）以来ドイツ、オーストリア・ハンガリー、イタリアの間で結ばれてきた三国同盟と対峙する事態となった。そして三国協商、三国同盟の対抗関係を軸として今

後世界政治は進展することになり、それは第一次世界大戦勃発の時（一九一四年・大正三年）に及ぶのである。

第二次日露協約

アメリカは門戸開放政策の立場から、これまで日本に対して好意的であったが、戦後の日本の満州政策はアメリカの期待に反するものだとして非難が高まってきた。

アメリカは鉄道王ハリマンによるアメリカ資本の導入によって日本による満州の勢力独占を阻止しようとした。すなわち満鉄と並行する鉄道によってその独占を破ることが、満州における門戸開放を実現する最も有効な方法であると彼らは考えた。こうして構想されたのが一九〇九年（明治四十二）の錦州と愛琿《アイグン》とを結ぶ錦愛鉄道敷設計画であった。

外国資本に依存することの多い日本としては、アメリカの金融資本との対立はなるべく避けたかった。ところがアメリカのこの計画は同時にロシアの北満州における権益をも脅かすものでもあった。

清国にアメリカからの資金を供給し、満鉄と東清鉄道を買上げさせようという同年末の満州鉄道中立化案もアメリカが言い出したことである。これらはドルを武器として満州に進出しようとするものでドル外交と呼ばれた。ところがアメリカのこの計画は同時にロシアの北満における権益を脅かすものとしてロシアの強い反発を招いた。ここに日露両国は共同してドル外交に対抗するために第二次日露協約（一九一〇年《明治四十三》七月四日調印）を結んだのである。この協商は第一次日露協約と違って「清国の独立及び領土保全、清国における列国商工業の機会均等主義の尊重」という字句が抜けていることである。ここに両国の態度に変化が生じたことに注目しておきたい。そして秘密協定の部分では、両国の勢力の範囲における特殊権益を守ることに共同行動、相互援助をすると定められ、一段と強力なものとなった。

韓国併合に関する日韓条約

さて、第二次日露協約の翌月、わが国はこれまで保護国としてきた韓国を併合した。いわゆる日韓併合である。桂内閣はすでに前年七月に閣議において併合を決定し裁可（天皇の承認）をも得ていた。しかし桂内閣はかねてより西洋諸国と条約改正を進めてきており、韓国の併合がこの条約改正に悪影響を及ぼすことを懸念しており、併合の実行を延ばしてきた。

ところが一九〇九年（明治四十二）十月二十六日、初代韓国統監であり枢密院議長である伊藤博文がハルビンで韓国独立運動家安重根によって射殺されるという事件が起こった。この事件の突発をみて韓国併合は早急に実行する必要があるとの意見が急速に高まり、韓国併合が実現したのである（一九一〇年八月二十二日調印）。

韓国併合について田原総一朗は次のように述べている。

「日本は日清戦争でも日露戦争でも繰り返し韓国の独立と領土の安全を保証すると唱えていました。しかし実態は明らかに韓国を侵食しようとする姿勢に変わっていったのです。私は日本の韓国に対する態度は明らかにその主権を無視した侵略行為だと考えます。韓国民にとっては当然ながら耐え難い行為です。しかし帝国主義が当時の世界の常識で、まさに食うか食われるかの世界であったのです。現在の常識では当時の善悪を判断できないのではないかと思うのです」（田原総一朗著『誰も書かなかった日本の戦争』ポプラ社）。

私も田原の言うように侵略したと思うが、いわゆる欧米流の植民地支配、侵略とは質的に違うと思っている。詳しくは最後の「あとがき」において述べる。

しかし、日本の韓国併合について欧米列強からの干渉はまったくなかった。なぜなかったか、理由は簡単だ。先進国はいずれも少なからぬ植民地を持っていたからである。同じことをやった日本を批判することなどできなかった。これら帝国主義や植民地政策が否定され、それが世界の世論となっていくのは、第一次世界大戦が終わった一九一八年（大正七）以降のことである。

第三次日英同盟

さて日米関係は、アメリカの日本人排斥運動をめぐって極めて悪化していた。日米関係がとかく緊張しがちになるにつれて、イギリスは大きな不安を抱くようになった。つまりそれは将来日米戦争が起こった場合日英同盟によって日本側に立って参戦しなければならないことを恐れたのである。イギリスはアメリカと戦うことなど望んでいないし、戦う理由も持っていなかったからである。そのような中で、これまでの日英同盟に修正を加えた上で継続されたのが、この第三次日英同盟で一九一一年（明治四十四）七月十三日調印された。この修正というのは分かりやすくいえば、日米間で戦争が起こっても日本に味方してアメリカと戦う義務を負わないように、従来の条文から「米国を協約から除く」というものになった。

イギリスはこれまでの日英同盟の締結または更新は極めて友好的な中で行われてきたが、この第三次日英同盟の際のイギリス人の姿勢は冷ややかなものであった。これは一つには英露協商が結ばれたことの反射的効果ということがいえるだろう。なお一つには戦後わが国が南満州に進出し、同地方をその勢力範囲とするに至ったことも影響を与えたであろう。いずれにしてもこの同盟締結によってアメリカと戦争になっても、イギリスの援助は期待できなくなったことは明瞭となった。

不平等条約改正なる

第三次日英同盟締結と相前後して、西洋諸国との間に行われてきた不平等条約改正交渉が妥結をみたことである。即ち一九一一年（明治四十四）二月二十一日、日米新通商条約が調印され、続いて他の西洋諸国との間でも同様の条約が調印され、不平等条約は改正され、平等条約が締結されたのである。

思えば明治初年以来実に四十年余にも及ぶ歳月を経てようやく解決したのである。それはこの年月の間にわが国が、国際政治において西洋諸国にとり無視し難い地位を築いたことによってはじめて可能となったのである。こうしてわが国は西洋諸国との間に平等な条約を結んだ。すなわち治外法権を認めず、関税自主権を保有するアジアで最初の国家となったのである。

以上の経過の中で特に重要な事項としては次の三点をあげたい。

一、日韓併合

韓国に対しては、はじめは侵略の意思はまったくなく、真の独立国になって貰いたい、それによってわが国の安全が保障されるというものだったが、次第に外交権を奪い、内政権を奪い遂に日韓併合にまで至ったことは、いろいろな理由はあるにせよ韓国を侵略したと見るべきだろう。民族の恨みは今日（二〇一六年）においても払拭されていない。

二、アメリカの排日移民法

奴隷解放を宣言し、民主々義を標榜するアメリカが排日移民法を実施したことは自己中心的であり、人種差別主義によるもので非人道的であった。このことはトラウマとなって日本人の心奥に残り大東亜戦争終戦まで大きな影響を与えた。

三、条約改正の完結

江戸幕末における欧米列強との不平等条約がここにきてようやく平等な条約を結ぶことができたことである。これによって本当の意味で西洋先進国と対等の地位に立つことができたのである。

第六章

第一次世界大戦に参加

一九一四年（大正三）六月二十八日ボスニアのサラエボでオーストリア皇太子夫妻暗殺事件が起こった。ボスニアとセルビアが統合されることを快く思わないセルビア人が犯人で、これをきっかけにオーストリアとセルビアの間で戦争が起き、これが引き金となってドイツがイギリス、フランスと戦い、さらにロシアが連合国（イギリス・フランス）側について参戦し第一次世界大戦となった。第一次世界大戦はヨーロッパの戦争で地理的にみても日本にはまるで利害関係のない戦争のはずであった。

しかし軍部はもちろん、政府もこの戦争に加わりたいという姿勢を強く持っていた。なぜなら中国にドイツが持っていた権利、具体的には膠州湾や山東半島を日本のものにする千載一遇のチャンスと捉えていたのである。

八月七日に日英同盟を結ぶイギリスから参戦して欲しいという要望を受け取ると、大隈内閣は待ってましたとばかり参戦を決めた。もっともこの時のイギリスの要請は中国におけるイギリス商船の交易安全を確保したいためにドイツ軍艦を撃破して欲しいという限定的なものであった。しかし日本海軍はイギリスの頼みは承知の上で膠州湾を封鎖し、陸軍が青島を攻めると同時に山東半島を占領した。また海軍は赤道以北のドイツ領マーシャル・マリアナ・カロリン諸島を占領した。

対華二十一ヵ条要求

この当時の清国の国内政情について簡単に説明しておこう。清国では日清戦争後から清朝打倒、共和政体樹立をめざす運動が起こっていた。日露戦争によってそのナショナリズムはさらに高まり、各地で武装蜂起が起こるようになっていた。

一九一一年（明治四十四）十月一日武昌に武装蜂起が起こり翌一九一二年一月一日清朝からの独立を宣言し、孫文を臨時大総統とする南京政府が成立した。同年二月十二日宣統帝（清朝最後の皇帝・溥儀）は退位し、ここに清国は滅亡した。辛亥革命である。

国名は中華民国となった。ところがこの後孫文の革命勢力が弱体であったため、各軍閥による内乱が生じた。これを収拾したのが清朝時代の実力者袁世凱であった。そして同年三月十日袁世凱が中華民国臨時大総統となって北京に首都をおいた。

対華二十一ヵ条要求は、一九一五年（大正四）五月七日袁世凱大総統に突きつけたものである。その内容はどんなものであったか。中村粲《あきら》著の『大東亜戦争への道』を参考にしながら解説してみよう。

この要求は第一号から第四号までは要求であるが、第五号は希望的な条項であった。

第一号　山東省における旧ドイツ権益を日本のものとする承諾を求めた四ヵ条
第二号　旅順・大連租借権期限と南満鉄道の期限の九十九ヵ年延長、南満州・内豪古での日本人の土地所有権・居住往来営業権・鉄道建設・顧問招聘における日本の優先権を要求するもの七ヵ条
第三号　漢冶萍《かんやひょう》公司の日支合弁を求めるもの二ヵ条
第四号　支那沿岸の港湾島嶼を他国に割譲しないことを求める一ヵ条
第五号　日本人を政治・軍事顧問として招聘すること、日本の病院・寺院・学校に土地所有権を認めること、警察を日本合弁とすること、日本に兵器の供給を求めるか、支那に日支合弁の兵器廠を設けること、南支で鉄道敷設権を日本に与えること、福建省の鉄道・鉱山・港湾に関する優先権を日本に与えること、支那での日本人の布教を認めることなど七ヵ条

第一号はドイツから権益を取り戻してやったのだから日本に譲ってくれというもの。

第二号はイギリスやロシアなどにすでに与えている特権だから日本にも同じ様に与えてくれというもの。

第三号については、同公司とわが国に長い関係があった。例えば同公司の要求によって借款を与えたり、革命軍に没収されるのを同公司が金で免れようとその資金の融通を日本に依頼してきたので、日本はその条件として同公司の日支合弁仮契約を結んだ等の背景があり、今回日支合弁

を求めたものである。

第五号は中国を日本の保護国にしてしまうような尊大な代物《しろもの》だった。そのため日本はこれを希望条項として、第五号を秘密にするよう中国に申し入れ、列国にはその存在を隠した。第四号まではさほど無理な要求ではないが第五号は内政干渉ともいえる無理な希望条項であった。

いずれにせよ中国は日本の要求に驚き、当然のことながら交渉は難行した。アメリカは当初日本の要求に格別反対はしなかったが、中国から第五号の存在を知らされると、日本への疑惑と警戒心を強め中国を擁護する方針を取った。イギリスも第五号を思い止まるよう日本に通告した。

日本は中国に対して、第五号は「後日改めて協議する」と留保したうえ五月九日午後六時を期限とする最後通牒を発した。中国は屈し、最後通牒を受諾し、わが要求は第五号を除き五月二十五日日華条約として調印成立した。

この日華条約をめぐるその後の波紋について触れておこう。

五月十一日ブライアン米国務長官は、日華双方に「中国の領土的保全及び門戸開放主義に反するいかなる協約も承諾せず」と通告してきた。これがその後「不承認主義」として有名になった門戸開放主義に立つ米極東政策の先駆けである。このブライアンの不承認主義はやがて満州事変でスチムソン国務長官の不承認主義として継承され、後年支那事変から日米交渉においてハル国務長官の硬直した原則尊重主義となって日米関係を大きく阻害し遂に大東亜戦争を引き起こすことになる。

次に中国側が「二十一ヵ条」の内容を甚だしく歪曲誇張して内外に喧伝したことが不必要な誤解を招いたことである。

中村粲は前述の著書の中で次のように述べている。

当時最有力の排日団体であった湖北全商会外交後援会の作成した「二十一ヵ条」非難の説明書を見ると、「南満州の警察と行政権を日本に譲渡す」、「中国陸海軍は必ず日本人を教官とすべし」、「中国の学校では必ず日本語を教授すべし」、「中国に内乱あるときは日本に武力援助を求め、日本また中国の秩序維持に当たるべし」、「中国の石油特権を譲与す」、「中国全部を解放し日本人に自由営業させること」などとあり、わが要求とまったく無関係な「要求」を捏造して列挙していることが分かる。このような虚偽歪曲の宣伝が問題を殊更悪化させた。

また驚くべきことに、中国が条約直後の一九一五年六月に「懲弁国賊条令」なるものを公布したことだ。これは日本人に土地を貸した者は国賊として公開裁判なしに死刑にするという峻厳を極めた法令で、勿論日本人の土地取得妨害が目的である。同時に中国は南満州の官吏に「商租地畝須知《ぼうすち》」なる秘密の手引書を公布して日本人に対する土地商租《しょうそ》（土地取得）の妨害を命じた。このため日華条約で確定した筈の南満州における日本人の土地商租権は条約調印と同時に事実上空文化した。この結果、満蒙で日本が獲得した条約上の諸権利は悉く中国に侵犯され、満州における日華関係を極度に緊迫悪化させ、満州事変の重大原因となった。

二十一ヵ条要求は、今日でこそ日本帝国主義を代表する侵略的な政策のように言われているが、そのころの世界常識では特に侵略的な政策というわけではなかった。むしろ当時の日本では、これでもなお不十分だという政府批判が強かった（北岡伸一著『日本政治史　外交と権力』有斐閣）。

この要求を知った吉野作造博士などは「生ぬるい！」と憤慨したほどです。吉野といえば大正デモクラシーの旗手で、中国革命に命を懸ける青年を支援した日中友好論者です（倉山満著『嘘だらけの日中近現代史』扶桑社新書）。

日本陸軍の欧米観と中国政策

この頃の日本陸軍が欧米や中国に対してどんな考えを持っていたか。以下坂野潤治著『近代日本の外交と政治』の中から一部を引用して記す。

パリ平和会議（第一次大戦後のドイツとの講和会議）の全権としての出発に先立つ外交調査会において牧野伸顕《まきののぶあき》が、この新事態に対処するためには、「霞ヶ関外交」、「私人ノ外交」、「軍人ノ外交」の三元外交を統一しなければならないと強調したことは有名である。しかし同じ外交調査会の場で陸軍大臣の田中義一が牧野の発言に対して「陸軍と外務の間に別々の方針などない」と反駁している。しかし中国政策に関する限り、外交ルートの問題として二元外交、三元外交があったことに疑問の余地はない。二元外交と密接な関係を持つ第一次大戦中の中国政策を検討する枠組として、欧米協調主義とアジア主義の対立図式がある。たしかに近代日本の歴史において、この二つの対外思想が一貫して存在したことは事実である。だからといってこのことから直ちに欧米主義の外務省とアジア主義的な陸軍という二元外交論を想定することは、にわかには同意し難い。第一次大戦中の陸軍の膨張主義的な中国政策が果たしてアジア主義的なものであったかどうかは、陸軍指導者の具体的な欧米及び中国についての認識の検討なしには断定できないと考えるからである。

しかし第一次大戦中のアジア主義的中国政策といわれるものを定義することはさほど困難ではない。すなわち第一次大戦中に日本が中国から得ようとしている経済的・政治的・軍事的特殊権益を大戦終了後の世界で守るためには、中国自身がある程度の親日化が必要である、という立場に立った中国政策がそれである。このような立場に立つ中国政策は、中国の親日化を不可能もしくは不必要とする中国政策とはかなり様相の異なるものである。

山県有朋の「日支提携論」と対米観

第一次大戦勃発直後の一九一四年八月に、元老で陸軍の「大御所」である山県有朋が、首相・

外相・蔵相に提出した中国政策は有名である。その中で山県は、反白色人種の人種同盟的な日中提携論と、それを支えるための対中国経済援助とで袁世凱を親日化させ、それによって日本の中国における政治的・経済的な権益の拡大強化をはかることを提言している。言いかえれば、第一次大戦の勃発と同時に二十一ヵ条の基本構想を早くも立て、それを同文同種論的な日中提携論と経済援助とで中国に承認させようというのである。この山県の日中提携論をアジア主義的な主張であるとすることにはおそらく異論はないであろう。

しかし同じ意見書の中で山県は、日本の中国政策の遂行に当たってもっとも留意しなければならないのは対米関係であるとしている。対米関係の重視という一種の欧米協調主義と同文同種的アジア主義的中国対策とは、山県において如何なる形で統一されていたのであろうか。それには日本の中国権益を維持拡大するためには、日中提携だけでは十分でないとして「欧州のある強国と同盟して、今後支那における列国の競争をしてわが国のために甚だしい不利の形勢に立ち至らせないように計る」必要を強調して、日露同盟の締結を提案している。この意見書において山県がアメリカを特に意識していることはほぼ間違いはない。

参謀本部の中国政策と欧米観

大戦勃発から二十一ヵ条交渉にかけての時期の参謀本部の中国政策は、一応袁世凱との間の日中同盟的「親善」をかかげていながらも、その実、絶えず南方革命派（孫文）援助及び満蒙独立運動援助への転換の用意をしており、二十一ヵ条要求と「日中親善」の両立不可能を熟知しながらも、日英同盟、日露協商を通じて帝国主義的取り引きで中国の反抗を押さえきれるという判断の上に立つものであった。

明石元二郎がたびたび外務省の見解を自己の判断の根拠として採用しているように、このような参謀本部の欧米認識は、決してアジア主義的なものではなく、むしろ日露戦争以後の帝国主義的な欧米協調外交に近いものであったのである。

一九一五年（大正四）十月、明石元二郎の後を襲って参謀次長に就任し、以後大戦終了まで参謀本部の実権を握っていた田中儀一の考え方はより複雑であった。彼は大戦終了後の極東外交の主導権がアメリカの手に握られるであろうという点については、山県以上に明確な認識を持っていた。すなわち「欧州戦争の勝敗如何にかかわらず露独英仏は当分困憊《こんぱい》の状態に陥るべく、独り米国のみますます富力を増進して支那に大勢力を扶殖し来るべきは是《これ》また疑いもなきことである。日本は如何にしてこれを防止すべきか。この問題は最も考量を要するものである」と言っている。

しかるに田中にあっては、アメリカが「支那に大勢力を扶殖」するのを防止する対策は、もっぱら対欧米政策において考えられており、山県的な「日支親善論」には求められていない。

田中が考えた対欧米政策は二つあった。その一つは英仏露の三国協商側とのコミットメントを深めることにより、日本の中国政策に対するアメリカの干渉を防ぐという山県の日露同盟論をより明確にしたものであった。ただ田中にあっては山県と異なり、ロシアを援助してアメリカにあたるという政策が「日支提携論」と結びついていない点が注目される。協商国側との関係を密にするという「根本の覚悟」がなければ「如何に支那に向かい努力するも砂上の楼閣を築くに等しき結果」となるであろうという田中の主張は山県の「日支提携」＝袁世凱援助論に対する批判ともとれるものである。田中は対米認識においては山県と共通しながら、対中政策においては明石元二郎とほぼ同様の立場をとっていたと言えよう。

もう一つの田中の対策はよりユニークなものであった。すなわち彼は右の主張と併行して、まず中国問題を早期に解決してその後にアメリカと共同して「平和調停に容喙《ようかい》」するという構想をも提示しているのである。彼はこの提案を朝鮮総督寺内正毅《まさたけ》にも、陸軍大臣岡市之助にも書き送っているから決して一時的な思いつきではなかった。この田中の構想は大戦中に日本が中国から獲得しようとしている権益を、大戦後においてアメリカから守ることであることは明らかである。

シベリア出兵と米騒動

一九一七（大正六）十月のロシア革命によって深刻な影響を受けた列強は、一九一八年七月シベリアのチェコスロバキア軍救出を名目としてシベリアに軍隊を派遣し革命に干渉した。日本は寺内正毅内閣のもとに八月二日出兵を宣言したが、それが米価を暴騰させ騒動の一因となった。大戦景気で経済は発展し、工業労働者と人口の都市集中は、米の消費量を増大した。米価は急上昇し庶民の生活は脅かされた。同年七月富山県の漁村の主婦たちが米価の高騰を阻止しようと立ち上がった。この運動は全国にひろがっていった。

このような最中に日本はシベリアに出兵したのである。商人たちはシベリア出兵をあてこんで米の買い占めや売り惜しみをしたため、これが米価高騰の一因となった。米騒動は全国的にひろがり暴動を起こした。寺内内閣は世論の激しい非難をうけて同年九月に退陣に追い込まれたのである。

日本の出兵についてアメリカは日本政府にシベリア出兵数、シベリア鉄道独占につき抗議した。日本は兵数五万八、六〇〇人と回答したが、実際は七万二、四〇〇人に達した。

民族自決の波

一九一八年（大正七）十一月十一日連合国とドイツの停戦協定が調印され、四年三ヵ月余に及んだ第一次世界大戦は終わった。

大戦によってヨーロッパの地図は劇的に塗りかえられた。ロマノフ王朝のロシア帝国、ホーエンツォレルン王朝のドイツ帝国の崩壊についでオーストリア・ハンガリー帝国を支配していたハプスブルク王朝のカール一世も退位し、一九二二年十一月にトルコ帝国のオスマン王朝も滅んだ。ヨーロッパを支配していた四つの帝国が解体され、その支配地域に続々と独立国が誕生した。一九一七年十二月にフィンランドが独立したのをはじめ、一九一八年十月―十一月にチェコスロバキア、ユーゴスラビア、ポーランドが独立し、ハンガリーは共和国を宣言した。この民族自決・独立の波はヨーロッパから東アジアに及び日本帝国をも直撃した。

この民族自決の波については、二つの大国による宣言が大きく影響している。

一つはレーニンの「平和についての布告」である。その内容を要約すれば、ソビエト政府はすべての交戦国民と彼らの政府に、公正で民主主義的な講和を直ちに行うこと、それは他国の土地を略奪せず、他民族を強制的に合併することのない無併合、また無賠償の講和であり、そして地主と資本家の締結したすべての条約を全部公表するというもので、民族開放、民族自決を呼びかけたのである。

もう一つはアメリカのウィルソン大統領の「和平のための十四ヵ条の原則」の声明である。要するに民族に関する処理原則が述べられていて、各民族は自由独立すべきだと宣言したことである。いずれも民族の開放、民族自決を提唱したものであった。

三・一運動

第一次大戦のもたらした民族独立、民族自決の思想は朝鮮人につよい刺激と希望をあたえた。独立運動の口火をきったのは東京の朝鮮人留学生であった。

一九一九年（大正八）二月八日東京の朝鮮ＹＭＣＡ会館にあつまった約六〇〇名は、朝鮮独立青年団の名で独立を宣言し、「大韓独立万歳」を叫んだ。集会にかけつけた警察隊によって解散させられ、九名が起訴された。

かつての韓国皇帝高宗の葬儀は同年三月三日と定められた。この機会をとらえて天道教の教主孫秉熙《そんへいき》らは、キリスト教徒・仏教徒らと協議したうえ、三月一日ソウルで独立宣言を発した。ソウルのパコダ公園には数万の民衆が集まり、大極旗をかかげ「独立万歳」を叫び市街をデモ行進した。運動はたちまち全土に波及し、五月末までに示威回数一、五四二回、延べ参加人員二〇五万人に達した。

日本側は憲兵警察、軍隊を出動させ運動をきびしく弾圧した。このため最初は平和的示威であった運動も三月中旬から激烈な闘争や蜂起へと転化して官公署を襲撃する事態となった。原内閣は四月四日内地から軍隊及び憲兵など四一五名を朝鮮に派兵し武力弾圧を強化した。

朴殷植《ぼくいんしく》「朝鮮独立運動血史」によると、弾圧による朝鮮人の死者は七、五〇九名にのぼり、被逮捕者四万六、三〇六名、焼却された民家七一五戸、同教会四七、同学校二を数える（江口圭一著『大系日本の歴史14　二つの大戦』小学館）。また『施政二十五年史』（朝鮮総督府発行）によれば、「かくして騒乱は六十日にわたり、騒擾《そうじょう》箇所延べ数六一七、参加人員およそ五八万七、〇〇〇余を算し、暴民の死傷者約二、〇〇〇、軍隊・憲兵・警察官その他の死傷者約二〇〇、官公署及び民家の破壊されるものまた二〇〇に達した」と記している。

パリ講和会議（パリ平和会議とも）

一九一九年（大正八）一月十八日パリで講和会議が開催された。連合国はドイツと講和条約（ベルサイユ条約）を結ぶとともに、アメリカ大統領ウィルソンの提唱した国際連盟の設立をとり決めた。しかしアメリカの議会では孤立主義の共和党が多数を占め、国際連盟への加盟に反対したため、アメリカは国際連盟に参加しなかった。

国際連盟は四十二ヵ国が加盟して本部をスイスのジュネーブに置き、連盟の機関として理事会（常任五ヵ国、非常任五ヵ国）を設けた。常任理事国はアメリカの不参加でイギリス・フランス・イタリア・日本の四ヵ国であったが、一九二六年ドイツの加盟で五ヵ国となった。

講和会議と国際連盟から排除された大国はソビエト政権であった。大戦が終結したのちもロシアでは列国の干渉軍及び反革命軍とボルシェビキ勢力との戦争が続いていた。レーニンはロシア革命が世界革命へ発展することを期待し、一九一九年三月モスクワで共産主義インターナショナル即ちコミンテルンを発足させた。

国際連盟の圏外には、大戦を通じて経済的大発展をとげ世界一の工業国となったアメリカが強力な発言権を確立する一方、ロシアでは史上最初の社会主義的国家が出現し、コミンテルンを通して世界の共産主義化と民族革命運動の結集をめざした。世界革命の波は押さえられたものの、前述した三・一運動や五・四運動のような民族運動が帝国主義列強を直撃する。

そしてドイツではベルサイユの屈辱への復讐心が、大戦に参加した一兵士アドルフ・ヒトラーの運動を成長させてゆく。

さて、この平和会議でわが国は何を主張し、何を獲得したか。

一、ドイツ領南洋諸島すなわちマーシャル・マリアナ・カロリン諸島を国際連盟からの委任統治という形でわが国に帰属。

二、わが国は人種平等を提唱した。この背景に米国等における排日移民問題があったことは言うまでもない。賛成十一、反対六だったが、議長であったウィルソン米大統領は満場一致でないという理由で不採決となった。この時わが国の要求した人種差別問題が国際協約として実現していれば、五年後に米国で絶対的排日移民法が連邦法として成立するようなことはなかったかも知れないと思うと残念なことであった。

三、山東問題について。ドイツ権益の譲渡ならびに青島に専属居留地を設定することを中国に要求し、これが承諾された場合は、わが国は膠州湾その他地域から撤兵し、それら地域を中国に返還する旨を述べた。この要求は承諾された。因に山東問題については日華の主張は正面から対立した。

すなわち中国は、日本の犠牲と労費でドイツの手をはなれた山東省を、自分は何の犠牲も払うことなしに回収せんとした。そして中国の対独宣戦（一九一八年八月）で独支間の条約は一切消滅し、旧ドイツ権益は一切中国に復帰したと強弁し、山東省の直接還付を主張した。中国の虫のいい要求は通らず、山東省のドイツ権益の日本移譲はベルサイユ条約中に明文化され承認された。中国はこれを不満とし条約調印を拒否した。いわゆる五・四運動は山東問題をめぐって発生した排日運動である。

五・四運動

パリ平和会議で中国は二十一ヵ条要求は強要されたものだから、とその廃止を主張した。しかし日本は一九一七年の秘密協定でイギリス・フランスの支持をとりつけており、もし主張が受け入れられなければ国際連盟規約に調印することを見合わせるという態度をとってウィルソンを譲歩させ、二十一ヵ条の第五号を除いて連盟の承認をとりつけた。また四大国会議（イギリス・フランス・イタリア・日本の常任理事国）は、山東問題について日本の主張を承認した。

この報がつたえられると、中国では危機感がいっきょに強まった。五月四日北京大学をはじめとする学生を中心にして約三、〇〇〇人が天安門広場に集まり、「二十一ヵ条を取り消せ」「青島を返せ」などと書いた旗をかかげて市内をデモし、二十一ヵ条に署名した交通総長曹汝霖の邸宅におし入り、居合わせた駐日公使章宗祥をなぐり倒したうえ、曹邸宅に火を放った。

この事件で全国に学生の釈放、講和条約調印拒否、集会デモ、日貨ボイコット運動が展開された。北京政府はこの大運動に屈し、六月七日逮捕した学生を釈放し、十日曹・章ら親日派三高官を罷免した。二十八日ベルサイユ条約が成立したが中国は調印を拒否した。

五・四運動は中国の歴史の大きな画期となった。五・四運動は反帝国主義、反封建主義を課題とする新民主主義運動の出発点となった。

五・四運動に対して日本の言論はアメリカの扇動によるものだなどと罵倒した。中国の民族的な自覚とその要求に理解を示したのは吉野作造（かつて二十一ヵ条要求を支援した吉野も民本主義論の提唱にともなって大戦中に主張を変化させた）や、「東洋経済新報」の石橋湛山ら少数であった。

第七章　ワシントン体制

第一次世界大戦は、世界秩序のあり方に大きな変化をもたらした。列強間の勢力関係に大きな変化が生じたのみならず、民族自決、平和主義、公開外交など戦前には考えられなかった新しい理念が唱えられ受容されることとなった。こうした新たな世界秩序を具体化したのがベルサイユ講和条約であった。しかしそれはあくまでヨーロッパ中心のものであった。

これに対し東アジア・太平洋地域に戦後の国際秩序を確立するために開催されたのがワシントン会議であった。そこでは中国に関する九ヵ国条約、海軍軍縮など多くの条約が成立した。これらによる国際秩序を西のベルサイユ体制に対して東のワシントン体制と呼んでいる。

日露戦争直後には、米海軍は日本海軍に比較して決して強大を誇り得る状態ではなかった。その後米国は日本を仮想敵国とみなし、また門戸開放の米外交政策遂行のために海軍力の重大性を痛感し、建艦計画を立てて「世界のどの国にも劣らない」海軍を志すに至った。これが刺激となってわが国もまた英国も建艦競争に走ったが、これはまたそれぞれの国の財政負担も容易ならぬものにした。それで米国は自ら招いた苦境から脱却すべく海軍軍縮に関する国際会議を招集し、これによって日英両国の海軍を掣肘すると同時に、日本の太平洋進出を阻止し、もって米国の東洋進出の路を平坦ならしめんとした。これがワシントン会議前夜の国際的背景である。

ワシントン会議は一九二一年（大正十）十一月から翌二十二年二月まで、米国の招請によってワシントンで開催された。海軍軍縮と極東太平洋問題に関する国際会議で、米・英・日・仏・伊・

文・蘭・ポルトガル・ベルギーの九ヵ国が参加した。

海軍軍縮会議

海軍軍縮会議は次のように決まった。
一、英・米・日の主力艦比率を五・五・三とする
二、建造中の主力艦は廃棄とし、かつ十年間建造禁止とす
三、戦艦は三万五、〇〇〇トン一六インチ（四〇六ミリ）砲、航空母艦は二万七、〇〇〇トン八インチ砲を限度とす
四、巡洋艦限度を一万トン八インチ砲とし建造量を制限せず
五、太平洋前進基地の現状維持を約す（即ち新たな要塞又は海軍根拠地を建設せず沿岸防備を増大しないこと）
現状維持の対象とされたのは
①米国が太平洋で現在又は将来領有する島嶼、但し米国海岸、アラスカ、パナマ運河近接の島ならびにハワイを除く（この結果米国はグアム、パゴパゴ、フィリピン及びアリューシアンの防備を断念することになった）

②香港ならびに英国が東経二〇度の太平洋で現在又は将来領有する島嶼、但しカナダに接近する島、濠州とその領土、ニュージーランドを除く

③千島列島、小笠原諸島、琉球諸島、台湾及び澎湖島ならびに日本が将来獲得することあるべき太平洋の島

米国はこれによって日本の海軍主力艦を対英米六割の比率に抑えることに成功した。これと引き換えに太平洋の現状維持が約し合われ、日英米ともに太平洋の属領たる島嶼の防護強化を制限することになったが、米国についてはハワイ、英国についてはシンガポールがこの制限外に置かれ自由に防備を強化し得ることになった訳である。かくしてハワイは米軍の主要な前進基地として防備が強化され、英国もまたシンガポールを東洋最大の要塞たらしめた。

大東亜戦争勃発するや、わが軍がこのハワイとシンガポール両基地を攻撃したのは右のような背景があってのことだった。この軍縮で米国は世界第一位の海軍建設を目指す野望を達したわけである。

日英同盟廃止

日英同盟はその対象となったロシアが革命のため倒れ、ドイツも極東から退いたためその存続

の意義はうすくなっていた。一九一一年七月十三日に改訂された第三次日英同盟はその対象をアメリカを除くと改訂したものであったが、このワシントン会議で日・英・米・仏間で太平洋に関する四国条約が結ばれ、その中で日英同盟終了が明文化され、過去二十一年間の長きにわたって日本外交の柱となってきた日英同盟は消滅したのである。日本は存続を望んだが四国同盟という形で態よく押し切られた結果となった。

アメリカが喜んだのはいうまでもない。これに対しかつての英外相グレーは、日本は日英同盟を不当に利用したことは一度もなかったと称えたという。日本は自ら望まずして、極東問題の混乱に単独で対処するよう追いやられたのである。

九ヵ国条約―門戸開放主義

九ヵ国条約は、一九二二年（大正十一）二月六日ワシントン会議最終日に参加九ヵ国（日・英・米・仏・伊・支那・オランダ・ポルトガル・ベルギー）間に調印された条約で中国の主権・独立・領土的及び行政的保全の尊重・門戸開放・機会均等の遵守《じゅんしゅ》を約したものである。その主なるものを挙げると次の通りである。

第一条、支那以外の締約国は次のとおり約定す。

一、支那の主権・独立・領土的・行政的保全を尊重すること
二、支那の安定政権樹立のため十分なる機会を与えること
三、支那における商工業上の機会均等主義の樹立と維持に努力すること
四、友好国民の権利を損う特権を求めるため支那の情勢を利用したり、友好国の安寧を害する行動を是認したりせぬこと（註、以上をルート四原則という）
第三条、支那における門戸開放又は機会均等主義を有効ならしむるため、支那以外の締約国は支那における経済的優越権を設定せず、他国の権利を奪うが如き独占権を求めない
第五条、支那は支那における鉄道利用に関し、旅客貨物とも国籍による如何なる種類の差別も行わぬこと
第七条、本条を適用すべき事態が発生したときは関係締約国間で充分かつ隔意なき交渉をなすべきこと（第二、四、六、八、九条省略）
（註）ワシントン会議の極東委員会で、支那全権施肇基《しちょうき》が支那に関する十ヵ条の原則を提案したのに対してアメリカ全権ルートが対案として提出したもの。
この九ヵ国条約は、日支の特殊関係を重視するわが大陸政策を原則的に否認する性格をもつが故に、わが国を拘束すること甚だしく以後九ヵ国条約は大東亜戦争に至るまで、アメリカはこれを日本の大陸政策を非難する論拠として活用した。この九ヵ国条約を正式に日本が否認したのは、

支那事変中の一九三八年（昭和十三）十一月である。

なおパリ講和会議で決着がつけられなかった山東問題については、米英の仲介のもとで日中間の直接交渉が行われ、その結果日本は膠州湾租借権を還付し、確保をめざした膠州鉄道も中国が十五年賦の国債で買いとることを認め（完済までは日本人が運転主任となる）、鉱山は日中合弁とすることとした。またこの会議でいわゆる「二十一ヵ条要求」の第五号を全面撤回した。

露清密約について

今さらこの問題をここで持ち出すのは奇妙な話であるが、それには以下のような事情があった。

一八九六年（明治二十九）五月、清国は日本に対抗し「国境の緊張地帯へのロシア軍の輸送と兵站を促《うなが》すべく」ロシアと秘密条約を交わし、ロシアに北満経由ウラジオストックまでの鉄道（東清鉄道）の敷設権を与えた。この条約は完全に厳秘とされ、同年九月に別途鉄道建設と経営に関する通商協定が締結されると同時に条約の取り決めが実行に移された。二年後同盟関係をさらに有効なものにすべく、清国はロシアに南満州支線（後の南満州鉄道）の敷設権を与え、加えてロシア海軍のための大水深の港湾と駐留基地として遼東半島の租借を認めた。

この密約によってロシアが敷設する東清鉄道には、実質支那への侵略手段として、またロシアの軍事上、戦略上の輸送網として法的地位が与えられ、ロシア皇帝の軍隊は日本を抑え込む上で優位な足場を得た。遼東半島の租借はロシア海軍からの艦隊基地としての使用の要求に応じたものだった。

日露戦争で日本は勝利し、ポーツマス講和条約が締結された。ところが講和会議に臨んだ日本は目隠しをされたままだった。露清密約によって清国がロシア皇帝軍を満州に招き入れ戦争を挑発したことなど日本はおめでたくもまったく知らなかったのである。

日本が密約の存在を知っていれば、戦争の当然の法則により日本は支那（清国）に賠償金の支払いを要求し、然るべき金銭の支払いがなければ、南満州全域を獲得し併合できたであろう。

露清条約の存在が一方の当事者によって最初に明らかにされたのはワシントン会議においてだった。北京政府代表団が本文の要約の電報を議長に手渡し、全文は受け取り次第提出すると約束した。議長のヒューズ国務長官が公開の討議の場で密約の全文を読み上げたことで、密約の存在がはじめて公に証明されたのである。

ワシントン会議が司法裁判所であれば、その法的事実の出現によって満州問題全体を改めて検討し、日本に有利な判断を下すことになっただろうが、そのような結果にはならなかった。それでも秘密の同盟条約が締結され実行されていたという事実は残っている。どんな主張をしても、それが法的取り決めであった事実を排除できない。密約によって当時の清国がロシアと共謀して日露戦争の準備を行い、ロシアの完全なパートナーになったことは疑いようがなく、従って北京政府は日本が請求可能な戦争の損害賠償についても責任を負っている。

日本はいまだ法律上の権利を行使せず、北京政府に日露戦争の賠償金は請求していないが、しかし適当な機会を捉えて請求できる権利は失われてはいない。国際法上この種の請求に時効はないのだ。

ここへきてようやくわれわれ（アメリカ）は、日本が満州をめぐる現在の南京政府との論争は他国には無関係であり、当事国間で直接交渉すべきだと主張している理由を理解できる。

ワシントン会議において北京政府代表団の中から、米国で教育を受けた若い団員が歩み出て、ヒューズ議長に一八九六年の露清密約の文章を手渡す。ヒューズ議長はそれを読み上げるが、驚いたことに何の意見も述べずに唐突に次の議題に移っていく。その密約こそが「支那」と称する国の謎を解く鍵であり、日英同盟の存在理由であり、ロシアと戦った理由でもあり、日本が南満州全域を獲得できないとしても、賠償金を請求できる証拠であったのだ。

それにもかかわらず、その文書は議長から一言もないまま記録係に手渡され、法廷の外に投げ捨てられるのを黙ってみていた。

ワシントン会議は、全ての討議が日本を罰するという強い意思の下に行われていることを自ら露呈したようなものだった。そうした会議ではとても自国の立場は考慮されないと日本が判断したとすれば当然だろう（ジョージ・ブロンソン・レー著　藤永二美訳『満州国建国は正当である』PHP）。

ワシントン会議の大要

以上長い説明をしたが、これを簡潔に要約すれば次のようになる。

まず軍縮会議で海軍主力艦の比率が、米五・英五・日三と決まった。次に日英同盟が廃棄となった。次に九ヵ国条約で中国の主権・独立・領土の尊重を約し、中国での門戸開放、機会均等主義を認めた。そして山東問題では米英のあっせんによって日中条約が結ばれ、日本はベルサイユ条約で得た山東省でのドイツ権益を殆んど中国に返還することになった。

日本は第一次大戦中に極東で確保した地位から大きく後退することになり、一九二〇年代の極東太平洋での諸大国の勢力関係が定まった。要するに九ヵ国条約の狙いは、日本の中国大陸に対する思惑や行動を束縛することにあった。日本は大いに不満であった。そして日本の不満をさらに募らせたのは、アメリカの要求で「各国がこれまでに得た権益は何ら影響を受けない」と決まったことであった。何のことはない日本だけが折角獲得した権益を放棄させられ、米英ら側はすでに持てる権益は維持するというものだ。

この会議の二年前のベルサイユ条約でも欧米列強の既得権益の維持、つまり持っている植民地は認め、持たざる国が新たに権益を手にするのは侵略だと禁じていた。ワシントンの九ヵ国条約はいわばその考えをさらに念をおしたようなものであった。

特に対華二十一ヵ条で削られた（第五号）ことの実現は不可能となった。この時日本が抱いた欧米列強への強い不満はやがて満州事変、支那事変へと爆発することになる。

閑話休題

田原総一朗はその著『誰も書かなかった日本の戦争』の中で次のように述べている。

「これまでの歴史の本ではワシントン会議以後民族自決、反帝国主義という世界の大きな流れの中で、日本だけが時代に逆らったのだとされています。中国での日本の権益にこだわり、さらに満州や蒙古の支配を無理矢理行い、世界から孤立したといいます。そして中国・アジア諸国を攻略するために軍国主義で突っ走したというのが定説となってきました。

しかし、これは正しくないと私は思います。なぜなら、たとえば一九二八年（昭和三）アメリカ・フランス・ドイツ・イタリアそしてわが国をはじめ全部で一五ヵ国がケロッグ・ブリアン条約（不戦条約）というものを取り決めました（正式名は「国策の手段としての戦争放棄の条約」

一九三六年には六三ヵ国が加入した)。

ここではアメリカとイギリス・フランスの利益が激しく対立していて、アメリカ式外交と日本が常任理事国である国際連盟外交はまったく別の方向に向かおうとしていました。

アメリカはこれまですでに手にしている権利や、それによって得る利益を守るのではなく徹底的な民族自決、反帝国主義を主張しました。それに対してイギリス・フランス・イタリアは当然支配していた植民地を解放するのではなく現状維持を主張しました。

このように比べると、アメリカ式の方がより国際平和にとって理想的だと思うでしょう。しかしアメリカのやり方は戦争なき国際平和を主張しながら国際連盟への参加は拒否するという矛盾に満ちた外交でした。この時日本は韓国や台湾、南樺太を所有しさらに中国にも少なからぬ権益を持っていたため、アメリカ方式ではなく現状維持の国際連盟方式を主張しました。イギリス・フランスなど国際連盟加盟国も当然ながら日本のやり方を支持しました。つまり日本は国際的に孤立したわけではなく、むしろ国際連盟側にいたということなのです」と書いています。

私もこの見解は理解できる。私は日本が世界から孤立するようになるのは満州事変以後からだと考えている。その理由は満州事変の項で明らかになるでしょう。

ロンドン海軍軍縮会議

ワシントン会議の約十年後一九三〇年（昭和五）一月イギリスの招請でロンドンで海軍軍縮会議が開催された。これはワシントン会議では論議されなかった補助艦の制限を決める会議であった。日本はすでにこの前年の田中内閣時代に閣議で「補助艦に関する限り、世界最大海軍に対し少なくとも七割程度の兵力を必要と認む」と決定していた。

田中内閣を継いだ浜口内閣でもこの基準を受け継ぎ、ロンドン会議における日本の原則的要求、いわゆる「三大原則」を決定した。

一、補助艦兵力は比率においては米国に対し少なくとも総括的に七割とする

二、二〇センチ砲搭載大型巡洋艦は特に対米七割を保有す

三、潜水艦は昭和六年末わが保有量を保有する

会議は難行したが妥協案がつくられ、最終的に総括的比率は対米六割九分七厘五毛、対英六割七分九厘となる協定案に到達した。

日本全権団は幣原外相あてに請訓電（右協定について）を発した。この請訓電は政府の善処を求め暗に日米妥協案の承諾を要請していた。この電報の到着をもってロンドン条約をめぐる海軍

軍縮史上未曾有の紛糾がはじまるのである。

当時財部海相不在中の海軍首脳陣容は、浜口首相が海相事務管理を兼任し、その下に次官山梨勝之進中将、軍務局長堀悌吉少将、先任副官古賀峯一大佐がいわゆる海軍トリオであった。その後の騒然たる紛糾のなかで政府回訓の決定までにこぎつけることができたのは、このトリオと岡田啓介大将の善処、苦闘によるところが大きい。

総じて海軍省の山梨・堀・古賀が加藤友三郎の流れをくんで視野が広く弾力的であったのに対し、軍令部の加藤・末永が純軍事技術的見地に固執し、硬直的であったのは好対照であった。海軍省は三大原則は外交交渉の目安であって絶対固定的なものではないという柔軟性と大局観を持っていた。これに対し軍令部側は三大原則を絶対化し、会議が決裂に終わるとも一歩もゆずるべからずという態度であった。

全権団の請訓にたいして浜口首相はできるだけ無理のないよう時間をかけて軍令部の熱のさめるのを待つという態度をとったが、会議をまとめるという彼の決意は終始変わらなかった。浜口首相は山梨次官に政府としては会議決裂の危険をおかすことはできないとの決心であると述べ「これは自分が政権を失うとも、民政党を失うとも、また自分の身命を失うとも奪うべからざる堅き決心なり」とその決意のほどを述べた。

浜口のこの決意を支援していたのが元老・重臣であった。ロンドン条約は大局的見地に立ってどうしてもまとめなければならないというのが元老西園寺、内大臣牧野伸顕、宮内大臣一木喜徳郎、侍従長鈴木貫太郎の見解であり、海軍の長老山本権兵衛、朝鮮総督斉藤実も同意見であった。天皇もまた熱心に条約の成立を希望された。政府の回訓は一、二の留保点を除いて妥協案を承諾するものとなり、英米側も日本の主張を受け入れた。英・仏・伊間の交渉はまとまらず補助艦の保有量については日・英・米だけの協定となった。

ロンドン条約と統帥権問題

統帥権問題のそもそもの起因は、国務と統帥の二元的構造をもつ明治憲法の第十一条、第十二条の解釈にある。

第十一条は陸海軍の統帥を国務大臣の輔弼の範囲外においたが、ここにいう統帥とは用兵作戦上の軍隊の指導統率と解すべきである、それは軍隊の特殊機能遂行上の要請にもとずくものである。

第十二条は軍の編制及び常備兵額の決定を大権としながらも、これを国務事項とした。このいわゆる編制大権は前条の統帥大権と関連することが多いことから国務、統帥の両機関の係争点となり、軍部は拡大解釈により第十二条まで統帥権を拡張してきたのである。

ロンドン条約に関して起こった統帥権干犯論は、政友会が倒閣の手段に統帥権干犯論で政府を論難し、新聞もこれをセンセーショナルに報道するにいたって、軍令部の不満に引火してこれを爆発させ、右翼団体もこれに呼応して世上あたかも統帥権の干犯が事実であるかのようなムードが作られたのである。

浜口内閣は東大教授（憲法）美濃部達吉の憲法学説を理論的根拠とし、国防兵力量の決定は内閣の輔弼事項であると解釈した。「軍令部は帷幄（作戦を練る場所・筆者註）の中にあって陛下の大権に参画するもので、軍令部の意見は政府はただ参考として重要視すればよいので、なんらの決定権はないものだ」というのが美濃部の意見であった。

首相・外相の演説に対し、犬養毅政友会総裁は質問に立ち、「総理大臣・外務大臣はこれで安全だと言うが、用兵の責任に当たる軍令部長はこの兵力量ではどんなことをしても国防はできない、と断言している。総理は政治的、経済的種々の面から断定したというが、軍事専門の軍令部がこれでは責任が持てないといっている。これでは国民は安心できない」といった趣旨の質問をした。

これに対し浜口首相は「国防上の責任は政府がこれを負います。条約記載の帝国保有勢力で帝国の国防は極めて安固であるということを責任をもって申し上げます」と答えている。

政府に対する軍部の優越を承認し強調する右の犬養や鳩山の質問演説は、多年軍閥と戦い軍縮を持論としてきた政党政治家の節操を捨てたまさに自殺的所論であった。彼らが激発した統帥権干犯論はやがて犬養その人の生命と同時に政党政治の命脈を断った五・一五事件の動因となったのは歴史の皮肉の鮮やかな一例であろう（『太平洋戦争への道　開戦外交史　1満州事変前夜』朝日新聞社）。

第八章　満州事変前夜

南京事件に見る日本の無抵抗主義

一九二七年（昭和二）三月十四日南京事件起こる。これは南京に入ってきた北伐軍（広東の国民政府＝蒋介石が、北京の北方軍閥＝張作霖制圧のため出した軍隊）が暴徒となって、外国領事館や外資系工場や外人住宅を襲い掠奪、暴行した事件である。

南京に入城してきた北伐軍に対して揚子江にいたアメリカとイギリスの軍艦は南京に対して威嚇砲撃を開始したが、この時そこには日本の駆逐艦「檜」がいたのであるが発砲しなかった。これは第一に日本政府の不干渉主義（幣原喜重郎外務大臣の内政不干渉主義）のため、もう一つは砲撃によって北伐軍を刺激し、かつてのニコライエフスク事件のような日本人が虐殺されることのないよう配慮したためといわれる。だがこの方針のため、中国兵が日本領事館に押しかけてきて暴行と掠奪をほしいままにした時、そこにいた日本領事館員も日本軍人も日本居留民もまったく無抵抗であった。

この事件についての佐々木到一中将著の『ある軍人の自伝』で佐々木は次のように証言している。

「逐次耳に入るところの事件の真相は悲憤の種だった。英米仏の軍艦はついに城内に向かって火蓋を切った。わが駆逐艦はついに隠忍した。（中略）荒木（亀男）大尉以下一二名の水兵が城内で武装解除された。在留邦人は全部掠奪され、某々国の何々が殺された、わが在留民全部は領事館に収容され、しかも三次にわたって暴兵の襲撃をうけた。

領事（森岡正平）が神経痛のため病臥中をかばう夫人を良人《おっと》の前で裸にし、薪炭庫に連行して二七人が輪姦をしたとか、三十数名の婦女は少女に至るまで凌辱せられ、現にわが駆逐艦に収容されて治療を受けた者が十数名いる。根本少佐が臀部を銃剣で突かれ官廷の二階から庭上に飛び降りた、警察署長が射撃されて瀕死の重症を負った。抵抗を禁じられた水兵が切歯扼腕してこの惨状に目を被《おお》うていなければならなかった等々。

しかるに、だ、外務省の公報には『わが在留婦女にして凌辱を受けたるもの一名もなし』ということであった。南京居留民の憤激は極点に達した。居留民大会を上海に開き、支那軍の暴状と外務官憲の無責任とを同邦に訴えんとしたが、それすら禁止された等々。実にこれが幣原外交の総決算だったのである。」

さらに南京事件から十日後の四月三日には揚子江中流の漢口で事件が起こり、日本の租界が襲われ暴民による掠奪が行われた。

南京事件以来、列国の外交団は蒋介石に対して、謝罪と首謀者の処罰を要求するとともに、直ちに軍事行動に出ようという意見が強くなった。この時音頭を取ったのはイギリスである。これを知った幣原外相は不干渉主義を貫き通して賛同しなかった（渡部昇一著『日本史から見た日本

人　昭和編』祥伝社黄金文庫）。

南京事件や漢口事件の報道は日本人を怒らせ、同邦を守ってやれない幣原外交を怨嗟する声が澎湃として国民の中に湧き上がってきた。

背後にコミンテルンの策謀

南京事件を仕組んだのは何者だったのか。森岡領事は共産党代表及び共産派下級将校が南京共産党支部と予め計画準備の上行った組織的かつ排外的暴動であると報告したが、幣原外相もこの報告書に基づいて、事件は「蒋を難局に立たしめ失脚せしめんとする苦肉の計略」と判断した。国民革命側も「事件は革命軍内部の不良分子と南京共産党支部員が通謀して仕組んだ」ものとする見解を日本に伝えてきた。

南京事件が革命軍の中に混入した中共分子による仕業であることは疑いの余地はあるまい。そして事件がソ連の示唆あるいは指令の下にひき起こされたこともまず確実といってよいだろう。その一つの証拠は、事件の前年一九二六年コミンテルン第七次会議の決定に基づいて、モスクワが北京駐在ソ連大使館付武官に訓令した秘密文書である。この文書は一部焼失した形で国民政府右派が入手したが、その訓令の第五項には「あらゆる方法を用いて国民大衆による外人排斥をひき起こさなければならない。この目的達成のためには各国と大衆を武力衝突させなければならない。これによって各国の干渉をひき起こすことができたならば、更に方法を選ばずそれを貫徹すべきである。たとえ略奪や多数の惨殺をもたらすものであっても構わない。大衆が欧州の軍隊と衝突した時には、その機会を決して逃してはいけない」と記されていたという（中村粲著『大東亜戦争への道』展転社）。

幣原外交終わる

南京事件に続いて漢口事件が発生すると、幣原外交を非難する世論が急に高まった。当時最も進歩的とされた朝日新聞さえ政府の居留民保護対策が充分ではないことを指摘し「吾人は支那に対して反省を警告するとともに、なすべきことをなさず、尽くすべきことを尽くさずしてなおかつ『時局を慎重に注視する』幣原外相に対してその反省を警告せんとするものである」という幣原批判の社説を掲載した。南京及び漢口事件については各新聞とも激烈な言葉で幣原の無為を論難したのである（前掲書）。

蒋介石、南京に国民政府を樹立

一九二七年（昭和二）四月十八日南京事件の二十五日後、蒋介石は南京を首都として国民政府を樹立した。

蒋介石は北伐完成の前に列強との調和が必要と考えており、特に日本の要人と意見調整をはかることが必要と考えて日本にやってきた。訪日中蒋介石は、田中首相・森格外務政務次官・頭山満などと会談した。十一月五日の田中義一首相との会談録によれば、田中首相が長江（揚子江）以南をまとめ、共産党をおさえうるのは蒋のほかなし、と述べ、また北伐はあせることなく自己の地盤を固めよと要望したのに対し、蒋は全然同感なりと答えたという。

また新聞記者に対しては、満洲における日本の政治的ならびに経済的権益の重要性を無視することはないとも語った。

蒋介石は国民政府による中国統一に協力要請に来たのである。蒋介石としては北伐が完成するまでは列国のどの国ともあえて戦争を引き起こすことは望まなかったと考えられる。

三月六日蒋介石は南京で日本新聞記者団を招待し、対日友好の方針を次のように述べた。

「日本はわが国と最も休戚《きゅうせき》（喜びと悲しみ）の深い国である。中国国民党と日本との友誼（友だち同士の仲）も最も久しい。総理（孫文）が日本で同盟会を組織して以来の関係は世人のすべてが知るところである。故にわれわれは日本が友邦のなかにあって最もよく国民革命の意義を了解し、革命を妨害せず、革命の完成の日の早からんことを願っているものと確信している」（「太平洋戦争への道・満州事変」朝日新聞社より）。

第一次山東出兵

一九二七年五月二十八日第一次山東出兵はじまる。山東地方には日本人居留民が二万四、〇〇〇人以上おり、投資額も当時の金で約二億円であった。そこで田中首相も森格も長年の合法的権益を犠牲にすることを好まず、居留民の生命財産を守るために出兵した。日本ばかりではない、イギリス・アメリカ・フランスも居留民保護のため出兵している。

ところが蒋介石の北伐軍が北方軍閥に敗れ一挙に揚子江南岸まで退いたため、山東地方は戦場にはならず、それで日本軍は九月初旬に帰還した。約三ヵ月半の出兵であった。

第二次山東出兵と済南事件

一九二八年（昭和三）四月四日再起した蒋介石は再び北伐を開始した。田中首相は居留民保護のため第二次出兵を決定した。危険が去ったら前年のようにすぐ撤兵する予定であった。前述したように昨年三月六日蒋介石は日本記者団に対し「日本が最もよく革命の意義を了解し、革命の完成の日の早からんことを願っているものと確信する」と対日友好の方針を述べたばかりである。このような情況を背景に蒋介石の北伐は再開された。

日本が第二次山東出兵を発表したのはまさにこの時四月二十日のことだった。排日の世論は再燃し、南京国民政府も対日抗議を繰り返した。「全軍に令して切実に外人保護の責を負って実行している。誠意をもって各友邦と懸案の解決をはかり、親善を増進しようとしている。にもかかわらず貴国はこれらを一切顧りみずわが北伐の統一まさに完成せられんとする日において、また山東の議あり……」と。

しかし、この段階にあってもなお国民党は排日運動の激化、日中関係の緊張を避けようと努力した。

このような蒋介石の態度も、続く済南事件の発生によって、いやおうなしに変更せざるを得なくなった。すなわち四月二十五日山東省に上陸した日本軍は翌日済南に進出し、他方国民革命軍は五月一日済南に入った。

蒋は中国軍に対し日本軍との衝突を回避するよう訓令する一方、日本軍の撤退を要求し日本側は原則的にこれを受け入れていたが、三日に小衝突が起こってたちまち拡大していった。この衝突については、日本側は「中国兵から射撃がはじまった」とし、中国側は「日本軍が発砲して中国兵が射殺された」としていて、その真相は定かではない。ともかくこの戦争で、多数の戦死傷者が双方に出た。特に中国側を憤慨させたのは日本軍がいち早く電信局を破壊したことと、中国側外交官を殺害したことだった。特に後者は日本軍が公然と国際法に挑戦したものとして蒋介石を激高させた。蒋介石は中国兵に戦闘停止を命じ後方に退くよう指令するとともに黄郛外交部長から次のような厳重な抗議を申し入れさせた。

「……先決問題は、まず正当な手続きによって解決することである。国民政府はさらに提出すべき要求を保留する。貴政府といえども中国全民族の敵対行為、世界の人道主義との敵対は願わざるべし。特にここに厳重に抗議しすみやかなる回答を要求する。」

これに対し日本側は、済南外への中国軍の撤退、反日宣伝の禁止、関係高級高官の厳刑、中国軍の武装解除を黄外交部長に要求し、さらに第三次山東出兵をも声明したのである。

要するに中国側は外交的に厳重抗議し、国際連盟に提訴する反面、排日運動をおさえて従来の対日方針を堅持しようとしたのである。

しかし、日本軍は八日済南付近の中国軍掃蕩をはじめた。中国側も積極的に抗戦したが、十日夜ついに壊走し済南城は日本軍の手中に帰した。中国軍民の死傷者は中国側の発表によると四、〇〇〇人をこえたといわれる。

済南攻撃は排日運動に点火するものとなり華南・華北・満洲を問わず排日世論はわきかえり、国民政府首脳部もこの勢いを阻止することは不可能であった。こうして排日運動は国民政府の承認と統制下に順調に発展した。七月二十一日上海総商会内で全民衆反日大会が開催され、ここに全国反日会が成立した。国民政府もこの時期日華通商条約の廃棄を通告した（『太平洋戦争への道　開戦外交史　2満州事変』朝日新聞社）。


以上山東出兵や済南事件について記述したが、こうしてみると何だか支那側に「義」があり、日本側が「不義」であるかのように思われるが、果たしてそうか。山東出兵についても済南事件についても次のような見方もある。

渡部昇一著『日本史から見た日本人　昭和編』より引用してみる。

はじめの北伐で敗退した蒋介石は翌一九二八年四月七日再び北伐を開始した。今回の北伐は前回とは比較にならぬ程の大規模なもので、それだけ居留民の危険は大きい。しかし第二次山東出兵には陸軍部内にも反対があり、田中首相は決定しかねた。出兵反対論者は北軍の敗退は時間の問題だからこの際は蒋介石を信用し、あとはすでに駐在している軍隊で警備するだけで充分であると主張した。

一方出兵論者は、蒋介石自身は信用できるとしても、その軍隊は南京事件の例もあり信用できない。何しろ昔からシナの軍隊は勝っても負けても掠奪は役得と考える伝統がある。特に今の蒋介石の軍にはソビエト人を教官とする共産系の者も入っていて危険であると指摘した。結局蒋介石の北伐開始後約半月後の四月十九日に至ってようやく田中首相は居留民保護のため第二次山東出兵を決定した。危険が去ったら前年のようにすぐ撤兵する予定であった。

第二次山東出兵部隊が済南に到着したのは四月二十六日ごろ北軍は二、三日後には済南付近を通過しはじめ、二、〇〇〇人近い済南の在留日本人に危険が生じたため、斉藤旅団長は防禦陣地を構築して警備の万全を期したため北軍の掠奪はなくて済んだ。

五月一日には蒋介石の南軍が済南に到着した。蒋介石は治安を保証するから日本軍の警備地区を廃止するよう要求した。斉藤旅団長は蒋介石を信じ、かつその方が排日の口実を与えないと考えて警備地区を廃止し、造ったばかりの防禦施設を撤去したのである。ところが掠奪はシナ兵の常で、翌日の朝から二、三〇人の兵士による掠奪がはじまった。そして市中の至るところで中国兵による攻撃と掠奪がはじまった。戦火は拡大し約一週間後の五月十一日に至ってようやく戦闘は終了した。

佐々木到一は、このとき蒋介石の北伐軍に随行して両軍の連絡に当たる立場にあり現場に居合わせていた。彼はこう書き残している。「これより先居留民は総領事館の命令で老幼婦女は青島《チンタオ》に、残留する者は限定せる警備線内に引き揚げを命じてあったが、それを聞かずに居残った邦人に対して残虐の手を加え、その老壮男女一六人が死体となってあらわれたのである。手足を縛し、手斧様のもので頭部・面部に斬撃を加え、あるいは滅多切りとなし、婦女はすべて陰部に棒が挿入されている。ある者は焼かれて半ば骸骨となっていた。焼け残りの白足袋で日本婦人であることが分かったような始末である」（佐々木到一著『ある軍人の自伝』）。

この事件についての諸外国の新聞論調も日本側を支持していた。シナ各地で発行されている英字新聞も日本の行動に極めて同情的で「もし日本軍が出動しなければ、済南の内外人はことごとく殺戮されていたに違いない（天津「京津タイムス」）といい、日本軍の行動を「正義」と呼び（漢口「セントラル・チャイナ・ポスト」）、これによって打撃を受けた蒋介石軍は「自業自得」（上海「ノース・チャイナ・デイリーニューズ」）とまで言っている。

この事件が南京事件や漢口事件と違っていた点は、中国側が激しい国際宣伝をやったことである。たまたまこの事件中に射殺された中国人のなかに外国人の外交官が一人混じっていた。これを南京政府側は大々的にとり上げ「日本軍は交渉に当たっていた中国人外交官を捕らえて鼻を削ぎ眼を抉って銃殺した」などと世界中に報道した。こういうやり方は支那の敗残兵のやることで、南京政府は自国の兵士のやり方を日本軍に投射して勝手なデマ宣伝をしたのである。

このデマ宣伝は国際的には問題にならずに済んだようである。当時の日本軍の軍紀は国際的定評があり、特にシナ大陸に数多くいた欧米人は北清事変以来の日本軍の行動規範をよく知っていたからであろう。だがこうした宣伝文を読まされた世界の人々の中には、特に非道な排日移民法をやって日本人を抑制したアメリカ人の中にはこれを信じた人もいたであろう（渡部昇一著『日本史から見た日本人　昭和編』祥伝社黄金文庫）。

張作霖爆殺事件

一九二八年（昭和三）五月十八日、日本は閣議で戦乱（蒋介石の国民政府軍と張作霖の北京政府軍との戦い）が進展し、禍乱が満州に及ぶおそれのある場合には、日本は「治安維持のため適当にして有効なる措置を講ずる」という覚書を両方に通告した。この通告に対して北京政府も国民政府もともに内政干渉であると激しい抗議を申し入れてきた。

しかし国民政府は折からの済南事件によって日本軍の目的が北伐を阻止するのではないかと疑っていたが、この通告により内実のところ長城以南の国民政府による統一を日本が認めたものと安堵し、矢田七太郎総領事に対して関外（長城外）に奉天軍（北京政府軍）が撤去するならば国民革命軍はこれを追撃しないむねを約束した。

張作霖の方は、日本の武力援助により関内に居残ることを期待していたため、この覚書には非常に不満であったが、芳沢領事の徹夜の説得により関外に一時撤退しても再挙の機会をうかがうという期待で結局妥協しなければならなかった。北支駐屯軍参謀浦澄江中佐も張作霖の息子張学良に勧告したところ、張学良は即座に関外撤去に承諾した。張作霖の帰奉（奉天に帰る）はここに確実となった（『太平洋戦争への道 開戦外交史 1満州事変前夜』朝日新聞社）。

当時田中首相は、何としても満州の平和を保ちたいと考えていた。それには張作霖の奉天軍が敗残兵となって満州に雪崩れこまれるのが一番困る。張作霖は蒋介石に勝ち目はなくなっているのだから、戦わないで奉天に帰ってもらいたい、というのが田中首相の、つまり日本政府の意向だった。それで前述のように日本の忠告を聞き容れて奉天に帰ることになった。

ところでこの頃になると張作霖はなかなか日本の言うことを聞かず反日的姿勢も見えるので、現地の日本軍の中には張作霖をこのままにしてはおけない、という強硬論者が出ていた。そして現地の関東軍高級参謀河本大作大佐は独断で鉄道を爆破し張作霖を殺してしまったのである。ときに一九二八年（昭和三）六月四日であった。

河本はあくまで張の謀殺によって関東軍の満州制圧のキッカケを作るという目標を持ってい

た。そのために現実に一個旅団を集結させておいた。しかし河本の計画を知らなかった関東軍の参謀は、その前日三日の夜この一個旅団を解散させてしまった。ために河本の期待した武力紛争は起こらずに終わった。河本の全般的計画はただ張を爆殺しただけで完全に失敗に終わった。

河本の行動は田中首相も知らず、参謀本部の意向にも反し、出先の一将校が勝手にやったものであった。

この事件について陸軍は河本をかばった。その処分をめぐって天皇に叱責された田中内閣は総辞職となった。事件はウヤムヤにされたのである。

中村大尉殺害事件

中村大尉は参謀本部の部員で、対ソ作戦の兵要地誌作成のためひそかに興安嶺方面の偵察任務につき、洮南・索倫の中間地で中国軍（第三屯懇軍）により一九三一年（昭和六）六月二十七日殺害された。

東三省側（遼寧・吉林・黒竜江の三省）は、中村大尉殺害を否認したが石原参謀と花谷少佐は関東軍がこの事件の交渉に当たりたいと林総領事の同意を求めたが、林は諸般の事情を考慮する必要があるとして同意しなかった。

それで関東軍参謀部は実力調査を決意し、中村大尉事件対処方針を陸軍省に上申したが陸軍中央は八月七日杉山次官は、三宅関東軍参謀長に中村事件を満蒙問題解決の動機にするのは穏当でない、というのが軍中央の意向であった。関東軍参謀部は失望した。石原参謀らはこの中央の方針を耳にするや、「腰抜け」とののしったという。

幣原外相は関東軍が本事件に激高しているので迅速な解決を計らなければならないと考え、通常の場合と同じく責任者の処罰、賠償、将来の保証を要求し、別途の権益を獲得することをしないという方針で林総領事に東北当局と交渉するよう訓令した。

林総領事は十七日、臧式毅遼寧省政府首席に速やかなる解決を申し入れた。しかし中国側の調査がはかばかしく進行しないのをみた林総領事は、九月四日臧首席・栄臻参謀長と会見し、中国が本件の処理を回避するようなら国交上重大な影響が生ずることを告げ、屯懇軍関団長を奉天に召還するよう示唆した。

事態の重大化を認識した栄臻参謀長は九月十八日よりようやく中村大尉の殺害を認めたため、交渉は次の段階に移ろうとしたが、この日夜十時過ぎ柳条湖事件の勃発をみるのである（臼井勝美著『満州事変　戦争と外交と』中公新書）。

万宝山事件

国民政府の東北（満州）官憲の朝鮮人農民への圧迫が峻烈を極めたため、満鉄沿線の長春に避難してきた朝鮮農民が長春の西北方約二十キロの万宝山付近の荒地に入植しようとしたことが万宝山事件の端緒となった。

朝鮮農民が中国人地主からの借地に水路を築こうとして、それに反対する中国農民と衝突し、長春県側は水路工事の中止を勧告し、日本領事館も邦人保護のため警官を派遣し、両国の警官が対峙するに至った。

一九三一年（昭和六）七月一日約四〇〇名の鋤や鍬をもった中国の農民が実力で水路破壊に着手したため朝鮮人農民は作業を中止するのやむなきにいたった。翌二日にも中国農民約五〇〇名は銃約二〇、拳銃約一〇を携行して水路を破壊し続け日本警官約二五名とついに銃火を交えるにいたったが幸い双方に死傷者はでなかった。

万宝山で朝鮮農民が中国人により死傷者が出たという誤報が「朝鮮朝日」などの号外で配布されたため、朝鮮各地で在留中国人への復讐が暴動にまで発展し重大な事態となった。

排華暴動が最初に起こったのは仁川であるが、京城・元山・新義州などでも続いて暴動が発生し、朝鮮人群集は中国人商店を大挙襲撃破壊した。もっとも苛烈で凄惨を極めたのは平壌の大暴動であった。平壌の中国街一帯は騒然となり数千の群集が手に手に棍棒・刀斧・石塊を持ち、華僑の家屋を手あたり次第襲撃破壊したのみならず、中国人に対して殴打・暴行を加えた。中国人死者は一〇〇人を超え、生死不明者六三人、負傷者も一六〇人に達し、数百戸の中国人家屋財産は殆んど灰燼に帰した。

朝鮮で多数の中国人が悲惨な迫害を受けたことに対し、中国各地で反日気運が一気に高まってきた。国民党中央執行委員会宣伝部は朝鮮の暴動は日本人が朝鮮人を使嗾《しそう》(そそのかす)し煽動して起こしたという見解をとった。

在日朝鮮人はこの暴動の本質を究明しようとした。全協失業者同盟東京地方江東区委員会が配布した朝鮮語のビラは、まず間島地方(吉林省の東部、豆満江北岸の地)に逃げていく朝鮮人の同胞は、「日本帝国主義に食物、着るものを皆奪われ仕方なく故郷を離れて、父母妻子を連れ食を求めて荒漠たる地間島に向かったのであるが、間島でも朝鮮人は中国人地主の掠取と巡警の圧迫、馬賊の被害、日本帝国主義の圧迫など五重・六重の圧迫を受けている」と指摘したのち、「日本帝国主義は吾々同胞のためとか、或いは保障するとかいった美名の下に軍隊を送っている。ここに日本帝国主義の内心の野望を知ることができる。実際に吾々のためならば何故朝鮮で土地と、食うものや着るものを奪って北間島に追いやっているのか。彼らが軍隊を送っているのは、表面には吾々同胞のためと騒ぎ廻っているけれども、中国農民との争闘を機会に血と汗で拵えた土地を強奪しようという強盗の心理が潜んでいる」と日本の朝鮮政策を強く非難した（前掲書）。

この在日朝鮮人による見解は、これより前一九一九年（大正八）京城で朝鮮独立宣言発表があって、示威運動が朝鮮全土に拡がったいわゆる「三・一独立運動」があったが、吉林省の間島でも朝鮮人の独立要求デモが行われた。また同年四月十日には上海に大韓民国臨時政府が樹立されている。第一次大戦が終わる頃の一九一七年（大正六）ロシアでは革命を起こし、帝政ロシアを倒してソビエト共和国を樹立したレーニンは、世界の植民地を対象に「民族自決の原則」を宣言し、続いて一九一八年にはアメリカ大統領ウィルソンも「世界平和と民主主義」を宣言し、パリ講和会議に提示した。しかしウィルソンの主唱した民族自決は、ドイツのような敗戦国が領有していた植民地には適用するが、アジアやアフリカには適用されなかった。

しかしながらこの民族自決がレーニンやウィルソンによって提唱されたことは世界中にひろまっていき、植民地の独立という大きな潮流となっていったのである。在日朝鮮人の見解もこうした潮流に影響されて起きた反日抵抗運動のあらわれであったと私は考える。

第九章　満州事変

政治外交の多元化

明治・大正・昭和三代にわたる近代日本の歩みを政治・外交の観点からながめるとき、日本が国策の一元的統一を保ちえたのは日露戦争までであって、それ以後は漸増的に多元化分裂の方向をたどったといえるであろう。

元来明治憲法は、統帥を内閣輔弼《ほひつ》の外におくことによって国務と統帥、したがって政府と軍部、さらに陸軍と海軍という二元的分裂の基調をやどしていた。国務と統帥の接合点である憲法第十二条の編制大権が後年政府と軍部の紛争の種となったのもそこに起因する。しかし、日露戦争までは政府・陸海軍ともにその人的構成において、ほぼ藩閥という共通の基盤の上に立っていた。この人的同質性の上に最高調整者として明治天皇の親戚と、同じく藩閥基盤に立った元老の統制が加わって、明治憲法のやどす分裂化が阻止されていたのである。

日露戦争後になると、元老はようやくあるいは死去し、あるいは老境に入ってその統制力が低下し、人的同質性もまた次第に失われるにつれて政治と軍部の二元的対立が前面に立ち現われるようになってきた。

大正に入ると、藩閥を基盤とする人的同質性はまったく失われ、政党を基盤とする政府と軍部の反目対立は歴然としておおいがたくなった。

この傾向は昭和に入ってますます深刻化した。こうして政府と軍部、陸軍と海軍という二元的対立を一元化する道は、統帥権の総攬者である天皇の裁定にまつほかなかったのである。しかし明治憲法に忠実な天皇は、立憲君主の分限を厳守されてその埒外に出ることを慎しまれたから、ときに控え目に表明される天皇の意思も輔弼の任に当たるべき政府や軍部に徹底することなく、調整の方途を見失った二頭立ての日本の政治・外交はついに一大破綻《はたん》の悲劇をみるにいたったのである。

以上は『太平洋戦争への道　開戦外交史　1満州事変前夜』（日本国際政治学会太平洋戦争原因研究会編　朝日新聞社）の一節であるが、このことをまずはじめに指摘しておきたい。

内戦続く中国

蒋介石の北伐《ほくばつ》が一応成功し、一九二七年（昭和二）四月十八日形式的には南京に国民政府を樹立し、中国の統一が達成されたのであるが、実際には諸軍閥が各地方に武力を保持して割拠し、それぞれに地方財政をほしいままにして、とても統一国家だなどと言える状態ではなく半独立状態を続けており、これら軍閥の離合集散をめぐって中国各地には内戦が絶えなかった。

一九三〇年（昭和五）北方には閻錫山《えんしゃくざん》・馮玉祥《ふうぎょくしょう》、南方では李宗仁《りそうじん》等が蒋介石にとって代わろうと反政府軍事活動を起こした。このような内戦の展開は揚子江流域及び華南《かなん》（中国南部）における共産党の活躍には好機を与えることになった。党中央からの指示により朱徳《しゅとく》・毛沢東《もうたくとう》軍は南昌・九江・武漢方面へ、彭徳懐《ほうとくかい》軍は長沙・武漢へそれぞれ進撃をはじめた。彭徳懐軍は長沙に入城し掠奪などで市中は混乱状態におちいった。省政府や国民党党部の建物や、イギリス・アメリカの教会などが焼き払われ、日本領事館・館員宿舎をはじめ一般日本商店も焼き毀された。長沙と並んで漢口も共産軍の脅威にさらされていた。

柳条湖事件

一九三一年（昭和六）九月十八日夜、柳条湖で南満州鉄道の線路が爆破された。爆発音がとどろくと間髪を入れず日本軍の中隊長川島正大尉は中国兵の兵営である北大営を攻撃した。これが満州事変のはじまりである。

深夜の第一報

一九三一年九月十九日午前一時七分、電報が陸軍中央部に舞い込んだ。

「十八日夜十時半ゴロ奉天北方北大営西側ニオイテ暴戻ナル支那軍隊ハ満鉄線ヲ破壊シ、ワガ守備兵ヲ襲イ駈ケツケタル我ガ守備隊ノ一部ト衝突セリ、報告ニヨリ奉天独立守備第二大隊ハ現地ニ向イ出動中ナリ」

これが九・一八事件（柳条湖事件）の第一報であった。続いて第二報は交戦中で苦戦との知らせであった。そして第三報は増援要求の電報であった。これらの相つぐ情報を手にして参謀本部はにわかに色めき立った。激しい議論の末増援となった。

朝鮮軍の応援出兵

そうこうするうちに午前八時三十分朝鮮軍司令官から増援のため出動するとの報告が来た。朝鮮軍では関東軍と気脈を通じて早くも林銑十郎軍司令官の独断で出兵に着手したのである。朝鮮軍の応援派兵は満州の危急に応ずる既定計画であったから基本的には陸軍中央部の方針と矛盾するものではなかった。ただ大命降下を待たずに軍司令官の一存で兵力を国外に派出しようとしている点を中央部は問題にしたのである。

首脳部派兵停止を命令

午前十時十五分にさらに朝鮮軍司令官から報告があった。それは関東軍の要請に基づき派兵して関東軍の指揮下に入れる、飛行隊は今早朝《こんそうちょう》出動、同司令官の指揮下に入らせた、というものであった。

参謀本部ではこの朝鮮軍の処置に賛否両論であったが、結局「朝鮮軍司令官の処置は妥当性をかくものなり」との見解に立ち、国境を越えないことを命令した。ただし飛行隊についてはこの限りにあらずと指示した。

国境で足止め

越境停止を命ずる訓電に対して朝鮮軍司令官の返電は九月十九日午後三時五十分に入電した。それは派遣旅団はすでに出発し本夜半国境を通過する。関東軍の情勢上速やかに増援の要あり、というもので中央部からの訓電はまったく無視されたも同然だった。

ために参謀総長から朝鮮軍司令官あてに「関東軍増援ノタメニ出発セル軍隊(飛行隊ヲ除ク)ハ別命アルマデ新義州付近ニ待機ノ姿勢ニオカレタシ」と発信した。一応朝鮮軍はその国境において釘付けされ参謀本部の朝鮮軍に対する威令は一応行われたのである。

幣原外相「謀略」を暴露

ところで陸軍中央部がこれほどの強硬措置に終始した理由は二つある。一つは十九日の閣議で事件の不拡大を決めたことである。なかでも幣原外相が今回の事件を関東軍の謀略と判断し、その根拠を述べたのであった。もう一つの理由は、金谷参謀総長が十九日午後三時三十分、本件に関する第一回の上奏を行ったとき、天皇が朝鮮軍司令官の独断的処理を喜んでいないことを聞いていたので、自分の方から天皇に対し「朝鮮軍司令官の独断的処理については恐懼するところにして事情を審議すべきむね……」と上奏したことである。

独断越境を期待する中央部

以上の理由で陸軍中央部は、ともかく朝鮮軍の越境を差止め、それによってかれらの面目も立ち、閣議の決定にも天皇の内意にもそうことができた。

しかしその後鴨緑江岸で足ぶみ中の軍隊をどう処置するかについては二十一日の午後になっても一片の指示も命令も出なかった。それは陸軍中央部では、中堅以下の将校はもちろんのこと、南陸相も金谷参謀総長をふくむ上層部もみな出兵論に統一されていた。朝鮮軍の回れ右をとなえるものは皆無であった。

つまり中央部は、朝鮮軍が独断出兵を行った場合は帷幄上奏《いあくじょうそう》(天皇に直接上奏すること)によって大命を発動させ、閣議には事後承諾を求めるという手はずを決めたのである。

朝鮮軍ついに越境

九月二十一日午前十時から閣議が開かれた。朝鮮軍の満州派遣問題である。同意したのは若槻首相のみ、他の閣僚は全員不要論を唱えたので未決定のまま散会した。

続いてこの日午後にも討議が続いたが、折から午後二時四十分嘉村達次郎歩兵第三十九旅団長（朝鮮満州派遣軍）から参謀総長に対して次の飛電が舞いこんだ。「旅団ハ本日午後一時先頭列車ヲモッテ出発ノ予定」。続いて嘉村旅団長から越境して関東軍の指揮下に入ったという入電あり、さらに午後八時十分には林朝鮮軍司令官から参謀総長宛に、歩兵第三十九旅団は林朝鮮軍司令官の独断命令で二十一日午後一時二十分から午後四時三十分の間に鴨緑江を渡って新義州の対岸安東《アントン》を通過し関東軍司令官の指揮下に入ったことを知らせてきた。

軍、政府に挑戦

参謀本部では朝鮮軍司令官の独断出兵の報告を受け取ると、既定の方針通り参謀総長の単独帷幄上奏によって大命降下を奏請すべく二十一日午後五時参謀総長は参内《さんだい》した。

ところが上奏前に帷幄上奏が中止となった。それには次のような事情があった。特に陸軍省の永田軍務課長以下が絶対反対の態度を表明したことである。すなわち「いやしくも経費の支出をともなう兵力の増加に関し、閣議の承認を経ることなく統帥系統のみによる帷幄上奏をなすは極めて不当なり。もしそれ閣議においてこれを否決せんか、最終的決裁を至尊に委ねる結果となり、臣下として極めて不適当なり。これ天皇に対する道にあらず」というものであった。

ついに単独上奏は中止となった。中止となったので翌二十二日の閣議に備えて二十一日午後八時ごろから省部（陸軍省と参謀本部）の部課長が集まり対策を練った。この会議で大多数はあくまで政府と戦わなければならぬという意見であった。この夜陸軍中央部は政府や政党に対して完全な決戦体制をしいたのであった。

越境将軍に凱歌

二十二日小磯軍務局長は若槻首相と、金谷参謀総長は奈良侍従武官長と会見して参謀本部の意向を伝えた。首相は小磯軍務局長に対して朝鮮軍の独断越境に関し「すでに出動せる以上致し方なきにあらずや」という意見をもらした。この首相の意向表明はたちまち陸軍中央部へ流布された。

九月二十二日午前閣議が開かれた。その結果は拍子ぬけするほど簡単に終わり、次のことを決定して散会した。

一、朝鮮軍の独断越境については閣僚全員不賛成をとなえなかった。しかし賛成を積極的に意思表示する者もいなかった。すでに朝鮮軍は出動してしまっているのだから、といって結論的にはこの件は承認となった。

二、事実を承認した以上経費も支出することに決定した。
この日の午後胸をなでおろした金谷参謀総長と南陸相は、満州派兵の件を上奏して允裁《いんさい》（天皇の許可）を得た。

こうして朝鮮の独断越境問題は、中央部の追認という結果となって幕を閉じた。林朝鮮軍司令官は越境将軍という異名をおくられて「赫々たる武名」を獲得した（以上『太平洋戦争への道　開戦外交史　2満州事変』朝日新聞社）。


満鉄線を爆破したのは実は日本の関東軍であった。この謀略のシナリオを作ったのは、関東軍作戦主任の石原莞爾中佐、片倉少佐、花谷少佐そして今田新太郎たちであった。謀略の目的は満州に日本が支配する国家を作ることであった。

事件の真相を知った当時の首相若槻礼次郎や外務大臣幣原喜重郎など政府首脳は、これ以上ことを大きくしたくない「不拡大方針」をとった。二宮参謀次長は、チチハルや錦州への攻撃をやめよ、これ以上拡大するなと関東軍に強く要請した。

この年十一月二十三日アメリカのヘンリー・スチムソン国務長官は、関東軍が中国軍（張学良軍）最後の拠点となった錦州を攻撃するという情報をつかみ「もし錦州を攻撃するなら米国政府はもう我慢しないし許さない」という警告を発した。これに対し幣原外相は翌日スチムソン長官に「日本は錦州方面へ進撃する意思はありません」、「満州の軍司令官にはそのことの命令を出した」と返事をした。ところが関東軍は十一月二十六日錦州を攻撃した。スチムソンは恐った。「もはや日本の政府はあてにならない」と日本政府への不信感をむき出しにした。

権威を失った政府と暴走する関東軍

田原総一朗はその著『誰も書かなかった日本の戦争』のなかで次のように述べている。

「私が信頼している東大名誉教授の坂野潤治によると、このスチムソンとのやりとりは、極めて不用意な発言であり、日本がアメリカから信頼を失ったということよりも、関東軍に対する政府及び陸軍中央（陸軍省と参謀本部）の権威を一気に失墜させたことの方が重大だということです。なぜなら第一に陸軍中央からの錦州攻撃の中止命令は、アメリカ国務長官からの脅しに屈したものだという印象を関東軍に与えました。さらにアメリカ国務長官に対する回答の中で幣原外相は、参謀総長から関東軍司令官への命令の内容を伝えていたことをスチムソン長官はバラしてしまったのです。しかもこれは統帥事項といわれる軍が統帥して指揮すべきことがらなのです。幣原外相はアメリカの圧力に屈しただけでなく、軍の統帥事項までアメリカに筒抜けにしていたとスチムソンは公表してしまったのです。

これについては関東軍だけでなく在郷軍人会までもが強く政府首脳を批判したのです。こうして関東軍を抑えられなくなってしまった政府と軍中央は今度は十二月七日に錦州を攻撃してもいいという指令を出します」と。

政府がこの攻撃を追認したのである。つまり不拡大方針は崩壊した。何という失態であろう。この追認は今後も随時随所に展開したのである。これは政府内部における不統一、つまり多元的政治外交の欠陥が露呈した好例である。

第一次上海事変

一九三一年七月二日万宝山《まんぽうざん》事件が起こり、朝鮮でその報復事件が発生すると、早くも上海では抗日ボイコット（排日・排日貨運動）が起こった。抗日運動はボイコットだけに止まらず対日敵対運動にまで発展した。上海市抗日救国義勇軍委員会が結成され、独立義勇軍団の編成が行われた。

このような形勢をみて日本政府は十月五日閣議で中国政府へ抗議の警告を出すことを決議し、重光葵《しげみつまもる》公使はそれを中国側に手交した。

これに対し国民政府は十月十五日回答を寄せ、排日貨運動は日本に非友誼的行為があったため起きたので、それは日本側に責任があると回答した。

一方在留日本人は村井総領事を委員長とする官民合同の時局委員会を作り、暴戻《ぼうれい》支那を断乎膺懲《ようちょう》すべしとの宣言文をつくり、これを若槻首相以下軍・官・政界の首脳部に送った。また六、〇〇〇の居留民が中国民衆との間に乱闘事件をひき起こし、日本海軍陸戦隊がかけつけてようやく鎮圧されるという一幕もあった。

日蓮宗僧侶に対する暴行事件

一九三二年（昭和七）一月十八日、日本山妙法寺の上海布教主任・天崎啓昇は日蓮宗信者四名とともに寒修行に出かけた。一行が題目を唱えながら馬玉山路に出たところ「日本人だ殺してしまえ」という叫び声とともに近くの群集から襲撃を受け一名が死亡し二名が重傷を負った。ところがこの馬玉山路には抗日では名うてのタオル工場三友実業社があった。在留日本人は今回の犯人は同工場にいるとみて、こんどは日本人の工場襲撃になるのだが、その前にこの事件は実は、上海駐在公使館付陸軍武官補佐田中少佐の謀略であったのである。彼は満州国建国工作に注がれる列国の目をそらす手段として、中国人をそそのかして日本人僧侶を襲撃させ国際都市上海で事件発生のマッチをすったのである。

一方村井総領事は二十日中国当局に暗殺事件に厳重抗議し、中国側もこれに対し犯人の逮捕・損害賠償・陳謝など日本側の要求を全面的に受け入れ、誠意をもってこの問題の解決に当たると言明した。

しかし事ここに至っては、こんなことで満足する居留民ではなかった。彼らは二十日居留民大会を開き「直ちに陸海軍を増派し自衛権を発動して抗日運動の絶滅を期すべし」と決議したあと熱狂した群集数千名は総領事館に向かってデモを行い、ついでに日本海軍陸戦隊本部に押しかけた。この時陸戦隊指揮官鮫島海軍大佐は「いつでも増兵する準備があるからわれわれを信頼せよ」と公約を与えた。

全面衝突は時間の問題

当時揚子江方面にいた日本海軍兵力は、司令官塩沢幸一少将指揮の第一遣外艦隊であったが、事態の急迫とともに急速にその兵力を増強した。

一方当時上海における日本の陸上兵力（一月二十八日現在）は海軍特別陸戦隊と佐世保・呉鎮守府からの兵力を合わせて計八二三名であった。これに対して上海駐屯の中国軍は第十九路軍で兵力約三万三、五〇〇名であった。鉄軍と呼ばれたほどの精鋭部隊であった。国際都市上海における日中衝突はもはや時間の問題となった。

戒厳令の布告

上海の共同租界には、一八五〇年（嘉永三）の太平天国の乱以来在上海列国駐屯軍指揮官からなる防備委員会があった。一月二十八日塩沢第一遣外艦隊司令官から列国駐屯部隊指揮官のイギリスのフレミング少将に、二十九日に日本陸戦隊は行動に出ると予告した。

そこで二十八日防備委員会が開かれ、席上、上海工部局議長から同日午後四時に効力を発する戒厳令の布告について委員の賛同を得た。こうして午後四時に予定通り戒厳令が布告され、同時に上海義勇隊に動員令が下された。

ところがこれより先同日午後三時十五分、呉鉄城《ごてつじょう》上海市長は、二十一日村井総領事が提出した日蓮宗僧侶事件に関する要求を全面的に受諾し、抗日会など排日団体の即時解散を受諾したのである。このような事態の好転にもかかわらず工部局は予定通り戒厳令を発した。それは中国側の譲歩ののちも緊張状態は少しも緩和しなかったし、要求を受諾したもののこれを実行する意志がないばかりか、逆に日本側に対する攻撃を準備しているとの報道もあったし、また中国人の間でも呉鉄城市長の軟弱な態度を責めてひと騒動もち上がるおそれもあったからである。

戦闘開始

戦闘は一月二十八日夜十二時前後、日本軍が北四川路西側に出ようとしたところ、潜伏中の中国兵から突如射撃されたことからはじまった。第十九路軍の烈しい抵抗にあい戦況ははかばかしくなかった。その後二月一日横須賀鎮守府第一特別陸戦隊五二五名が増派され、翌二日には出雲を旗艦とし野村吉三郎中将を司令長官とする第三艦隊が派遣されたが依然として苦戦を重ねた。

かくして陸軍への応援要請となり、二月五日第九師団（混成師団）の派遣が決定された、師団長は植田謙吉中将である。植田師団長はランプソン英国公使のあっせんで田代参謀長を第十九路軍参議范基務《はんきむ》と会見させ、中国軍の自発的撤退を勧告させた。案の上中国側は応じない。そこで師団長は「要求が実現しない場合は貴軍に対し自由行動をとる。その結果生ずる一切の責任は貴軍にあり」という最終的な外交措置に出たがこれも拒否され、また呉市長からも村井総領事宛に撤兵拒否の回答が送られ、国民政府も同一趣旨の対日宣言を発表した。

中国軍総退去

そこでいよいよ第九師団は実力行使の段階に入り、二月二十日師団長から指揮下の部隊に攻撃開始が命ぜられた。ところがクリークや地物を利用して築かれた中国軍の陣地は堅固な上に、よく秘匿《ひとく》されており第十九路軍将士の抵抗ははなはだ頑強であり苦戦をしいられた。

かくて二十三日閣議が開かれ上海増兵が提議され二個師団の増兵が決まった。参謀本部は上海派遣軍司令部（司令官白川義則大将）、第十一師団（善通寺・長は原東篤太郎中将）、第十四師団

（宇都宮・長は松木直亮中将）と決めた。

こうして第十一先遣兵団は三月一日払暁上陸を開始し、第九師団もこれに呼応して攻撃をはじめ中国陣地を攻略した。この日上海公使館付陸軍武官は密偵の情報から中国軍がひそかに総退却の準備をしていると判断した。その翌二日中国軍ははたして総退却を開始した。第九師団・第十一師団はひき続き中国軍を追撃したが、ついにこれを捕捉全滅することはできなかった。第十一師団先遣兵団の上海投入と第十四師団上海到着の呼声にさしもの第十九路軍も三月二日から総くずれとなり、日本軍はようやく中国軍を租界境界線から二〇キロの外に後退させる作戦目標を達成し、白川軍司令官の自発的戦闘中止命令が発せられた。

停戦会議開く

三月四日の国際連盟総会は、日中両国に対して停戦商議の開催を要請した。日中両国がこれを受諾したので英・米・仏・伊の四ヵ国は日中両国を含めて共同委員会を構成し、二十四日から停戦本会議が開催された。商議の中心は㈠日本軍の撤退区域、㈡日本軍の撤収時期、㈢中国軍の駐兵制限区域であった。四月七日中国は㈠㈢については妥協し解決されたが、議論は㈡に集中された。中国側はあくまで撤収時期を明示せよと主張し、日本は容易にこれに応じなかったので交渉はデットロックにおちいった。

舞台はジュネーブへ

四月十一日中国側は国際連盟に提訴して、交渉がデットロックにおちいったことを理由に十九国委員会の招集を要求した。そこで現地の停戦会議は中断されて舞台はジュネーブに移されることになった。

中国側は㈠と㈢についていちおう譲歩の態度をしめして、これを連盟への好材料にすると同時に㈡を死守して日本が撤収時期明示に応じない点を日本側の悪材料とし、日本に対する積極的干渉を連盟に行わせようとした。四月からの停戦交渉の経過をみると、日本側はまんまと中国側の戦術に乗せられた感がある。㈡の撤収時期についてはなおも日本は強行に反発したが、ランプソン英公使、ドラモント連盟事務総長らがあっせんに乗り出し、内容を緩和した代案を提示し、中国側はこれを受諾し日本側も受諾しないわけにはいかなかった。

この時すでに混成第二十四旅団と第十一師団は内地に帰還し、第十四師団も北満転用の必要に迫られていたのである。こうしてランプソン案は三十日総会で採決された。

停戦はついに妥結したのである。停戦協定は明らかに中国外交の勝利であった。連盟への提訴のタイミングと方法、連盟の日本に対する圧力の見通し、日本軍の戦闘の限界に対する見通しなど、あらゆる点で中国外交は練達の手腕をしめし「勝者」日本を驚かせた（以上、『太平洋戦争への道　開戦外交史　2満州事変』朝日新聞社）。

満州事変を生んだ内外の要因

アメリカの人種差別問題

第一次大戦後のパリ平和会議でわが国は人種平等を提唱したが、満場一致でないとして議長のウィルソン米大統領によって葬られてしまったことは前に述べたが、この問題は古くは一九〇六年（明治三十九）のサンフランシスコにおける日本人学童の隔離教育の実施にはじまる一連の日本移民に対する排日土地法、帰化権剥奪法、絶対排日法等によって、日本人の対米感情はトラウマとなって長く日本人の心の底に残ったのである。

例えば日米開戦となるや「これでスカッとした」とか「これで長年のモヤモヤが晴れた」といった声が多く聞かれたのも、その淵源が一九二四年（大正十三）のアメリカ連邦法の「絶対排日法」にあるといっても過言ではないであろう。

アメリカの人種差別問題について、前野徹はその著『新歴史の真実』の中で以下のように述べている。

「満州に日本が進出した背景にはアメリカの人種差別があったことも見逃せません。

一九一四年（大正三）からはじまった第一次大戦には日英同盟により日本も参加しました。大戦後戦勝国の一員としてパリ講和会議に出席した日本が要求したのが人種差別撤廃です。国際連盟の規約を作成するにあたって日本は人種差別撤廃を規程に盛り込むよう提案したのですが圧倒的な反対に遭い否決されました。それでも日本は諦めず『国際連盟規約の前文でもいいから人種は平等であるという一行を加えてほしい』と何度も訴え、小委員会に付託されました。小委員会では十一対五（反対は英・米・ポーランド・ルーマニア・ブラジルの五ヵ国）で賛成多数でしたが議長であったウィルソン米大統領は『全会一致でないからだめだ』とまやかしの論理をふりかざして否決しました。この時の確執が日本の国際連盟脱退にやがてつながります。当時の白人の有色人種に対する差別は現代から考えれば想像を絶するものでした。

日露戦争の翌年アメリカのカリフォルニア州でサンフランシスコ大地震が発生しました。日本政府は日露戦争後の苦しい財政の中から当時の国家予算の十分の一以上にあたる五〇万円、現在の貨幣価値に換算すると約六〇〇億円という巨額の救援資金をサンフランシスコ市に、五万円を在留邦人に送りました。これほどの見舞金を出したのは、日露戦争の際のアメリカの仲介に対する礼と、日本人移民への差別をいくらかでも緩和したいという願いからでした。

ところがサンフランシスコ市はどうしたか。地震によって学校が壊れたり焼失し公立学校が狭くなったという理由で、日本人・朝鮮人・中国人を焼け野原にポツンと建っていたボロ小屋に押し込め隔離してしまったのです。日本の支援で建てられた新しい学校には誰一人入れてもらえませんでした。当時サンフランシスコ市の日本人児童は一〇〇人にも満たない数です。新しい学校に入れる余地はないという理由は有色人種の児童の隔離の口実でしかありませんでした。

その後もアメリカは排日政策を次々と実施していきます。一九一三年（大正二）にはカリフォルニア州が外国人の土地所有を禁じる土地法案を成立させます。日本人移民は主としてカリフォルニア州に集まっており、これは明らかに日本人移民を狙ったもので、俗に『排日土地法』と呼ばれています。

さらに一九二〇年（大正九）『第二次排日土地法』がカリフォルニア州法として定められ、日本人がアメリカ生まれの子（アメリカ市民）の名義で土地を取得することや、土地を所有する会社の社員や株主になることさえ禁じられ、農地の貸借権も禁止されました。

続いて一九二三年（大正十一）には、日本人の帰化権が剥奪されます。黄色人種は帰化不能外国人であり帰化権はないとされたのです。しかもメチャクチャなことに過去にさかのぼって適用されるとされ、第一次世界大戦で米兵として兵役に服し帰国後帰化権を得てアメリカ市民になった五〇〇人以上の日本人も帰化権を剥奪されたのです。そのために八〇パーセントの日系移民が汗を流して作りあげた農地を残して帰国しました。

そして一九二四年（大正十三）アメリカは『絶対的排日移民法』を可決し日本人移民をシャットアウトしたのでした。これはアメリカ連邦法でした。アメリカの国家として日本人の移民を拒否したのです。これにならってオーストラリアも白豪主義を打ち出し、カナダやニュージーランドも日本人移民を拒否しました。

それまでどちらかと言えば親米・尊米でしたが一気に反米感情が高まりました。また当時の日本人は人口過剰でその上貧乏でした。白人諸国に移民の道を閉ざされたことで、満州がいよいよ日本の生命線となり、押し出されるように満州国建国へと突き進んでいったのです」

反米世論沸騰す

一九二四年四月中旬排日移民法がアメリカ上下両院を通過すると、東京所在の新聞一五社は排日法案の不正不義を断じ四月二十一日連名で共同宣言を発表し、極めて遺憾の意を表した。

四月二十日内田良平の指導の下に東京で開かれた国民大会を皮切りに、全国各地で排米国民大会が開催され、四月二十五日には神田三崎町仏教会館に日大・早大・東洋大の学生が集まり「排日問題大演説会」が開催され、「来たれ愛国の士」「救え同胞の危機」などの檄をとばした。

五月二十六日排日移民法が成立するや、日本の世論は沸騰し、排日移民法反対の集会が相次いで開かれた。五月三十一日には対米問題に憤った四十歳前後の男が「米国民に訴う」、「日本同邦国民に与う」との遺書を残し割腹自殺を遂げる事件も起きた。

六月に入るや、在日米国宣教師に続々と脅迫文が送られた。六月三日東京商工会議所は新移民法を極めて遺憾とする決議をなし、米国各商業会議所に打電することに決した。

六月五日東京・大阪の主要新聞一九社連名の下「排日移民法の成立は内容において人道に背き、正義に反するのみでなく日米両国の伝統的親誼を無視したる暴挙である。わが国民は隠忍自重するも決してこのような差別待遇に甘んずるものではない。吾人は世論の代表としてここにわが民族の牢固たる決意を表示し、併せて米国官民の反省を求める」旨の共同宣言が発表された。

また同日両国《りょうごく》国技館では「米国の措置に対し日本国民挙国一致的決意を表示する」目的で対米国民大会が開かれ、上杉慎吉帝大教授、頭山満、内田良平らが演説し、三万人が来会した。排米運動は映画界にも発火し、東京市内の映画関係業者は七月一日より「米国映画を一切上映しない」旨の決議を行った（中村粲著『大東亜戦争への道』展転社）。

「一九二四年」の歴史的意義

排日移民法の成立した一九二四年は、米国の対日作戦計画いわゆるオレンジ計画が確定された年でもあった。一九〇四年の日露戦争開戦直後の四月、米国では陸海軍統合の一連の戦争計画が作成された。即ち赤はイギリス、黒はドイツ、緑はメキシコ、オレンジは日本などと国別にカラーネームをつけて呼ばれた作戦計画である。

対日作戦計画の中心はフィリピン防衛構想であった。米国が米西戦争でフィリピンを獲得してから大正中期に至る二十年間は、日本は比島攻略の意図はなかったのであるが、アメリカはその意図あるものとして太平洋戦略を着々と推進したのである。

このように見てくるとき、一九二四年という年はまことに象徴的な年であるという他はない。米排日移民法の成立は、日本国民をして国力なき国の悲哀と屈辱を痛感させ、三国干渉以来の臥薪嘗胆を余儀なくさせられた。ワシントン会議によって太平洋上に新時代が到来したかと思われたがそれもたった二年間の幻影にしかすぎなかった。

白人世界への進出を拒まれた日本は、これ以後満州を日本民族が生存発展するための新天地として、あるいは「生命線」として一層注目と関心を寄せるようになっていく。一九二四年は戦争と平和の分岐点でもあった（前掲書）。

アメリカの保護貿易主義

人種問題に次いで日本が満州進出へと走らざるを得なかった第二の原因はアメリカにおける保護貿易主義である。

これについては渡部昇一著『渡部昇一の昭和史』を参考に記載すると次のようである。

一九二九年（昭和四）十月ニューヨークの証券市場で起きた大暴落を引き金に世界中に恐るべき大不況の嵐が吹き荒れた。この不況によってアメリカでは四人に一人が失業するという状況になった。もちろん日本やヨーロッパでも同様である。

アメリカの株式大暴落の引き金となったのは、アメリカ下院議員ホーリーと上院議員スムートがいわゆるホーリー・スムート法案を連邦議会に提出したことである。ホーリーもスムートもともに実業家であり、それぞれコンツェルンと称してもいいほど多くの企業を私有していた。彼らは自分の関連する企業の利益を大巾に上げるため関税を高くすることを考えついた。つまり競争相手となる外国製品をアメリカ市場から閉め出してしまおうというわけである。

こんな法律が通れば世界の貿易は麻痺してしまう、不景気は必然だ。ところがホーリー・スムート法案の提出によってウォール街で株式の大暴落が起こり大不況になると、まさにその不景気を打開するためにアメリカ議会はこの法律を翌一九三〇年（昭和五）に成立させたのである。ホーリー・スムート法の目的はただ一つ、不況で苦しむ国内産業を保護するためにアメリカに輸出される一、〇〇〇品目について「万里の長城」と称されるほどの超高率の関税をかけるということだった。これは、すなわちアメリカは自由貿易を捨ててブロック経済に入ったという証明にほかならない。

アメリカのような巨大な市場が万里の長城のような関税障壁をめぐらせてドアを閉ざしブロック経済に入れば、世界貿易は崩壊する。現にこの法律が出現したのをみて、世界中の国が報復措置をとった。わずか一年半で二五の国がアメリカ製品に対する関税を引き上げたのである。この結果アメリカの貿易量は一年半後、半分以下に落ち込み当然ながら「世界大不況」が起こった。つまり不況を克服するために行ったことが、さらに不況を深刻化し長期化させることになったわけである。

一九二九年から三十年にかけての世界の大恐慌のスタートについては、その引き金はもっぱら一九二九年の株式市場の崩壊だとされている。しかし単にアメリカの証券市場の暴落だけで世界中を巻き込む長い大不況が起こるわけはない。むしろホーリー・スムート法によってアメリカがブロック経済に入ったことの方が真因で、この視点を抜きにしてあの大不況を論ずることはできない。実際一九二九年のホーリー・スムートらの保護貿易法案が神経過敏になっていた株式市場崩壊のきっかけを作ったと言うべきだろう。

一九三二年（昭和七）つまりホーリー・スムート法が生まれて二年後に、カナダのオタワに大英帝国のメンバーが集まって会議が開かれた。いわゆるオタワ会議である。正式には大英帝国経済会議と称する。会議に参加したのはイギリス本国・カナダ・アイルランド自由国・オーストラリア・ニュージーランド・インド・ニューファンドランド・南アフリカ連邦・南ローデシアの九邦である。この会議で決まったのは、世界不況を生き残るため帝国外からの輸入を制限し、大英帝国圏内で自給自足体制に入ろうということであった。帝国圏の中で商品や原材料を動かす場合には無関税か特恵関税で、帝国圏外から来るものには高率の関税をかけようというのだ。つまりイギリス及びその植民地もブロック経済を行うことを決めたのだ。

当時の大英帝国といえば、植民地を含めると世界の四分の一を占めるほどの規模である。イギリス本国や会議に参加した八邦に加え、香港・シンガポール・マレーシア・北ボルネオ・エジプトなどの植民地、またイギリスが支配権を持つ中近東の産油地帯がその圏内に入ることになる。現在のＥＵ（欧州連合）を凌ぐほどの経済ブロックが国際経済から離脱するというのだ。アメリカに続いてイギリス帝国までがブロック経済に入ってしまっては、それ以外の産業国家はたまらない。生き残るのが可能な国といえばヨーロッパではフランス・オランダぐらいのものであった。

しかし、それこそ絶体絶命の窮地に立たされたのは第一次大戦の敗北によってすべての植民地を失ったドイツである。ドイツは第一次大戦後非人道的といってもおかしくない額の賠償金（一、三二〇億マルク）を払い続けながらも着実な復興を遂げつつあった。だがブロック経済によって貿易を封じられてはひとたまりもない。たちまち天文学的な数の失業者を出す状況に至った。そして解決の道はなかった。

この当時の日本は、生糸などを売って外貨を稼ぎそのカネで買った原材料で安い雑貨類を作って海外に輸出するということで成り立っている国である。日本はその乏しい利益で近代工業を起こし近代的軍備をしていたのである。それが世界経済がブロック化してしまったらどうなるか。製品の輸出も資源の輸入もできないのであれば国内産業は滅びるしかないし、近代国家としての自立の基礎である軍備も整えられないことになる。

「イギリスやアメリカに対抗するためには、日本も自給自足圏を作るしかない」と考える日本人が出てくるのも自然の展開であった。つまり東アジアにおいて日本を中心とする経済ブロックを作り、その中でお互い貿易を行うことでこの大不況を生き残ろうというのである。その考えはやがて「日満支ブロック政策」となり、これが日本国民の広い層の支持を得ることになった。

第二次世界大戦は、ドイツや日本がはじめたものとされているが、本当はドイツや日本を戦争に追い込んだのは「持てる国」がブロック経済をやりだしたためである。そのことを最もよく知っているのは、まさにアメリカやイギリスであった。

支那の満鉄包囲網線計画

一九二九年以来の世界恐慌の影響は満鉄の輸送収入を悪化させた。満鉄は日本の満州権益の中心であり、在満日本人二二万八、〇〇〇人の大部分は満鉄に依存して生活を立てていた。このような中、支那は満鉄をはさむ東西の二大幹線をつくり、新たに良港を築いて連絡すれば、単に満鉄の死命を制するだけでなく、ソ連の権益である東清鉄道にも重大な影響を与える構想を立てていた。すでに錦州の南、葫蘆島《ころとう》にドイツ資本による大規模な港湾建設工事がはじまっていた。また既に完成している中国鉄道の安い運賃は満鉄を圧迫しつつあった。

そもそも併行線問題は、日露戦争以前ロシアが旅順・大連を租借して東清鉄道の南支線（南満鉄道）を建設した時にさかのぼる。すなわち露支旅大租借条約追加協定第三条（明治三十一年五月）において、東支線擁護のため同支線の競争線建設の禁止を支那に約定させたのである。日露戦争の結果わが国はこの特権を継承し、更にこれを明確有効にすべく「日清満州に関する条約附属取極」（明治三十八年十二月）第三条にて「清国政府は南満州鉄道の利益を保護するの目的を以て該鉄道を未だ回収せざる以前においては該鉄道附近にこれと併行する幹線または該鉄道の利益を害すべき枝線を敷設せざることを承認す」と約定した。

つまり言っておくが、これは日清間で取り交わした条約である。しかしながら満州を支配していた張作霖は東三省（遼寧省・吉林省・黒竜江省）交通委員会を設けて満鉄包囲鉄道の建設を計画し、張作霖・張学良の父子二代にわたって条約違反の二大併行線を満鉄の東西に着々と敷設、この満鉄包囲鉄道は昭和四年に至って完成した。かくして満鉄は次第に衰微自滅へと追い込まれていった。

幣原外相はこの満鉄問題について支那と交渉をはじめた。幣原は張学良との交渉を満鉄に担当させたが何ら成果をみることもなく行き詰まってしまった。行き詰まった原因は日中双方にそれぞれ存在した。中国側には東三省に国民党政府の党部が設置され、国民政府の排日抗日世論が硬化したこと。日本側には関東軍を中心とする満蒙強硬対策の形成と、しだいに追いつめられる現地居留日本人の反発があった。

まず国民党勢力の河北省及び東北の張学良支配地域への浸透をみてみたい。一九三一年二月中旬国民党の中央執行委員長呉鉄城と中央監察委員長張継《ちょうけい》は、南京を出発、呉鉄城は東北四省（遼寧・吉林・黒竜江・熱河の四省）、張継は北平・天津及び河北省の党務視察・指導のため現地に赴いた。

呉鉄城は二月十日奉天につき、直ちに党部の開設に着手した。呉はまず奉天・吉林・チチハル・熱河に省党部を設け、さらに市県党部を置き、これらの党部は地方政府と密接な連絡を保ち、一般市民に三民主義を宣伝するとともに共産党に対して厳重な取り締りを実施する方針をとった。呉鉄城は次々に党部を成立させ国民党の政策を鼓吹し、ときには排日演説を行った。各地民衆の対外意識、特に対日意識が国民党党部の活動によって高揚したことは否定できない（臼井勝美著『満州事変　戦争と外交と』中公新書）。

関東軍の満州領有論

日本の陸軍ことに関東軍と満州に在留する日本人たちは幣原外相の鉄道交渉の姿勢に不満であり批判的であった。林奉天総領事は一九三一年一月三十一日、陸軍中央は「一種不純の野心に基づき故意に情報を捏造して日支両国の関係を悪化さすべく企図せるやの疑あり」と陸軍の動きを非難した。

関東軍は司令部を旅順に置き、一駐剳《ちゅうさつ》師団と六独立守備歩兵大隊よりなり、総数一万六〇〇で満鉄沿線の警備に当たっていた。

三月満州視察に来た各兵科実施学校の教官たちに対し、関東軍の高級参謀板垣征四郎は「秘かに考えまするに、満州問題の解決は現下支那側の態度より考察して単に外交的平和手段のみを以てしては到底その目的を貫徹することは出来ないという結論に到達せざるを得ないのでありまず」と講演した。

つまり関東軍の首脳部は三月すでに外交交渉のみによる解決にはなんら希望をもっていなかった。「満蒙問題はこれをわが領土となすことによりはじめて解決する」というのが板垣や石原莞爾ら関東軍参謀の到達した結論であった（この領有論はのちに独立論へと変わる）。

石原が板垣参謀の講演を手記した「満蒙問題私見」は、満蒙の価値は政治的には「国防上の拠点、朝鮮統治・支那指導の根拠」であり、経済的には「刻下の急を救うに足り」、そして「解決の唯一の方策は之をわが領土となすにあり、これがためにはその正義なること及び之を実行する力あるを条件とす」と主張した。

板垣は満蒙の経済的価値として次の三項を指摘した。

㈠、満蒙の農産はわが国民の糧食問題を解決するに足る

㈡、鞍山の鉄、撫順の石炭等は現下におけるわが重工業の基礎を確立するに足る

㈢、満蒙における各種企業はわが国現在の有識失業者を救い不況を打開し得る

また「漢民族社会も漸く資本主義経済に進まんとしつつあるを以て、わが国も満蒙における政治軍事的施設を撤回し、漢民族と共にわが経済的発展をなすべしとの議論」は傾聴に値するが、「支那人が果たして近代国家を造り得るか頗る疑問にして、むしろわが国の治安維持の下に漢民族の自然的発展を期するを彼らのため幸福なるを確信する」（満蒙問題私見）といっているが、ここに見られる中国人は近代国家を組織し得る能力がないとの見解は以後大なる影響を日本の対満・対中国政策に与えることになった。

日本は好むと好まざるとにかかわらず、東洋平和の全責任を単独に負うべき運命にあるのだから、「武力的強制によりても速やかに満蒙問題を解決し、支那に対しても指導の位置に立つことが必要」であり、期日を定めて「日韓合併の要領により満蒙併合を中外に宣言」すれば足りるというのが板垣参謀の認識であったのである（前掲書臼井勝美著『満州事変　戦争と外交と』中公新書）。

満州青年連盟の活動

在留日本人のなかでは満州青年連盟の活動が顕著であった。青年連盟は一九二八年（昭和三）大連新聞社が主催して開催された模擬議会である満州青年議会を直接の母胎として組織され、満

鉄理事の小日山尚登が初代理事長となった。会員は専門学校、私大卒程度の学歴の者が多く、ほぼ三十代前半の者で占められ、満鉄現場の役付クラス、ジャーナリズム関係、教員、会社員等多数で、満州における日本人社会の世論の形式に影響を持っていた。

青年連盟は「葫蘆島築港問題」と題するパンフレットを公表し世論の注意を喚起したが、一九三一年に入り幣原外相の対満蒙鉄道政策の後退、中国側の排日運動の高揚を目前に見て、新満蒙政策確立のための活溌な運動を開始し、六月には「満蒙問題と其真相」一万部を印刷（満鉄・関東軍から補助を得た）し、内地の政府当局、代議士、各地新聞、雑誌社、青年団その他各種団体に配布し、満蒙の危機を訴えた。

六月十三日には、条約擁護・生存権確保をうたって難局打開演説会を大連に開き、「吾等在満邦人の生存権は支那政府の系統的産業圧迫と条約蹂躙の不法行為により今や覆轍《ふくてつ》の危機に瀕す。かかる国家存亡の秋《とき》にあたり、朝に対応の方策なく、野に国論の喚起なし。坐して現状を黙視せば帝国の権威は煙滅し、亡国の悲運祖国を覆《お》うや必《ひっ》せり。是れ吾等が立って以て新満蒙政策確立の運動を起こす所以《ゆえん》なり」との宣言を採択し、政府・関係当局に打電した。

連盟は七月中旬から八月中旬にかけて岡田猛馬・小沢開策らを東京・大阪へ派遣した。小沢らは若槻首相・幣原外相・南陸相・政友会総裁犬養毅らを訪問、また各地で演説会を開き、満州の現況に対する世論の高揚につとめた。青年連盟の主張の二・三点を紹介しよう。

まず満州は歴史的に漢民族固有の領土でなく一つの植民地であると規定し、同時に満州に移住してきた朝鮮人・日本人その他のアジア民族の満州居住を侵略的行動とし、ひとり漢民族の満州独占を主張し、これら民族（朝鮮・日本）の共同開拓を排斥するのは漢民族のはなはだしき利己的主張であると断定する。

次いで満蒙の平和は何人によって維持され、満蒙今日の文化は何人によって興隆せられたかと問い、日本軍による治安の維持、日本の投資による経済的発展が満州をして戦乱あいつぐ中国本部の惨憺たる状況を隔絶せしめ「支那無産大衆にとって安住の楽園」と化したことを指摘する。

さらに満蒙が日本の国防上また鉄・燃料の軍事資源上重要地域であることを強調し、満蒙放棄の絶対不可を結論とした。「今や全既得権益を一挙にして屠《ほうむ》り去らんとする険難刻々に迫りつつある。国民は是れをしも黙過放任せんか、満蒙の疆域《きょういき》を永久に失墜すると共に、ひいて新興日本の発展を頓挫せしめ合わせて日本の世界に有する光栄をも失墜せんのみ」と「満州問題と其真相」は結んだ。さきに紹介した関東軍参謀らの主張とまさに符節を合わしていた（前掲書）。

満州赤化と排日運動

昭和三年十一月には中国共産党満州委員会が発足し、南京と奉天当局の「売国外交」を非難し満州の民衆に排日を呼びかけ鉄道路線抗争推進、土地譲渡反対、旅大（旅順と大連）回収、対日経済断交を高唱した。

満州の共産主義者たちは、朝鮮人の反日ならびに共産主義団体とも提携して排日を行った。そして昭和五年朝鮮人団体の中心である朝鮮共産党満州総局は解体して中共満州委に加盟した。同年五月三十日の間島における朝鮮人武装蜂起にはこうした背景があった。暴動は三十日夜半から三十一日にかけて間島各地で発生、発電所・通信・交通機関などを破壊し、領事館・親日朝鮮人家屋が襲撃され、間島在住の日本人・朝鮮人に多大の恐怖をまき起こした。

事件の夜、直ちに現地日本居留民は大会を開き、外務省と出先官憲の軟弱を非難し、警察力増強を要求する陳情書を首相・外相・朝鮮総督・政党・新聞社などに送った。

十月六日には、日本警官が支那軍隊から一斉射撃を受け、二名が即死一名が重傷を負う事件が起きた。その後も間島各地で親日朝鮮人や日本側諸機関に対する共産党のゲリラ攻撃が行われた（第二次間島暴動）。この頃には現地朝鮮人より、外務省外交を非難し日本の武力行使を要望する請願さえ出されるようになった。

この間幣原外相は日本警官増強は日支対立を深め、ひいては日本の対満蒙権益を損なうものになるとの判断から、斉藤実朝鮮総督の反対を押し切って応援警察官引揚げを決定した（十一月五日）が、この決定に現地の間島在住日本人は幣原に対する激しい反対の声をあげたのである（中村粲著『大東亜戦争への道』展転社）。

満州事変は自衛の戦いであった

中村粲《あきら》はその著『大東亜戦争への道』の中で次のように述べている。

「現実に柳条湖の満鉄爆破事件を起こしたのは日本側であったことは今日知らぬ者とてない。東京裁判以来満州事変はわが国の中国侵略の第一段階とするのが定説のごとくだ。だが日本側がしなければ必ず中国側によって点火されたに違いない。それほど満州の緊迫状態は持ちこたえ得る限界に近づいていていた。

柳条湖事件は無数の原因の上に加えられた最後の小原因のようなものだった。それ故満州事変は原因ではない、原因であるよりも多く結果である。言いかえれば満州事変は中国侵略の出発点ではなく四半世紀にわたる中国の排日侮日政策の必然的結果であった。

では満州事変を生んだ四半世紀の累積要因とはいかなるものであったか。『四分の一世紀間満州における国際政戦は主として鉄道政戦なりき』とリットン報告書も述べているとおり、鉄道問題は満州における日支間の最大の争点であった。それはすでに述べた如く、実は日露戦争直後に発生し、幾多の紛争を起こさせしかもそれらが殆んど未解決のまま満州事変勃発に至ったのである。

わが国は日露戦争で満州をロシアの手中から救い出し、この荒蕪の地に鉄道を敷き産業を起こし、繁栄の基を築きかつ関東軍によって治安を確保したため、満州には中国内乱の惨禍及ばず平和な別天地として発展した。中国の戦乱から逃れんとする多くの漢民族が満州に流入し、その数は毎年一〇〇万といわれた。かくして辛亥革命（一九一一年）当時一、八〇〇万だった満州の人口は満州事変（一九三一年）の頃には三、〇〇〇万に達したのである。

またわが国が経済開発に努めた結果、満州の貿易は増加し大連海関が開かれた一九〇七年（明治四〇）の貿易額を一〇〇とすれば二十年後の一九二七年（昭和二）には中国本部二六四に対して満州六五五という著しい発展を示した。満州の発展が日本の活動によることはリットン報告書も認めるほかなかったのである。

しかしながらわが国の資本と技術による鉄道建設をめぐり、工事代金踏倒し、借款不払、契約違反や背信行為が絶えなかった。遂に張作霖は東三省交通委員会を設けて条約違反の二大併行線を満鉄の東西に着々と敷設、この満鉄包囲鉄道は昭和四年に至って完成した。かくして満鉄は次第に衰微自滅へと追い込まれていったのである」

以上のように中村は満州事変を生んだ累積要因を「満鉄包囲鉄道」にしぼって書いているが、私は満州事変を生んだ要因はこれだけではない。前に述べたように、人種差別によるアメリカの排日法、ホーリー・スムート法による高関税の障壁、アメリカの保護貿易主義、オタワ会議で成立した大英帝国支配圏内経済体制、中国の排日抗日活動等々が要因となって日本は止むを得ず満州事変を引き起こさざるを得なくなった。いわば日本の国防上、生存権確保上の止むを得ざる自衛の戦いであったと私は考える。

満州国建国正当論

アメリカに満州のことをいう資格があるか

満州に満州本来の皇帝である溥儀が来て統治者になるアイディアは、民族自決のみならず国際紛争を未然に防ぐというううえでも優れたものであった。

たとえばアメリカが西部開拓において「もともとこの土地はインディアンのものだから」ということでインディアンの酋長が治める自治区を作ったか、を考えてみればいい。無論アメリカは今日に至るまでそんなことは一度たりともやっていない。どちらの方が〝文明的〟であろうか。

たしかに満州国は日本傀儡国家であった。しかしそれがどうだというのだ。一人前でない民族の手助けをしただけではないか。一人立ちできるようになったら自前の国家になるというだけではないか。

しかも溥儀は無理矢理に皇位に就けられたのではない。彼は自らの意志で満州国皇帝になったのであり、それを傀儡国家呼ばわりするのは溥儀の意志をまったく無視している。

かつて溥儀は宣統帝として清国を治めていたが、革命が起きたために退位を余儀なくされ、その代わり退位の条件として紫禁城内に暮らすことが許され、また生活も保証されていた。ところが一九二四年（大正十三）国民政府内部でクーデターが起こったのをきっかけに彼は紫禁城から追い出されてしまったのである。このとき彼が逃げこんだのは北京の日本公使館であった。といっても日本政府が溥儀を招いたのではない。彼の個人教師を務めていた英国人ジョンストン卿が「北京なら日本公使館が最も安全だ」と勧めたからである。イギリス公使もこれに賛同したという。かくも当時の日本は列国から信頼されていたのである。

ところが退位から四年後の一九二八年溥儀の心を大きく揺り動かす事件が起こった。北京にあった清朝帝室の墳墓を爆破し、埋められている宝石や財宝を盗むという荒っぽいやり方であった。当然ながら溥儀の先祖たちの遺体や棺はこの爆発でバラバラになった。ところが国民政府は実行犯を形式的に罰しただけで首謀者の罪を不問にした。しかも溥儀に対しては悲しみも遺憾の意も伝えなかった。

この時から溥儀の心は変わったようである。すなわち戦乱が続くシナを去り、清朝発祥の地満州に帰ることを望むようになったのだ。このような溥儀の決心がなければ、いかに関東軍の将校といえども満州国は作れなかった。

満州国はたしかに傀儡政権ではあったが、溥儀はただのお飾りではない。彼は彼なりに満州の地に自民族の国家を作りたかったのである。

東京裁判において溥儀は満州国建国の意志は自分にはなく日本軍に命じられて否応なく皇帝になったのだと証言した。真っ赤な嘘である。そのように証言しないと殺すと脅されたからに違いない（彼は敗戦後ソ連に囚われていた）。

溥儀の偽証について久保有政は、その著『神に愛された国・日本』の中で次のように書いている。

敗戦の時溥儀は日本に亡命しようとしたが、ソ連に連れ去られ、かなりの脅迫を受けた。東京裁判では証人として出廷し、その時溥儀は、自分は日本軍に無理矢理強制されて皇帝にかつぎ上げられたと証言した。

けれども溥儀のこの証言は偽りでした。東京裁判から十八年後、北京で出版された自伝「わが前半生」の中で溥儀は、

「私は戦争犯罪人になるのを恐れて偽証した」と告白している。つまり命が惜しくてウソをついた。彼はソ連に脅されていたし、また中国からは漢奸《かんかん》（国賊）として追求されることを恐れての偽証でした。しかし、そのために日本が満州国をつくったのはすべて悪だったという主張が戦後まかり通ってしまいました。彼のウソのために、その後の日本がどれだけ迷惑を受けたか知れませんと記している。

さらに日本の立場から見ても、勢力圏を拡大し権益を増やすという帝国主義的理由だけで満州

建国に手を貸したわけではない。日本には日本なりの〝大義〟があったからである。

その第一の理由は世界中に吹き荒れる大不況とブロック経済化の波をどうやって凌ぐかである。当時は世界経済の大変動を受けて当時の日本では失業者が溢れていた。このような人たちを救うにはどこかに新天地を求めて生活が成り立つようにするというのが当時の経済常識である。かくてヨーロッパの多数の失業者が救いを求めて移住したのが南北アメリカ大陸であったように、日本の失業者にも移住先が必要だと考えられた。そこで日本に友好的な満州国の出現は大変な福音に思われた。当時の満州は人口密度がはなはだ低く、一種の〝ノーマンズ・ランド〟と世界的に認識されていたからである。

農政の神様といわれた石黒忠篤は大東亜戦争終戦後、「私はかつて米国・加州（カルフォルニア）の農業移民に期待したことがある。が加州では極端な日本人排斥運動が起こり借地すら許されなかった。オーストラリアへ行こうとすれば〝ホワイト・オーストラリア〟を唱えて入れてくれない、カナダもまたこれにならって日本人をシャット・アウトするという状態。だから中国との二十一ヵ条条約は不都合かどうかは別問題として、とにかく成り立った条件でその条約に盛り込まれた土地商租権の問題である。従って高い見地から見れば、自然の人口の流れを東が止めたため西へ行こうということで、どこかに求めなければならない流れが勢いのおもむくところ満州に流れこんだにすぎない。生物学的に見て満州移民はそういう必然性を持っていた」と語っている。

これがもしアメリカが日本人移民をシャット・アウトしていなければ別の展開もありえたであろう。しかし現実には人種偏見のためにアメリカは白人移民は受け入れても、日本人に対しては扉を閉ざしてしまった。「それならばわれわれは満州を目指す以外にない」と日本人が考えたのは当然である。

アメリカは排日移民法のことを棚に上げて、日本を強く非難した。彼らは彼らでシナの大地を欲しかったからである。これに対して日本が主張したのは「アジア・モンロー主義」ということであった。つまり「アメリカはモンロー主義を標榜して、ヨーロッパ諸国が米大陸に干渉してくることを拒否してきた。またわれわれもモンロー主義に反対しなかった。それと同じようにアメリカにもアジアのことに干渉してほしくない」というのである。

この理屈が今日からみて正当なものであるか否かは別として、アメリカに満州のことを言う資格があるかということに関してはまことに筋の通った話である（渡部昇一著『渡部昇一の昭和史』ワック）。

溥儀が満州に帰ることになったわけ

辛亥革命で皇帝の座を退位した溥儀の教師となった英国人R・F・ジョンストンが書いた『紫《し》

禁城《きんじょう》の黄昏《たそがれ》』という本がある。ジョンストンは皇帝溥儀（退位後も皇帝の称号を許されていた）の帝師（皇帝の教師）として溥儀に仕え最も溥儀の信頼を得た人物である。そのジョンストンが溥儀の日常生活の万般にわたって書いているのであるが、ここでは必要な箇所について述べてみよう。

革命派と帝室の不可解な妥協

一九一一年末と一九一二年初頭に開かれた革命主義者（孫文）と帝室（皇帝）の講和会議で、皇帝側代表の唐紹儀《とうしょうぎ》は会議の席上、共和制支持への転向を公言した。これは王朝に忠節を尽くす人々をびっくりさせた。が結局両派は妥協するに到ったのである。つまり帝室の詔勅によって共和体制が樹立されたのである。皇帝は自ら退位を公表したのである（筆者もこの記述をみてびっくりした。「辛亥革命で清国は崩壊し中華民国が樹立された」位にしか思っていなかった。が事実はまったく違って皇帝の方から退位し新政権を認めたのであった）。

一方共和国のほうは、民意を快く認めてくれた皇帝に感謝して、退位に対する保障として「大清皇帝優待条件」を約束したのである。約束の内容を簡単に記すと次のようである。

一、大清皇帝退位後も皇帝の称号を認める

二、皇帝は中華民国から年金を支給される

三、皇帝は引き続き紫禁城に居住できる
四、退位後も帝室の宗廟陵墓は永遠に中華民国が守る
五、先の皇帝徳宗の墓は未完成であるので中華民国が工事を完成させ、最後の祭儀も行い、費用は中華民国が負担する
六、以前に宮中で雇われていた人々はそのまま留用される
七、大清皇帝退位後はその私有財産は中華民国が保証し保護する
八、いままでの近衛軍は中華民国陸軍部の軍事的支配下に置かれる。既存の兵力はそのまま維持し給料も従来通り支給する

以上の通りであるが、簡単に言えば政権は明け渡すが生活は今まで通りに出来ますよというものである。

民衆に根強く残る君主制復活への願い

一般大衆の意見はというと、当時のシナの多くの地域で人々が共和国に幻滅しきっていたことに間違いない。共和国はよいことを山ほど約束しておきながら、貧苦以外は殆んど何ももたらさなかったからだ。このような結末についてシナで発行されるヨーロッパの新聞は内地の通信員からの報告という形で、その証拠を数多く提供している。その通信員の殆んどが宣教師である。革

命が勃発した時宣教師たちは心から共和国を歓迎することでほぼ意見の一致を見ていた。共和国によってシナが繁栄し、シナの人々と西洋列強との間に善意が生まれるとか、これまではキリスト教の福音を広める道が閉ざされてきたけれども、幸福な新時代が幕明けしたことで、これを機にその門戸が広がるだろうとか、かつてはまじめに信じていたのである。

次の一節は、一九一九年（大正八）六月二十三日付けの「ノース・チャイナ・デイリーニュース紙」に掲載されたものだが、共和国の実体を伝える典型的な記事だとみてよいだろう。甘粛《かんしゅく》省の極西地方の情勢に言及している。

「増税したことと、官吏が腐敗したことにより国民は満州朝廷の復帰を望むようになっている。満州朝廷も悪かったけれども、共和国はその十倍も悪いと人々は思っている。満州王国を恋しがる声は人里離れた辺鄙《へんぴ》なところで聞こえてくるだけでなく、他の地方でも満州朝廷を未だに望んでいるのである」。

皇帝を変貌させた大事件

このことについては前にも述べたが、ジョンストンは次のように書いている。

他のことなら、例えば侮辱でも嘲笑でも死の威嚇でも財産の没収でも、そして契約の破棄でも許すことができよう。しかしこの残忍極まりない神聖冒瀆のおぞましい行為だけは絶対に許すことができない。

このとき以来シナに対する皇帝の態度が変化したのである。もっと正確に言えば、失政の責任を負うべき人々に対する皇帝の態度が変化したのである。皇帝は生まれつき寛大で思いやりがある方なので、最も凶暴な敵に対してでさえ今までただの一言も怒りや不平を漏らしたことがない。だが今度ばかりはさすがの皇帝も到底見逃せない事件だったのである。

その時まで皇帝は満州に勢力が結集していることは知らされたものの、独立運動にはまったく関与していなかった。また皇帝自身が先祖の故郷の満州へ戻るよう誘われる可能性についても、まともに考えたこともなかった。皇帝はいつかシナが正気に戻り万事がうまく運ぶだろうという希望を抱き続けていたのである。だが今やその希望も消え失せてしまった。私が次に皇帝を訪れたときは目立った変貌ぶりを見せていた。あまりにも変化が著しいので、皇帝は侮辱された先祖の霊魂と霊的な交わりを持ったのではないか、そしてそれまで自国と先祖を辱しめたシナに向けていた顔を、二〇〇〇年前に帝国の強固な礎を築いた国土に向け、満州を注視せよと先祖の霊魂にせきたてられているのではないかと思ったほどだ。

皇帝満州へ

一九三一年九月十八日有名な柳条湖事件（満州事変）が起こった。

十月十五日私はさらに皇帝と話をするために天津に戻った。二十一日には上海に到着し、それから数日間にわたって太平洋会議（太平洋問題調査会の年次総会のこと）に出席した。当時のシナの新聞はどれを見ても皇帝が満州の玉座に就こうとしているという噂で持ち切りだった。

数社の新聞に、私自身が皇帝に影響を及ぼしたと思われるという報道をした。その影響力を使って皇帝を説得し天津に引きとめて欲しいと言って私に近づいてくるシナ人もいた。皇帝がすでに満州へ行ってしまってからも、同じような訴えが私のもとへ届いた。（中略）十一月十三日上海へ戻ってみると、私的な電報で皇帝が天津を去り満州に向かったことを知った。シナ人は日本人が皇帝を誘拐《ゆうかい》し、その意思に反して連れ去ったように見せかけようと躍起になっていた。その誘拐説だがそれは真っ赤な嘘である。また最近皇帝と皇后が南京の蔣介石と北京の張学良に電報を打ち「当然彼ら（蔣と張）に忠誠心があると仮定して避難所を要求した」という途方もない所見が発表されたがこれも同じく嘘である。さらに皇帝が「満州の国王になるくらいなら自害すると皇后と約束をしていた」という主張も同じく嘘である。

言うまでもないことだが、どう転んでも皇帝は蔣介石や張学良のような連中に避難所を求めるはずがない。皇帝が誘惑されて満州に連れ去られる危険から逃れたいと思えば、とことこと自分の足で歩いて英国汽船に乗り込めばよいだけの話である。皇帝に忠実で献身的な臣下の鄭孝胥《ていこうしょ》は皇帝の自由を束縛する牢番ではないことを強調しておきたい。皇帝は本人の自由意思で天津を去り満州へ向かったのであり、その旅の忠実な道づれは鄭孝胥（国務総理）と息子の鄭垂《ていすい》だけであった。

古き故郷へ帰る

皇帝は遼東半島や湯崗子《とうこうし》の温泉で数週間ほど過ごしてから新政府の臨時執政になるよう正式の招請を受けた。この「執政」という言葉は一時的、暫定的なものでありそれ以外の何物でもない。この運動の指導者の究極的目的は最初から君主制を樹立することであった。

皇帝が北へ向かうと、彼の乗った特別列車はあちこちの地点で停車し、地方官吏やその他の役人たちが主君のところへ来て敬意を表するのを許したのである。彼らは御前に進みでて跪き、話しかけるときは皇帝陛下と呼んだ。列車が奉天近郊で初期の満州皇帝の御陵を通り過ぎようとしたとき、ある感動的な出来事が起こった。皇帝が乗車したまま先祖の御霊に敬意を表することができるように列車がしばし停車したのである。

龍は古き故郷へ帰って来たのである。

太宗が満州の玉座に昇ってから三〇〇年余りして、その直系の子孫が父祖の国土、この帝室がいつも「故郷」と見なしていた地へ戻り、満州皇帝の称号と身分を再び継承したのである。

一九二五年（大正十四）皇帝には以下のようなことをなす資格があると述べたシナの老練な政

治家の唐紹儀《とうしょうぎ》の言葉を実行したのである。つまり皇帝はシナの国民から拒絶され追放された今、満州の先祖がシナを満州の合一の際に持ってきた持参金の「正当な世襲財産」を再び取り戻したまでのことだ。

昔のシナの聖人が国民に次のような諺を教えている。「大難不死必有後福」、すなわち「大きな危難から生きて身を起こす者には、繁栄する幸福な未来が待っている」と。

皇帝が首尾よく大きな危難を切り抜けたことは誰も否定しないだろう。シナ革命の危機、袁世凱の狡猾な野心、張勲《ちょうくん》の無分別な忠義心、宮殿の門前でのライバル同士の軍閥の衝突、憑玉祥の冷酷な残忍行為、反満州熱狂者の暗殺行為、皇帝に忠義で血気にはやる支持者の熱狂、そしてあの一九三一年十一月の闇夜の前後に起こった皇帝の命を狙う様々な陰謀や策略。その夜皇帝はこよなく愛した生まれ故郷へ逃れた。足蹴りにされ、侮辱され、強奪され、異民族として攻撃されてきた地から逃れ、皇帝は満州という先祖代々の故郷へ戻ったのである。（中略）しかし皇帝の性格を知る者は確信しているのだが、皇帝を待ち受ける繁栄や幸福を、いま皇帝が統治するように召されている国民とともに豊かにそしてますます末広に分かち合うまで皇帝は決して満足されないであろう。

独立は満州民族の悲願

一九二〇年代満州の民は張作霖・張学良の父子二代にわたる批政《ひせい》と苛斂誅求《かれんちゅうきゅう》によって呻吟《しんぎん》（苦しみうめくこと）のどん底に喘ぎ続けた。満州事変当時張学良政権の軍事費たるや実に国家予算の八五パーセントに上っていたことは「リットン報告書」も承知する事実だった。彼らが満州人の怨嗟の的になったのも当然だった。張学良軍閥の圧政を憎む満州文治派の知識人たちは、中国本部の戦乱から満州の平和安全を守る「保境安民」運動を起こし、広く満州住民の共感を得たが、この運動の行きつく先は必然的に満州独立であった。満州を独立国家とすることは満州人の悲願であったのである。それ故にこそ、事変勃発直後の九月二十四日袁金凱《えんきんがい》は遼寧省に、二十六日熙洽《きこう》は吉林省に、二十七日張景恵は東省特別区に、二十九日湯玉麟《とうぎょくりん》は熱河省に、于芷山《うしざん》は東辺道に、さらに十月十一日張海鵬《ちょうかいほう》は洮南《とうなん》にそれぞれ独立を宣言したのである（中村粲著『大東亜戦争への道』展転社）。

満州政客も独立を構想した

このような短期間にかくも多数の独立宣言が出されたことは、事変以前に独立への気運と素地がなければ到底不可能である。しかも右独立運動が奉天と吉林以外は日本軍がまだ進出していない地域に発生した事実は、独立は満州人の自発的運動があったことを実証するものである。

遼寧省治安維持会は十一月七日張学良の旧東北政府及び南京の国民政府と絶縁して遼寧省政府の政権を代行することとし、同時に遼寧省を奉天省と改称した。十一月十日には奉天に自治指導部が創設され、奉天文治派政客（政治家）である于沖漢《うちゅうかん》が部長に就任した。于沖漢の満州問題に関する政見の骨子は次のようなものであった。

一、保境安民主義を徹底するため新独立国家を建設する
二、南京国民政府との関係を断絶する
三、軍閥政治を打破し悪税を廃する
四、軍隊を廃し国防は日本に委任する。王道政治に則り満州に世界に冠絶する極楽浄土を建設する
五、自治制は歴史・人情・風俗を参酌し、漸を追って完成する（関東軍司令部「于沖漢の出廬《しゅつろ》と其政見」現代資料11）

張学良の軍閥政治を忌避する満州文治派政客の構想だったのであり、決して日本人が勝手に描いた夢想ではないのである（前掲書）。

「四囲の情勢」が日本を追いつめた

東京裁判では、満州事変は日本の軍政指導者の共同謀議による侵略戦争の第一段階とされ、その後わが国ではこの見解が定着しているように思える。

しかし東京裁判で日本の完全無罪を主張したインドのパール判事は満州事変を「共同謀議された侵略戦争」とは見なかった。そして満州事変は自衛行為から脱却したものではないとして、その判決書の中で次のように述べている。

「満州における日本の行動は確かに世界はこれを称賛しないだろう。もしある主権国家がその領土保全を外部に対して保全するためには、本官は当時満州に存在していた状態に照らして、さらに当時存在していた国際法に鑑みて日本の行動を犯罪的であると非難しようとは思わない」と述べ、ついで満州事変は「共同謀議」ではなくむしろ「国際状況の結果である」として次のように述べている。

「……ワシントン会議において合衆国は英帝国と協力して慇懃《いんぎん》ではあるが、しかし執拗な態度を以て太平洋及び極東における勢力の均衡を回復したのである。日本の経済不況に引き続いて起きた大震災は致命的な経済的な打撃となった。ワシントン会議に続いて一九二四年の米国の移民制限法は必然の政治的屈辱となった。最後に一九二六年にはロシア共産党の援助を仰ぐところの中国における国民党の勃興をみた。……一九二五及び二六年には英国が国民党の攻撃の主な対象となったが、長い目でみればこれらの中国における出来事は英国よりも日本にとって不吉な前兆であった。たとえ中国における英国権益がすべて消滅したとしても英国自身は世界の大商業国として、また大きな政治的強国として生存し続けただろう。

しかしながら日本はあたかも英国が欧州大陸に結びつけられているように、日本は変更できない地理的偶然によってまず第一に極東大陸に結びつけられており、もしソ連及びその援助によって再び統一された戦闘的国家主義の中国が日本に対して共同戦線を張った場合は、苦労して漸くかち得た大国の地位をなお保ち続けることは殆んど望めなくなったであろう。鉱物に乏しい日本にとって満州における経済的権益は贅沢品ではなく、国民生活に絶対不可欠の必要品であった。……かようにして日本の国際的地位は、国家主義的中国、ソビエト連邦及び太平洋における人種意識の強い英語の諸国民によって四方から囲まれて突然再び危険状態に陥った。……四囲の情勢が日本の対外関係を形成しつつあったのである。その外交政策が正当化され得るか否かはともかくとして、本官は証拠に基づいてそれが起訴状に主張されるような共同謀議の結果であり、またいかなる点においてもかような共同謀議の存在をしめしたものがあるということができない。本官の見解ではこの点に関する検察側の主張は荒唐無稽なものである。満州自身は日本にとって当時の緊急問題であったし、また証拠も本官の意見によれば我々をして満州以外のいかなる国に対する意図も認めさせるものではない」（前掲書）。

満州民族興亡史略

満州は本当に中国の領土なのか―複雑な満州問題も結局はこの単純な問題に帰着する。何故なら満州が中国の領土でないとすれば、満州事変と満州国建設は日本の中国侵略であるとの定説は忽ち論拠を失うからである。この疑問の最良の回答はイデオロギーではなく満州二、〇〇〇年の歴史そのものであろう。

満州の歴史に名のみえる最古の民族は、東北部に粛慎《しゅくしん》、西南部に濊貊《さいはく》である。粛慎はツングース族で上古わが国では「みしはせ」と訓ぜられていた半ば伝説化された民族である。濊貊はツングース族に蒙古民族の血を混じたものである。太古満州に漢民族は存在しなかった。

中国を統一した秦の始皇帝も満州・蒙古を支配することはできず、却って北狄《ほくてき》の侵入を防ぐために万里の長城を修築したのであり、これは一面より見れば、満蒙はすでに二、〇〇〇年以前においては漢民族の領土ではなかったことを示している。

前漢の武帝は、朝鮮半島にまで勢力を伸ばしたが、満州には濊貊が夫余《ふよ》国を建て、その一部は前一世紀から七世紀にかけて満州国境に強大国高句麗《こうくり》を建国した。高句麗は六六八年唐・新羅《しらぎ》の連合軍に滅ぼされ、その遺臣は満州東部に渤海《ぼっかい》国を建国した。「海東の盛国」とも称された渤海はわが国とも親交があったが、十世紀末に東胡民族の契丹《きったん》（遼）に滅ぼされた。だが契丹の支配地域は旧渤海の西半、即ち後の南満州鉄道辺りまでであったと思われる。

渤海の系統を引く満州族は十二世紀はじめ金国を建て、宋と謀って契丹を滅ぼした後、中原に兵を進め北は満蒙から南は黄河以南に及ぶ大版図を形成した。満州族が中国に侵入して漢族を征服したのである。だが十三世紀前半にはオノン河畔に起こった蒙古が金を討滅し、やがて元朝を建てて宋をも滅ぼし、満州と中国全土を支配する空前の大帝国を創建した。

しかし十四世紀後半、漢民族は衰退しはじめた蒙古族を再び朔北《さくほく》の地に追放して明朝を建てた。明が満州の地から蒙古勢力を駆逐したことは事実だが、決して満州土着民族を完全に支配したのではなく、明の威令はわずかに遼河下流地域の小部分に限られていたことは、十五世紀に構築された有名な柳条辺牆《りゅうじょうへんしょう》（柳の枝で国ざかいに立てたかきねか、筆者註）が実証している。渤海・金の系統に属する満州族である女真族は満州全体に蟠踞《ばんきょ》し、漢民族である明朝の正朔《せいさく》（統治に服すること）を奉ぜず独立の地位を維持していた。

右の女真族の中より十六世紀末に努爾哈赤《ヌルハチ》が挙兵、三十有余年で満州を統一し、国号を後金とした。一六三六年（寛永十三）には国を大清と改称しここに清朝がはじまった。一六四四年清は明の内乱に乗じて北京を占領、漢民族統治に乗り出した。わずか一〇〇万人前後の満州民族が数百倍の漢民族を支配する関係上満州民族は支那に移住した。このため満州は空漠荒廃の地と化したが、清朝はその地を尊重し、その純粋性を確保し置かんとした。かくして漢人の満州移民を禁じる「封禁政策」が取られたのである。清は蒙古・韓両族に対しても満州への侵入を防止せんとして、明に倣《なら》って柳条辺牆を構築した。このように満州王族の愛新覚羅《あいしんかくら》は満州を支那と区別して統治したのであり、例えば東三省（満州）の将軍は満人を以てし、決して漢人を充《あ》てなかったのである。

かく満州二、〇〇〇年の歴史を遡源《さくげん》するとき、満州民族が中国を征服したことはあったが、漢民族が満州を支配したことのなかったことを知る。なる程、漢や唐・明の時代に漢民族の勢力が満州に及んだことはあったが、何れも一時的現象にして、地域的にも南満遼東の狭小部分に限られている。歴史を顧みるとき、満州は満州民族のものであり、漢民族が満州の領有権を主張する根拠は殆んど存在しないと言ってよい（前掲書）。

日本の力なくして満州の安定なし

戦後の東京裁判の大きな誤りは、満州事変を支那事変の開始点としてのみ捉え、満州事変自体の発生原因を無視した点である。

満州事変が日露戦争以来四半世紀にわたる日華間の軋轢と紛争の帰結点であったことは既に述べた。わが国は日露戦争で満州を露国の手中から救い出し、この荒廃の地に鉄道を敷き産業を興し繁栄の基を築いた。清朝の封禁政策によって未開発のまま久しく放置されてきた満州に近代文明の新生命を吹き込んだのは日本だったのであり、その満州発展の中心となったのは満鉄であった。

辛亥革命以後、支那本土では総数二〇〇万を算する軍隊を抱えた諸軍閥が抗争に明け暮れ、やがてソ連の力を背景に共産勢力が浸透するや、争乱と国土荒廃は果てしなき有様となったが、山海関より北方満州の地には支那内乱の惨禍は及ばず平和的な別天地として発展していった。

これはわずか一万のわが関東軍がよく満州の治安を維持したこと、そしてそれが支那本土の争乱を嫌い、「保境安民」を求める満州民族の願いとよく合致したのである。支那の戦乱を逃れんとする多くの漢民族が満州に移住しその数は毎年一〇〇万といわれた。

昭和三年秋、満州を視察した米モルガン財団代表ラモントは、オールズ国務次官に宛てた手紙の中でこう書いている。

「自分の観たところでは、今日満州は全支那で殆んど唯一の安定せる地域であり、かつ日本人が存在することによって満州は支那問題における不安定要素であるよりは安定勢力となることが期待される。日本は軍事的意味においてのみならず、経済的にも満州を発展せしめつつある。日本がかくするのは満州に赴く少数の日本人開拓者の利益のためではない。実際の話開発は中国人の利益となっているのだ。不安定な戦争状態が中国の広大な部分に拡がっているため、今や中国人は他の何処においても受けねばならぬ匪族行為や略奪から逃れるために何千人という単位で南満州へ流れこみつつある」。このラモントの観察は正確であり、辛亥革命当時一、八〇〇万だった満州の人口は二十年後の満州事変のころには三、〇〇〇万に達したのである。また日本人が経済開発に努めた結果、満州の貿易は増加し、大連海関が開かれた一九〇七年の貿易額を一〇〇とすれば、二十年後の一九二七年には支那本土二六四に対し、満州六五五という顕著な発展を示したことはすでに述べた。日本の軍事的・経済的努力なくして満州の平和はあり得なかったことは何《なん》人《ぴと》も否定し難いことであろう（前掲書）。

石原莞爾と満州事変・満州国建国

満州事変と満州国建国については、何といってもその主役である石原莞爾を抜きにしては語れない。

福井雄三著『板垣征四郎と石原莞爾』によれば、板垣も石原も日韓併合には賛成でなかったという。ここに金禎侠《きんていきょう》という人物がいる。朝鮮貴族両班《りゃんはん》の出身で東京商大を首席で卒業した秀才である。その妻の父李海天《りかいてん》は日韓併合を推進した責任者の一人であった。その金禎侠に板垣は次のように語ったという。

「日韓併合はやはり相当無理があったようだ。内鮮一体という理想のもとにわれわれは、朝鮮人が日本人と同じ水準になれるよう同化政策を進めてきたが、他民族を同化させるということはそう簡単にできることではない。とりわけ朝鮮民族のように日本よりもはるかに古い歴史と文化を持ち、強烈な民族的誇りを抱いている人々の場合はなおさらなことだ。

アイルランドもクロムウェルによって完膚なきまでに叩きのめされ完全に征服されて以来、数百年間イギリスの支配下にあったが、長年に及ぶ独立闘争の果てにようやく最近独立できた。幸い朝鮮は併合されてからこの三十五年間に急速な成長と発展をとげてきている。機が熟せばこれを早急に独立させて、日本の良き友邦となれるようにすべきだろう」。

板垣も石原も本来、朝鮮の日本領土併合には賛成ではなかった。ただ北から南下してくるロシア帝国の脅威に対抗するため、日本は自存自衛のためにやむなく朝鮮を併合したのだが、これは結果的にみて日本にとって失敗だったのではないかと思っている。朝鮮を緩衝地帯にするのなら、もっと別のやり方があったのではないか。ちなみに伊藤博文が最後まで日韓併合に反対していたのは有名な話である。

台湾と朝鮮の日本への併合は失敗だったと考える板垣と石原の苦《にが》い反省から生まれたのが彼らの満州国建国だったともいえる。ある民族を他民族に強制的に同化させるような荒っぽいやり方ではなく、五族協和・王道楽土の理想の下に各民族が相和し協力し合うアジア人のアジアをつくろう。満州国をアジアの合衆国たらしめよう。これこそが板垣と石原が満州国建国にかけた夢と理想だった。

石原の満州問題処理構想

石原は一九二八年（昭和三）十月、関東軍参謀として旅順の関東軍司令部に着任した。板垣の渡満よりも半年前、張作霖爆殺事件の四ヵ月後のことであった。その間彼の目に触れた情勢は恐るべきものであった。反日の嵐は吹き荒れ、張学良は蔣介石になびき、条約違反と不法行為を繰り返していた。これに対する日本政府の外交交渉は幣原外相の不干渉主義で相手が何をしようとこれに敵対せず、「のれんに腕押し」で何らの解決ももたらさず、現地の治安は悪化の一途をたどり、このまま満州問題の解決を幣原外相に任せておいては「百年河清を待つ」にひとしく、在留日本人の生活を圧迫から守るためにはすべからく軍事的解決しかないという声が陸軍将校の間にほうはいとしてみなぎっていた。

例えば、ここに永田鉄山（大佐）、小畑敏四郎（大佐）、岡村寧次（大佐）らいずれも陸士十六期の同期生たちが中心メンバーとなって、大正末期から一夕会という陸軍の改革刷新を目的とするグループを作っていたが、その中に木曜会という内部に設けられた研究会があり、特に満蒙問題を論議するためにつくられた。この木曜会には永田たちのほかに、河本大作・土肥原賢二・板垣征四郎・東条英機・山下奉文・石原莞爾・鈴木貞一・武藤章など、満州事変から日中戦争・太平洋戦争にいたる歴史の舞台に登場するめぼしい顔が名を連ねていた。

この木曜会で石原が「日本の最後の敵は米国」だが、その前に「ソ連と戦う」必要があると主張し、メンバーの誰もが「対ソ戦近し」ということで覚悟を確認し合ったという。それは一九二八年（昭和三）二〜三月のことで、石原が関東軍参謀に就任する半年ばかり前のことであった。木曜会では判決として「帝国国防のため満州に完全なる政治権力を確立する」と明記した。つまり完全に日本が満州を領有すべきと決めたのである。

昭和三年十月、関東軍参謀に赴任した石原を待っていたのは、関東軍全体にかかわる新しい作戦計画の作成という任務だった。石原は着任した翌年の七月、北満州への参謀旅行演習を実施した。参謀旅行は将官から尉官まで在満の関東軍幕僚・北満駐在武官ら十四名からなる大規模なもので、長春からハルビン・満州里・ハイラル・昂昂渓《こうこうけい》・四平街《しへいがい》を巡り全十四日に及んだ。旅行先各地で、輸送手段や資材調達の方途の検討、地形観察・戦術討議が行われただけでなく、担当官による動員・配備計画が発表され、関係者全員から厳しい審議を受けた。こうした綿密な調査と会議の議論を経て、石原は「満蒙問題私見」をまとめた。

石原はその冒頭で「満蒙問題の解決の唯一の方法は、之をわが領土となすにあり」と断定している。その理由は石原の持論である「世界最終戦争は、西洋の代表たるアメリカと東洋の代表である日本が行うことになるのだが、東洋の代表になるためには対ソ連に勝たねばならず、満蒙はそのためになくてはならぬ戦略拠点」だというのだ。これは木曜会の決議を踏まえたものだが、石原はさらに「満州領有」について「在満三、〇〇〇万民衆の共同の敵は軍閥官僚張学良を打倒するはわが国民に与えられたる使命なり」といい切り、「支那人が近代国家を作り得るや頗る疑問」とあからさまに書き、ようするに「わが国の治安維持の下に漢民族の自発的発展を期するのが彼ら（漢民族）のために幸福なるを確信する」と結論づけている。

石原たちが「満州領有」から「満州独立」、そして「五族協和」「王道楽土」に姿勢を変えたのは柳条湖事件からわずか四日後の九月二十二日と特定することができる。

九月二十二日は、政府が朝鮮軍の越境を承認した日だが、同じ日奉天の旅館「瀋陽館」の三宅関東軍参謀長の居室に、板垣・石原・土肥原・片倉（衷・大尉）などが集まり議論の末「満蒙問題解決案」を作成して、陸軍省・参謀本部に提出した。そしてその冒頭に次のように明記した。「わが国の支持を受け、東北四省（遼寧省・吉林省・黒竜江省・熱河省）及び蒙古を領域とする宣統帝を頭首とする支那政権を樹立し、在満蒙各民族の楽土たらしむ」。宣統帝とは清朝最後の皇帝溥儀のことである。

石原が満蒙問題の処理にあたり、第一に考慮したことは対ソ関係である。日本が北満をその勢力下におけばソ連の東進は困難となり、これを阻止することも容易で、日本はこの地域を確保する限り北方に対する心配はなく、その国策の命ずるところに従い、あるいは支那本土に、あるいは南洋に向かい発展を企図することができる。満蒙は正にわが国運発展のため最も重要な戦略拠点であると考えた。日本のこれまでの方針では、満蒙を緩衝地帯とすることであったが、張作霖が「保境安民」(国境を守って民を安心させる)の旗印をかかげていた時はそれでよかった。しかし張学良政権となってからは、青天白日旗をかかげて国民政府側に就いて抗日・排日の行為をなすに至っては、満蒙の緩衝地帯の意義は失われた。このころから日本軍部は、満州を日本の特殊権益となし同地の治安維持を主張した。しかしこの論は結局武力解決に発展する可能性がある。これに対して石原参謀は次のように結論を下したのである。

「平和解決といい武力解決というも、世上の議論はすべてこれ権益思想に基づくものである。日本としては日清戦争以来長年にわたりかち得た幾多の権益を確保しようとする思想はあるだろうが、これに対し支那側には最近民族主義運動の台頭とともに失地回復の思想が盛んになっている。この日支間の争いは今後永久に続くだろう。こんなケチな権益にこだわるよりは、日支が大同に生きる道を求めることがこの際最も重要な課題であると思う。

満州は法律的には支那のものかも知れないが、現実的には諸民族共同の土地であり、満州に住む二〇万の日本人が先頭に立って支那本土から離れ、独立を図るという気持が一般満蒙の民衆の中に強く流れている。形は武力解決に似ているが、実際はこの機会に独立国をつくり、これに日本は権益を返還して各民族協和のうちに日満支が相携えて進まんとする東亜大同の思想がこれである。この思想が石原の東亜連盟論にまで発展したのである。

こうしてみると、明治の美術指導者岡倉天心の「アジアは一つなり」の思想に酷似しているようだ。それはともかく石原はわが国防上の見地からも、また新しい独立国建設の立場からも、まず第一に在満三、〇〇〇万民衆の共同の敵である軍閥官僚張学良を打倒することは、わが日本国民に与えられた使命であると考えた。満州事変は石原のこうした構想によって進められ、また中央からの不拡大方針を無視してこれを強行した裏には、石原のこうした構想と信念が支えとしてあったのである」（横山臣平著『秘録石原莞爾』芙蓉書房）。

事変の計画とその発端

昭和六年六月、参謀本部は関東軍参謀長三宅少将を招致し中央の方針を伝え、張政権との間に事件が起きても極力局限し大事にならぬよう厳に戒めたのである。

ところが石原らはこの中央の方針を耳にするや「腰ぬけ」とののしり不服の態度を示し、独断専行癖の強い石原は静かに情勢の推移を観じつつ関東軍独自の対策に耽っていた。これに先ず同調したのは、特務機関の花谷少佐であった。板垣参謀ははじめ関東軍単独解決案に不賛成であったが、石原の理論と熱意に動かされて石原と共に行動することになり、この三人で現地解決の方法を内密に研究したのである。後に張学良顧問府補佐の今田新太郎大尉を加え、この四人だけで満州事変という大事業に着手し細部の計画を立案したのである。この外には朝鮮軍参謀の神田中佐にだけ大要をあかし、その協力を求めて賛成を得た。

なお永田軍事課長・建川第一部長・小磯軍務局長・橋本欣五郎中佐・根本新聞班長などに打ちあけて原則的に協力を約束したなどとの記録があるが、何れも憶測にすぎない。

ただここで問題となるのは、このような驚天動地の大計画を、直接上官の本庄軍司令官にも三宅参謀長にも事前に打ち明けていないことで、軍事上からみれば越権・下剋上の行為として許すべからざる大問題である。この計画は石原参謀着任のときから着々と進められ、昭和六年はじめにはすでに完成し、ただ実施時期を決定するのみであった。

この期日は、本庄軍司令官の各部隊初度巡視（司令官が任地到着後部下各隊を視察するもの）終了後に実行することは確定的であったが、九月二十八日との説があった。それを十八日に繰り上げ実行したのは、中央部が関東軍の陰謀を予知して「留め男」として派遣した参謀本部第一部長建川少将が十八日に奉天着との電報に接したからである。石原らが建川を説得することはむずかしくないが、もしも天皇の中止命令を携えて来られると事面倒になるのを心配し、十八日に繰り上げたとの説がある。又板垣と石原は建川の話を聞いた上で後図を策する考えであったが、今田大尉はこれに服さず、花谷を説き同意がなければ単独で爆破を決行して事変を誘発する決意がうかがわれた。花谷もついに同意し、直ちに板垣と石原に伝えて説得し、建川が奉天着の十八日夜十時三十分、奉天の西北方約八〇〇メートルの柳条湖で満鉄の線路を爆破した。これが満州事変の口火であった。

建川第一部長は、関東軍の鎮撫使として陸相から本庄軍司令官宛の親展書をもって九月十四日東京を出発し、奉天に着いたのは十八日の午後で、本庄軍司令官が初度巡視を終わって遼陽から旅順の軍司令部に向かって出発した後だった。板垣参謀が建川を奉天駅に出迎え直ちに料亭に案内して長夜の宴を開いた。建川が柳条湖の爆音、続いて砲声を聞いたのは、料亭の一室で酔眼もうろうとして酒盃を手にしていた時であった（前掲書）。

石原の東亜連盟構想

石原は早くから日本国防の基礎は、東亜民族が提携して欧米民族にあたるべきだと考えていた。東亜民族の提携には、まず日支両民族が協調の実をあげることが先決問題である。それには日支両国がケチな権益にこだわるよりは、日支が大同に生きる道を求めることがまず必要だと考えていた。石原はこの大問題解決の機会を狙っていたが、関東軍参謀の時にこのチャンスが到来したのである。満州事変がそれの一端をなすものであった。

当時の満州は法的には支那本土に属しているが、現実的には本土からまったく独立した張作霖・張学良の政権で、ここに居住する三、〇〇〇万の民衆（漢・満・蒙・日・朝の五族）は、張政権に搾取せられその悪政に苦しめられていた。これを打倒して軍閥政権から民衆を解放して独立国をつくり、諸民族協和のうちに、日満支が相提携して進まんとする東亜の大同団結の思想が後の東亜連盟成立の起源である。

東亜連盟の構想は、まず日支両民族の共同の経営地である満州国の独立を認めて、日満支三国提携の原則を次のように定めている。

一、国防　白人の侵略に対して東亜の天地を守る。このためにも満州国は必要なのである

二、政治　日満支は各々その国の特徴によって政治は独立し、内政に干渉しない

三、経済　共存共栄を目的としてその一体化を図る

四、文化　日支両国民族が互いにその文化を尊重し、道義を中心とする東洋新文化を創造し、

　さらに西洋文明をも総合して人類最高の文明を完成する

このように東亜の新しい建設への理想を明らかにし、満州国は支那の失地でもなく、日本の領土でもない王道満州国の建設という強烈な進歩的構想は、当時理想もなく目標もなかった日本政府を根底から震駭させたのである。東亜連盟が満州国の「協和会」の声明となって発表されたのは昭和八年三月九日である。また陸軍の中央部が正式に東亜連盟をとりあげたのは、同年六月で石原が仙台歩兵第四連隊長の時であった。

この東亜連盟の構想に対して、支那側にはどんな反響があったろうか。石原が参謀本部課長時代昭和十一年十一月に約一ヵ月の予定で北支及び満州視察に出かけた際、支那側から石原に駐米大使胡適《こてき》にぜひ会ってもらいたいとの申し出があった。石原も承諾したところ胡大使が便船の都

合で帰国が遅れたので、北京大学教授の鮑明鈴《ほうめいりん》と会談した。

石原は鮑に対し東洋の平和を保つためには、今後日支の国交調整を東亜連盟の線でやって行きたいと述べ、連盟の内容と具体的問題について説明した。石原はここで「満州国の独立は貴国にとっては、まことに遺憾ではありましょうが、この意味で認めていただきだい」と話した。鮑は石原の支那人に対する謙譲な誠意のこもった態度、高邁な識見、大胆な方略に度胆を抜かれて「日本の軍人からこんな話を聞かされようとは思わなかった」といって、直ちに国民党主席の蒋介石に電話で会談の内容を伝え、これに対する回答を仰いだ。これに対し蒋介石から「石原大佐の意見には国民党幹部は全面的に賛成である」という回答であった。

この会談で石原は国民政府の意中を知ることができ、東亜連盟に対する不動の確信を深めたのであった。

この東亜連盟の理念のもとに蒋介石とうまく提携して行けば日満支の一体化は進み、東亜の平和と繁栄は保たれていたことであろう。だが東条英機の狭量な見識と、時局を読めない近視眼的な政策は、東亜連盟の構想を理解できず、逆に石原を弾圧する側にまわった。そして遂に支那事変へと抜け出すことのできない果てしない泥沼へと足を踏み入れてしまうのである（前掲書）。

新国家誕生

新国家建設の手順については、すでに一応の打ち合せがすんでいた。奉天・吉林・黒竜江の三省主席をもって中央政務委員会を組織し、新国家樹立に関する一切の準備を行うことになっていた。

新満州国制定の内容は、いわば石原案の日支大同思想を盛り込んだもので、従来の権益一点張りの侵略思想から見れば破天荒のものであった。その内容とは

一、満州問題の解決はいたずらに目前の小利・小益に走ることなく、世界大勢の推移と東方アジアの将来とを考慮して善処しなければならない

二、ソ連の極東攻略を断念せしめ不敗の国防を確立するためには、中国をはじめ東亜民族と真の大同団結を完成せねばならない

三、その第一着手として、満州国を理想郷とせねばならない。新たに建設される満州は、中国のために失地にあらず、日本のために領土にあらず、日支両国共同の独立国家であると共に諸民族協和の理想郷である

四、僅少な権益を得ようとして、権力をもって漢民族を圧迫せんとするが如きは、三、〇〇〇万民衆の怨を買って崩壊した張学良の愚を学ぶに均《ひと》しい

五、在満日本人は、裸一貫となって諸民族の間に伍し、闊達な競争によって生存権を確立すべ

きであって、満州国成立と同時に治外法権や付属地行政権などの特権は即時撤廃しなければならない。法律を持って日本人の特権を保護することは日本人の優越感を助長し、他民族との不和を助長し且つ日本人を堕落にみちびく

石原はこの趣旨を中央部や政府要路に説いて廻った。予期した反対意見はどこからも出なかった。内閣が代わったせいだろう。これが事変当時の軟弱な若槻内閣だったら、国際関係などに右《う》顧左眄《こさべん》してこのようにスラスラと運ばなかったに違いない。犬養総理も荒木陸相も満蒙問題に対しては理解と造詣が深いだけに何の渋滞もなくスラスラと運んだのである。

溥儀は昭和七年三月六日旅順の大和ホテルを出て、午後三時長春着、就任式は三月九日午後三時市政公署一階の大広間礼堂で行われた。溥儀が昨年十一月暴風雨の夜陰に乗じて天津を脱出して以来四ヵ月ぶりであった。その時は関東軍の手引きであったとはいえ、まだ海のものとも山のものともわからない運命の脱出行であったが、今度は執政とはいえ、新国家の元首として晴れの式典に臨んだのである（前掲書）。

財政を許された日本の逸材たち

ともかく五族協和のもとに満州国はスタートした。この際国家の建国に際してもっとも緊急の課題は国家財政をどうやって確立するかであった。満州から日本の大蔵省に対して新国家の財政

制度を創設できる有能な人材を送って欲しいという依頼があったのは一九三二年（昭和七）六月のことであった。

大蔵省では検討の末白羽の矢が立ったのは国有財産課長の星野直樹だった。この星野を中心に古海忠之、田中恭《やすし》、松田令輔、永井哲夫など一騎当千の大蔵俊秀たちが選ばれて満州に移った。こうして満州の新たな租税制度を確立するための基礎がつくられた。その後満州の税収入は着実に増えて安定し、租税に関して満州国民に不平不満は殆んどなく、紛争や騒動は一度も起きなかった。

星野直樹は満州建国に携わった思い出を書き記した著書『見果てぬ夢』の中で次のように回想している。

「自分が満州に滞在した一九三二～四〇年の八年間に、満州の状態は一変した。治安は完全に確保され、国内には一人の兵匪もいなくなった。農業国から立派な工業国となり、総生産額は倍増し国民生活はめざましく向上した。治外法権は撤廃され、満鉄付属地は廃止された。日本人も満州在来の人々と同じように税を収めた。

オーエン・ラチモアは満州を東亜争闘の揺籃と呼んだ。満州国ができるまでの満州はまさにその通りであった。それを一転して東亜和平の揺籃にしようとしたのが、満州国の建設に馳せ参じた者の偽らざる心持ちであった。もちろん人間のなすところすべてが理想通りにはいかない。いくつかの誤りが繰り返され、独善に失したことの多いことは否定できない。しかし満州国の短い一生を通して、この満州に住民すべての幸福をもたらすために新しい天地をつくろうとする心持ちは、満州国の政治に携わる者の間にあらゆる困難にもかかわらず持ち続けられた。満州国の歴史には、外地・植民地にありがちなスキャンダルはまったくなく、官場が終始清潔を保ち続けたのもこのためであろう。

生命わずか十三年、満州国の建設はついに見果てぬ夢に終わった。しかしこの間に日本の若き人々の示した努力と苦心は、永久に日本民族の誇りとするに足るものであると確信する。満州建国の仕事に参画することができたことを、いまもなお幸福と考えているのはけっして私一人ではないと思う」（福井雄三著『板垣征四郎と石原莞爾』ＰＨＰ）。

極東軍事裁判における石原の逸話

この項は本書の記述範囲を超えているが、石原莞爾の真骨頂を示すまたとない好例として敢えて記載してみた。

昭和二十一年石原は病状が悪化して東京の逓信病院に入院していた。そこへ極東軍事裁判の米国検事がやってきて石原を尋問したときのやりとりである。

「戦犯の中で一体誰が第一級であるか」。石原はすかさず「トルーマン」と即座に答えた。

「それは大統領のトルーマンか」

「そうだ」

「どうしてか」

石原はトルーマン大統領就任の時まいたビラに「もし日本国民諸君が軍人と共に戦争に協力するならば、老人・子供・婦女子を問わず全部爆殺する……」と書いてある点を示し、

「これはなんだ。国際法では〝非戦闘員は爆撃するな〟と規定があるにもかかわらず、これは何か」

「あれは脅しだ」

「そうではない。このビラの通り実行したではないか。B29が軍需工場でない所、戦闘員以外の民衆をすべて爆撃したではないか。広島や長崎は一体どうしたことか。トルーマンはこのビラ通り実行したではないか。このトルーマンの行為は戦犯第一級のそのまた第一級に価するものである」。さらに「考えてみると一国の大統領ともあろう者がこんなビラをまき、こんな野蛮行為を敢えてし、しかもテンとして恥じない。こんな者を相手に我々が戦争をしたのはまったく恥ずかしくてしょうがない。賠償は無論払うべきであるが、実のところその二倍を我々は君たちに要求したいのである」とたたみかけた。

逆に今度は石原の方から検事に質問した。

「日本の犯した罪は相当深いが、一体どこまでさかのぼるのか」

「日清・日露の戦争までさかのぼりたい」

「どういうわけか」

「満州事変の根源は、日本の大陸侵攻の日清・日露戦争にあるからだ」

「よし判った。そんなに歴史的にさかのぼるならペルリを呼んでこい」

「エッペルリ?」

「自国民のペルリを知らないのか」

「それはどういうわけか」

「我々は徳川幕府の昔から鎖国主義で満州も台湾も不要であったのに、貴国からペルリが黒船に乗ってやってきて大砲でおどかして門戸開放を迫り、日本としては何とか生きる方法を考えなければならないから、貴国を大先生として日本も泥棒の侵略を習い覚えたのである。その元凶はペルリだ。ペルリをあの世から呼んできて戦犯にしてはどうか」。石原はまたも一流の皮肉タップリでやりこめたので検事はただ苦笑するのみであった。


また翌昭和二十二年五月一日・二日に山形県の酒田市商工会議所に極東軍事裁判所が出張して臨時法廷を開き、証人として石原の訊問をした。裁判長(ニュージーランド代表ノースクロワット判事)が「訊問の前に何か言うことはないか」とたずねた。

「ある。……不思議にたえないことがある。満州事変の中心はすべて自分である。事変終末の錦州爆撃にしても、満州建国立案にしても皆自分である。それなのに自分を戦犯として連行しないのは腑に落ちない」と堂々と発言した。石原の悠揚迫らざる威容、正々堂々としてみずから戦争犯罪人と言明した。裁判長はすっかり石原の態度に感激して、法廷は東京裁判には見られなかった和気につつまれ、裁く人、裁かれる人がいつの間にか主客転倒して、法廷の雰囲気はすっかり石原に制せられてしまった（横山臣平著『秘録石原莞爾』芙蓉書房）。

加藤完治と満州開拓移民

加藤完治の四男弥須彦《やすひこ》は父について次のように語っている。

「戦後父は中国侵略のお先棒を担ぎ、青少年義勇軍という〃侵略の先兵〃を育て満州に送りこんだと厳しく指弾されました。戦前は〃満州開拓の父〃と崇められた父が、戦後福島白河郷の開拓地に入植すると、ある新聞は〃おちぶれた農聖〃と書いたんですよ。父は弁明もしませんでした。大正末期から昭和初期の農村不況の中で、日本の農民、特に土地を持たない農家の二、三男がどう生きていくのか、それを真剣に考えて国内の未墾地の開墾を進め、それが満州への開拓移民につながったのです。父が土地なき農民とも言うべき日本農民救済のため満州開拓移民を考えたのは満州事変のずっと以前からだったのですよ」。

加藤完治は東京本所瓦町で明治十七年一月二十二日に生まれた。完治の父は旧平戸藩士だった。明治三十五年金沢の第四高等学校入学。西田幾多郎の「西田哲学」に傾倒、また米国人宣教師K・A・ギブンスと出合いキリスト教信者となる。明治四十四年東京帝大農科大学を卒業し「帝国農会」の嘱託となる。

大正元年結婚するも妻は病いを持っていて翌大正二年他界。同年赤城山を登山し、生死の間を彷徨《さまよ》って「農に生きる」ことを悟ったという。それで「帝国農会」へ辞表を出し、農民たらんと決心する。

四高・東京帝大農科大学の先輩山崎延吉のすすめで「安城農林学校」に就職、ここで「農こそすべての源」という「農本主義」の強い信念を持つことになる。その後「山形県立自治講習所」の所長として山形へ行く。大正四年三十一歳のときであった（牧久著『満蒙開拓、夢はるかなり　加藤完治と東宮鐵男』ウエッジ）。

海外移民への目覚め

加藤が自治講習所に就任して二年目の大正六年（一九一七）ロシアではボルシェビキの一斉蜂起によって帝政ロシアは倒れ、プロレタリアート独裁政府が樹立した。こうした世界の動きは日本の農村にも大きな変化をもたらした。労働争議も頻発しはじめ、「デモクラシー」の思想が日本にも流れこみ、日本人の意識や生活も変りつつあった。それまで麦や稗《ひえ》などが中心の食事だった農家も養蚕などの収入増によって米中心の食生活に変わる。米の消費が急増した反面、農村からの人口流出が続き農村の労働力は不足しはじめ、内地米の収穫高は低下する。米の不足は米価の高騰となり米騒動が起きた。

また米価の高騰で土地を所有する「地主」たちが巨大な利益を収めたのに対し、地主から農地を借りて耕作し小作料を払っている「小作人」たちは貧乏に苦しむ。それで小作争議が多発した。小作人たちがより良い生活のために、もう少し広い小作地が欲しいと考えると、他の人がすでに小作している土地を「自分に貸してくれればもっと余計に小作料を払う」と地主に申し出る。地主にすれば小作料収入は高い方が有難い。小作人は少し位高い小作料を払っても耕作地を広げたい。小作料をせり上げても借りたい小作人に対し、地主は上げられるだけ上げようと考える。そして段々と小作料はせり上がり、小作人は小作料がこれ以上上がれば耕作は不可能だというところまで追い込まれる。双方が抜き差しならぬ状態に陥って小作争議が起こった。

加藤はこの小作争議を実地に調べて、根本的な解決法は「小作者でも地主でも農民の一部を国内であろうと海外であろうと、植民させて自作農を増やす以外にない」と思うようになった。加藤はこの頃から真剣に「植民」について考えはじめている。加藤が「植民」という言葉を使うとき、それは一般に考える「ある民族が力で他地域を支配する植民地主義」ではない。国内国外を問わず未墾の原野を開墾してそこに定住し、その地の発展に尽くすということである（前掲書）。

日本国民高等学校の設立

加藤は石黒忠篤（農林次官）らが計画する日本国民高等学校の設立に尽力した。この学校は「働きながら学び、農業指導者を養成する」もので、デンマークの「国民高等学校」の日本版といったものである。昭和二年二月一日わが国最初の国民高等学校が茨城県茨城郡宍戸町友部（現水戸市友部）に開校した。学校の経営は校長の加藤に一任された。学校は後に内原の国有地八〇余ヘクタールの払い下げを受け昭和十年四月校舎を内原に移した（前掲書）。

動き出した満蒙開拓移民

昭和七年（一九三二）一月二日加藤完治は東京浅草にある日本国民高等学校の販売部で生徒たちと新年を祝っていた。そこへ「陸軍予備中佐角田一郎」と名乗る男がやって来て加藤完治に訴えた。

「農村の現状は八方ふさがりで行き詰まりの極みです。この難局打開の道は満蒙植民以外にないと信じます。そこでわざわざ山形から上京して陸軍省軍事局長の永田鉄山その他同期生を訪問して満蒙植民の即時断行を迫ってみたが、彼らはそんなことが出来るかと一向に相手にしてくれない。彼らのこの誤まった確信を打破することはもはや自分の力ではできない。先生どうか一つ力を貸して下さい。そして彼らが一刻も早く満蒙移民国策遂行の第一歩を踏み出すようにして頂きたい。現下の農村の窮状をみますと、この機会を逃がしては再び時機はありません」。

加藤は心を燃え上がらせた。角田とともに荒木貞雄陸相・枢密顧問官斉藤実・石黒忠篤農林次官・小平権一農政局長らへ、農林省として満蒙移民に協力を要請した（前掲書）。

六、〇〇〇人移民計画

昭和七年一月四日、石黒と加藤と那須皓《しろし》の三人が那須邸で話し合っているとき、関東軍統治部から那須宛の電報が届いた。一月十五日から「満州政策諮問会議」を開く予定で、農業問題で意見を聞きたいので出席願いたいというものであった。

会議は奉天の大和ホテルで開かれた。移植民を討議した委員の中で満州移民が可能だと考えていたのは少数だった。那須は「満州移民は可能か不可能かを議論する問題ではなく、一大国民運動として直ちに実行に移すべき問題である」と強調する。橋本伝左ェ門も「満州移民がこれまで失敗に終わっているのは、失敗するようなやり方でやっているからであり、われわれが提唱するやり方をやれば必ず成功する」と主張した。

こうした主張は、関東軍司令官本庄繁や幕僚の板垣征四郎・石原莞爾らの考えと一致していた。石原らが考える新国家は「民族協和の国家」である。石原らは新国家について「日本人の国家であってはならない、満州族の国家であってもならない。いわんや移住してきた漢民族の国家であってもならず、あくまで居住するすべての民族の協和国家でなければならない。また新しい国家は日本と一体不可分のものである。新国家を構成する国民の中には日本人が多数含まれていなければならない。それには満州以前の一〇万人とか一五万人の日本在住者では問題にならない。社会のあらゆる分野に日本人が飛びこんでいって、新国家の中核とならなければならない。それには日本人の集団移民が必要である」と考えていた。

会議が終わった夜、本庄司令官や板垣・石原らは那須・橋本の宿舎を訪れ、さらに詳細な意見を聞いた。その際加藤完治の移民論とその実際を聞いた石原は「そういうわけなら場合によっては国民高等学校に対し、移民に必要な土地と建物を提供してもよい」と積極的な姿勢を示した。石原と加藤の接点はこの時はじめて生まれたのである。

一方国内では石黒農林次官らが満州移民の具体案を作った。出来上がったのが「満州植民事業計画書」で、「昭和七年度中に六、〇〇〇人を送り出す」という計画である。

加藤完治は、この計画が決まると思い、移民候補地を見ておこうと満州へ旅立った。ところが京城で石黒から移民案はつぶれたとの電報が届いた。閣議は「時期尚早」として移民案を退けたのである。ここで引返すわけにはいかない。加藤は石原が「場合によっては日本国民高等学校に土地・建物を貸してやってもよい」という那須の話を思い出した。

加藤は石原に会い詳しく話をした。石原と加藤は初対面から通じ合うものがあったのであろう。これが終戦後まで続く加藤と石原の同志的なつながりとなった。石原は植民に必要な土地を北大営に選んだ。必要な建物とその周辺の土地約一〇〇ヘクタールを決めて本庄司令官の諒解を得た。北大営に「日本国民高等学校北大営分校」が開設されたのは昭和七年四月のことであった（前掲書）。

永井拓相の登場と加藤の再渡満

五・一五事件で犬養毅内閣が倒れると後継内閣の首相に斉藤実海軍大将が選ばれる。その拓務大臣に永井柳太郎が就任する。永井は管理局長の生駒高常を呼び、「満州移民計画をまとめてもう一度議会に提出するよう」命じた。

生駒は加藤を呼んで、大臣がしきりに言うから移民案を出そうと思うが、土地の見通しがなければ計画の立てようがない、と加藤に相談した。加藤は僕が満州へ行って探してくる。その代わり必ず議会を通過させることに努力してくれ、と互いに約束して加藤は満州に行き石原に会い土地の収得を頼んだ。

石原は「吉林の方に一万町歩ぐらい用意できる」と言った。早速拓務省に電報を打って貰った。

司令部を辞して帰ろうとすると、石原は机の引き出しから一通の書類を取り出し「これは実行できるかどうか」と加藤に手渡した。それは東宮鐵男《とうみやかねお》が三日前石原に提出した「屯墾に関する意見具申書」だった。これをみた加藤は「これは理想的な案だ」と伝えた。「それでは東宮を呼ぼう」となった。

東宮鐵男は、満州に理想の国家を建設するという石原の思想に共鳴し、ソ満国境沿いにロシア革命から逃れたロシア人も含めた理想の共和国を建設することを夢見ていた。そのためには日本人の大量移民が必要であるとしてその計画を説明していた。同じように日本農民の二、三男対策として満州開拓移民が必要だと考えていた加藤完治と東宮を引合わせたのが石原莞爾だった。東宮鐵男もまた〝満州移民の父〟と仰がれる存在となった。

加藤は東宮とはじめて大星ホテルで会った。二人は明け方まで話し合った。二人は「理屈なしに決行する」と約束し、二人の「受け持ち分担」を決めた。加藤が受け持ったのが「内地に帰って政府と交渉し、初年度として在郷軍人五〇〇人を集め、九月末日までにハルビンに集合させる」。東宮の分担は「五〇〇人の武器と宿舎の準備をし、植民する一万町歩の土地の選定、冬籠りのための食物・燃料の準備、関東軍や満州国軍、吉林軍司令官于琛澂《うちんちょう》との交渉」などだった（前掲書）。

第一次移民団の選抜と訓練

昭和七年七月十六日満州移民の実施が閣議決定した。最初の入植予定地が佳木斯《ヂャムス》南方の永豊鎮《えいほうちん》（鎮は日本の村にあたる）など二ヵ所に決まると、八月三十一日の臨時議会に、昭和七年度秋の入植者五〇〇人分の経費総額二〇万七、八五〇円の支出を決定し、予算案が議会を通過すると本格的な「移住適地調査班」が編制された。

拓務省は九月一日第一回の入植者募集の正式通知を発送した。入植者は在郷軍人の中から選んだ。第一回の移民選出地域は、青森・岩手・秋田・山形・福島・宮城・新潟の東北各県と長野・群馬・栃木・茨城の計一一県で選出人員は四二三人、これに奉天の日本国民高等学校北大営分校の生徒六〇名が加わる。募集期間はわずか三日間だったが、当時は経済恐慌の後遺症の影響や、東北地方では数年続きの冷害で農村の窮状は酷く、満州移民の募集は大いに受けた。

選抜された者は、同年九月十日から三ヵ所の訓練所に入所して二週間の教育訓練を受ける。その三ヵ所の訓練所は

一、茨城県友部の日本国民高等学校、責任者加藤完治

二、山形県北村山郡大高根村の山形県立自治講習所付属青年修養道場、責任者西垣喜代次

三、岩手県胆沢《いざわ》郡六原村の岩手県立青年修養道場、責任者土屋郁三

訓練所の選定、訓練担当者の選出、訓練の内容などについては拓務省の委任ですべて加藤完治にまかされた（前掲書）。

国策となった「満州開拓移民」

第一次（弥栄村）第二次（千振村）移民団の入植当時は匪族の襲撃や反乱などで移民反対の強い声もあったが、次第に入植地も安定し、家族や花嫁の入植も可能になると、そうした反対論は次第に陰を潜めた。

第三次試験移民団は昭和九年春からはじまったが五〇〇人が募集され、募集地域はこれまでの東北中心から岐阜・島根・鳥取・広島・山口・高知・福岡・佐賀・鹿児島など中国・四国・九州などにも拡大された。また第二次までは原則として在郷軍人に限られていたが、第三次からは一般農民にも門戸が拡げられた。また「武装移民的」な色彩は殆んど帯びておらず、名称も「第三次特別農業移民団綏稜《すいりょう》開拓組合」と呼ばれ、最終的に移民が決まったのは二五九人、それと奉天の日本国民高等学校北大営分校の生徒四七人計三〇六人で、昭和十三年一月には村制を敷き新しく「瑞穂《みずほ》村」が誕生する。

続いて第四次移民団の募集が昭和十年六月に行われ、入植地は勃利《ぼつり》県林口《りんこう》地方の城士河《じょうしが》地区と、ここからさらに四〇キロ東の密山《みつざん》県平陽鎮《へいようちん》附近の哈達河《はたは》地区の二ヵ所に決まる。入植者の募集はさらに全国に拡げ四九七人の志願者から四〇〇人を選んだ。

第一次から第四次までいわゆる「試験移民」の時代は終わる。第三次・第四次の入植が順調に進むと満州移民反対論は殆んど聞こえなくなり、代わって「満州移民謳歌論」や「満州移民促進論」が強くなる。政府は本格的な移民計画の策定に向かって動き出すのである。

一〇〇万戸・五〇〇万人の移民推進計画

昭和十一年二月二十六日、二・二六事件で岡田内閣総辞職、代わって広田弘毅内閣発足。新内閣は「七大国策」を閣議決定。この七大国策の一つとなったのが「対満重要国策の確立―移民政策及び投資の助長策」である。満州移民が重要国策として本格的に推進されることになった。

拓務大臣永田秀次郎は、前年五月に関東軍から提出された「二十ヵ年一〇〇万戸の満州移民計画案」を拓務省案として「第一期五ヵ年計画初年度六、〇〇〇人送出予算四七六万円余」を議会に提出、議会を通過した。拓務省はこの議会で「現在満州国の人口は概ね三、〇〇〇万人であるが、二十年後には五、〇〇〇万人に達する見込みで、その時その一割五〇〇万人の日本内地人を満州に植えつけ、民族協和の中核たらしめれば対満政策の目的は自ずから達せられる」と説明した。この頃の日本の農家戸数は五六一万戸で、このうち耕作面積が五反歩（〇・五ヘクタール）以下の戸数は一九一万戸約二五パーセントは農業で自立することは困難な階層で、この五反歩以下の農家の半数近くを二十年かけて満州に送り出すという遠大な計画である。これによって「満州へ一〇〇万戸・五〇〇〇万人移民実施計画」の車輪が回りはじめた。

満蒙開拓青少年義勇軍創設の建白書

東宮鐵男が杭州湾へ出征した頃、加藤完治は、農林次官を退き「農村厚生協会会長」に就任していた石黒忠篤や那須皓、橋本伝左ェ門、大蔵公望（満州移住協会理事長）、香坂昌康（日本連合青年団理事長）などの間を飛び回り、満州への青少年移民の必要性を説いて回っていた。東宮が生んだ饒河《じょうが》の北進寮や伊拉哈《いらは》での少年の訓練は順調に成果を収めている。「さらに内地で教育して大規模に実施すべきだ」というのが加藤の持論である。石黒らはこれに賛同して近衛首相はじめ関係閣僚に「満蒙開拓青少年義勇軍編成に関する建白書」を提出したのが昭和十二年十一月三日である。

石黒も加藤と同じように、その頃学校を出ても都会に就職できず、家にいても鍬を入れる土地もない農村青年の絶望状態を何とか打破する方法はないかと悩んでいた。そうした農村青年の絶望感が五・一五事件（昭和七年）や二・二六事件（昭和十一年）の背景になったと彼は判断した。「その解決案は青少年の満州農業移民しかない」というのが石黒の持論だった（前掲書）。

満蒙開拓青少年義勇軍

一九三八年（昭和十三）春満蒙開拓青少年義勇軍は国策として本格的に動き出した。初年度だけでも約三万人の青少年を教育し、満州の未墾の大地に送り出すという大計画である。第一次の応募者数は定員の二倍近い九、九五〇人に達したので、定員を変更して七、七〇〇人余を採用する。二月二十六日から昭和十三年度の第一次入所が開始され、三月下旬までに六、五〇〇人が入所する。同五月末時点での入所者は一万四、八六三人。終戦直後の調査では内原訓練所の日輪兵舎は三四七棟、普通建物は五一棟という大規模なものになっていた。

訓練所に入所すると「満蒙開拓義勇軍手牒」が渡される。その冒頭には「義勇軍綱領」が掲げられている。内容は次の二項である。

「我等（義勇軍）は、天祖の宏謨《こうぼ》を奉じ、心を一にして追進し、身を満州国の聖業に捧げ、神明に誓って天皇陛下の大御心に副《そ》い奉らんことを期す」

「我等は身を以て一億一心、民族協和の理想を実践し、道義世界建設の礎石足らんことを期す」

続いて手牒には二十四項目の「心得」が記されている。その主なものは次のようであった。

古の武士に敗けるな、家への便りを欠かすな、他人に親切にせよ、楽は人に譲り苦は己に引き受けよ、規律を重んじ命令に服せ、堂々と歩け、口を堅く結べ、愚痴を言うな、元気一杯で働け、農具も武器と心得よ、丈夫の時は身体を鍛錬せよ、生水を飲むな（前掲書）。

青少年義勇軍運動の実績

第一次義勇軍は、渡満三年後の昭和十六年十月から順次各地の開拓団に入植する。年次ごとに第二次、第三次と呼ばれる。その送出は敗戦の年の昭和二十年五月まで続いた。内原訓練所の送出名簿によると昭和二十年度までの送出総数は八万六、五三〇人だった。

県別にみると最も多かったのが長野県で終戦時までに開拓団に移行した者四、六〇四人、まだ訓練生であった者一、三〇〇人で計五、九〇四人、続いて広島県が移行隊員・訓練生合わせて四、三五九人、山形県同三、四三五人、以下新潟県・石川県・福島県・静岡県・岐阜県・岡山県・栃木県などとなっている。

彼らはどんな動機で義勇軍を志願したか。満州移住協会が調査した義勇軍年次報告（昭和十六年末現在）によると、義勇軍応募者の「応募動機」は「教師の指導によるもの」が回答者七、二一八人中三、四二二人と半数近くを占めている。続いて多いのが「本人の意志によるもの」の二、四六九人。小学生の多くが自ら「満州国への夢」を思い描いていたのである（前掲書）。

青少年義勇軍の解体

働き盛りの青年は戦地に赴き、労働力も不足になった。学徒勤労動員や徴用によって中学校以上の男女学生や中高年の人たちも軍需工場に狩り出された。国内では生活必需品の欠乏や食糧不足は一段と深刻になる。文科系の学生の学徒出陣もはじまった。

青少年義勇軍も戦時体制となり、徴兵制が本格的に運用されるようになると、訓練を終えて開拓団への移行時期に徴兵年令の二十歳に達する者は、開拓団へ入植して一、二年もしないうちに徴兵される。開拓団に必要な要員は大幅に不足し、せっかく開拓したのに放置される土地さえ出はじめる。軍事優先の中で開拓政策は暗礁に乗り上げ、開拓団の軍事転用が図られた。

「関東軍兵站《へいたん》勤務少年兵」は昭和十九年末に実施される。関東軍の主力は次ぎ次ぎと南方へ転用される。その穴埋めが必要だった。義勇軍訓練生の関東軍派遣が同年十一月一日から実施される。訓練生は訓練所から出たその日から「軍属」になる。内地から渡満していた青少年は〝満州開拓〟という本来の目的とかけ離れた戦時要員となり、青少年義勇軍は事実上解体したのである（前掲書）。

加藤完治の戦後と新たな開拓

昭和二十年八月十五日正午、天皇の玉音放送を聞いた加藤は「これからは日本の建設に余生を捧げることが満州に送りこんだ子供たちにお詫びすることである。たまたま生き残った僕になし得ることは生ある限り鍬をふるい食糧生産に打ち込む以外になにがあろうか」加藤はこう決心した。その結果選ばれたのが福島・栃木県境の西白河高原（福島県西白河郡西郷村）に広がる軍馬補充部跡地約七〇〇町歩である。ここを開墾して祖国再建に尽くそうと決めたのである。

この西白河に加藤が落ち着いて鍬をふるいはじめると、それを聞いた青少年義勇軍の帰還者やその縁故者、義勇軍の元職員らが次々と集まってきた。昭和二十一年四月「白河報徳開拓組合」を設立し初代組合長となる。同年「農業協同組合法」が施行されると「白河報徳開拓農業協同組合」として再出発する（前掲書）。

加藤完治の最後

昭和四十二年三月三十日未明「最後まで少しの苦しみもなく一言の嘆きも残さず」息を引き取った。肝臓癌だった。八十三年の生涯だった。日本はこの頃本格的な高度成長の波に乗り、農業は大きな転換期を迎えていた。農林省が「減反政策」を打ち出したのは加藤の死後二年経った昭和四十四年のことだった。

「農作を放棄した農民に金を支給する。父がそんな政策を知ったら怒り心頭に発しただろう。それを知らずに逝ったことがせめてもの慰めだった」と弥須彦は述懐している（前掲書）。

リットン調査団

一九三二年（昭和七）七月四日満州国建国問題で国際連盟から派遣されたリットン調査団が日本にやってきた。この件について田原総一朗はその著『誰も書かなかった日本の戦争』の中で次のように書いている。

「斉藤実内閣はリットン調査団の報告を待たずに九月十五日満州国を正式に承認した。これは明らかに国際連盟を無視した挑発行為である。しかし当時は多くの国民やマスコミも日本の三〜四倍の面積を持つ新天地として満州に夢と希望を抱いていた。多くの国民が移住した。日本を挙げて満州ブームが起きていたのである。

同年十月二日リットン調査団の調査報告書が公表されました。当然ながら満州国を全否定する内容だろうと予測していました。しかし意外にも日本に対して好意的とさえいえる内容だったのです。もちろん満州事変が日本の自衛のためだとする日本の主張、あるいは満州国が満州人によって自発的に形成されたという主張は否定されています。

しかし、満州における日本の権益の存在を認め、満州事変がはじまった以前の状態に戻すことは現実的ではないと指摘しています。つまり報告書の結論は『満州は形の上では国際連盟が管理し、そのもとに日本が仕切っている現状を認める』というものでした。これは当然ながら日本政府やマスコミの予想とは大きく反していて、むしろ歓迎すべき内容だったのです。ところが翌日の各新聞の反応はまったく逆でした。リットン調査団の報告を日本に対してまったく無理解であると報道し、怒りと拒絶反応にみちた記事に感情的な大見出しがおどっていました。つまり国内の満州ブームはそれほどまでに強かったのです。各新聞はそのブームに迎合するかたちで本音とかけ離れたリットン調査団批判を展開したわけです」

また『全文リットン報告書』（渡部昇一解説・編　ビジネス社）は次のように述べている。

「単なる原状回復が問題の解決にならないことはわれわれ（調査委員会）が述べたところからも明らかだろう。本紛争が去る九月以前の状態から発生したことを思えば、その状態を回復することは紛争を繰り返す結果になるだろう。そのようなことは全問題を単に理論的に取り扱うだけで現実の問題を無視するものだ」

「本委員会はただ日本の経済的開発のためには満州が極めて重大であることを認める。また日本が満州の経済的開発のためには必要な治安を維持できるような安定した政府の樹立を要求することも不合理と考えるものではない」

「過剰な人口の増加という圧迫があるにもかかわらず、これまで日本国民は移民に関する便益を十分に利用することなく、日本政府が満州に国民の大移動を計画したこともない。日本国民は農業的危機や人口問題に善処する方法として工業化に希望を懸けつつある。このような工業化は新たな経済市場を要求するが、唯一広大で比較的確実な市場はアジア、ことにシナにおいて見出される。日本は単に満州市場だけでなく全シナ市場を必要とする。シナが統一され近代化されれば、当然その生活程度は向上し、貿易を促進してシナ市場の購買力を増加するであろう。日本にとって大きな利益のある右のような日支の経済的提携は同時にシナの利益問題である。なぜならシナがさらに日本と経済的・技術的に手を組めば、国家改造を助けることになるからだ。シナはナショナリズムの狭量な傾向を抑圧することによって、また友好関係が復活すれば組織的ボイコットを再現することなどなくなるという有効な保証を与えることによって右のような提携を進めるべきである」

以上のような満州問題解決に関する提議をリットン調査団はしており、解決の条件として満州における日本の利益は無視することはできない事実であるから、いかなる解決法もそのことを承認し、日本と満州の歴史的関係を考慮に入れないものは満足なものとはいえない、と解説している。

以上二人の解説・見解はリットン報告書を好意的に認めていると思う。

国際連盟脱退

リットン調査団の報告書を審議するための連盟理事会は一九三二年（昭和七年）十一月二十一日スイスのジュネーブで開催された。日本は松岡洋右外相を主席全権として派遣した。松岡は満州国建国は正当だと主張した。

ところが日本軍は、あろうことか連盟理事会が開催されている最中に内蒙古の熱河省（中国領）に攻めこんだ。これは明らかに国際連盟の日本に対する空気を一気に悪化させた。一九三三年（昭和八）二月二十四日国際連盟は「不承認」つまり満州国建国不承認を四二対一、棄権一で可決した。

松岡は直ちに日本代表団を率いて退場し、三月二十七日日本は国際連盟を脱退した。国際連盟で日本を激しく非難したのは、スウェーデン、アイスランド、ノルウェーなど北欧の小国の多くであった。イギリス・フランスなど列強は満州問題に口をはさむ気はまったくなかった。会議の表側では日本批判をとっていたが、裏側ではむしろ日本をかばおうとし続けた。北欧の小国等が満州国を認めなかったのは、実は彼ら自身がヒトラーのドイツとスターリンのソ連からの侵略を恐れていたからである。彼らはドイツとソ連を恐るべき侵略国ととらえていた。もし日本の満州国建国を認めれば、ドイツやソ連が同じことを北欧の国々にも行うのではないか、その絶好のチャンス与えることになるとして大反対をしたのである。

イギリスやフランスは、その北欧の姿勢に真向から反対はしなかったが満州国を否定もしなかった。アメリカも満州事変に介入する気はなかった。アメリカもまた世界恐慌などの影響を抱えそんな余裕はなかった。

事実一九三五年（昭和十）九月には、イギリスのリース・ロス卿と使節団が来日し重大な提案を日本に示した。それは中国の蒋介石が資金に困っているので日英共同で一、〇〇〇万ポンドの借款をしようというもので、日本がこれに応ずればイギリスは事実上満州国を承認しようというものであった。イギリスは満州国について非難らしい非難もしていなかった。国際連盟の理事会で満州国を認めないといったのは、北欧の国々への気遣いであった。本音ではイギリスは満州国を認めてもよいと考えていたのである。なぜなら当時イギリスは日本の何十倍もの植民地を持ち維持していたからである。

田原総一朗は「もしこの時日本がイギリスの提案を受け入れていたなら、日本は孤立することなく、日中戦争や太平洋戦争も回避できたかも知れない。ところが日本政府はこの申し入れを拒絶した。関東軍を中心に軍部が之に反対した。また肝心の満州国建設にエネルギーを費やしている人たちもこれに反対したからである」と言っている（田原総一朗著『誰も書かなかった日本の戦争』ポプラ社）。

私は田原が「もしこのときイギリスの提案を受け入れていたら云々」の言葉は非常に大事だと思う。なぜなら将来の教訓になるからである。この後も終戦に至るまで何回も「もしも……」という判断の分かれ目に遭遇するのであるがその度にチャンスが活かせなかった場面がいくつかあるのである。

私は日清・日露の戦争に勝って、その後日本に驕りの心が生じた。その驕りが日中戦争、太平洋戦争を引き起こす基となったのではないかと思っている。私の子供の頃から支那をチャンコロ、ロシアを露助（ロスケ）と呼んでいた。誰もそう呼んでいた。この驕りがそう呼ばせていたのではないかと思う。

第十章　北支をめぐる日華関係

支那事変の発端となった盧溝橋事件はいかなる背景の中から発生したのか。それには数年遡って満州事変以後の特に北支を中心とする日華関係の推移と、支那における共産主義運動について概観することが是非とも必要となる。満州国が建国されたのは一九三二年三月であった。しかしその後も二〇万を超える兵匪が跋扈していたため関東軍は討伐作戦を行い、その結果一九三三年（昭和八）二月頃までには匪族は大体掃蕩された。

しかし熱河省には満州を追われた張学良が侵入し、反満・反日の策源地としていた。よって関東軍は三月上旬には張学良を潰走《かいそう》せしめ万里の長城の主要関門を確保した。武藤信美関東軍司令官は長城を越える作戦を厳禁した。それは武藤軍司令官は天皇の御憂慮を十分聞かされていたので、長城を越えて関内（長城の内側・支那全土）に進出することを厳禁にしたのである。

已むを得ず長城を越える

しかし国民政府は三月上旬張学良を罷免して何応欽を軍事委員会北平分会長に任命し、中央軍五万を北上させたため、関東軍は長城の各関門で中央軍の猛烈な反撃に遭《あ》って苦戦した。関東軍苦戦の原因は長城壁による中国軍から見下ろされる位置にあるためだった。そこで有利な戦いを進めるためにはわが軍が長城線内に進出することは戦略上已むを得ないことだった。

四月中旬わが軍は長城線内に進出し中国軍を追撃した。だがわが軍の怒涛の進撃の最中突然長城線への帰還命令が下され、諸部隊は直ちに熱河省に帰還した。この事情は本庄繁侍従武官長の日記「至秘鈔」によれば、関東軍の関内進出に憂慮された陛下が本庄に「関東軍の前進中止を命令してはどうか」と御下問があり、本庄が関東軍参謀長に天皇の御意向を打電した結果長城線への撤退命令となったのである。

塘沽停戦協定の成立

だがわが軍の和平意思は相手に通じなかった。わが軍が長城線に撤退すると、これを追って中国軍は再び挑戦してきた。ここに至って再び関内作戦の火蓋が切られた。今回の戦闘の責任は日本軍の関内不進出を看取《かんしゅ》して侮日態度に出た支那側にありとの軍司令官の声明が発表されての関内作戦であった。

わが軍は破竹の勢いで中国軍を追撃し、早くも五月二十二日には北平は指呼の間に迫った。ここに及んで一九三三年（昭和八）五月三十一日塘沽においで停戦協定が結ばれたので塘沽《タンクー》停戦協定と呼ばれる。その骨子は

一、中国軍は延慶《えんけい》—通州《つうしゅう》—芦台《ろたい》の線以西及び以南に撤退し以後同線を越えず、また一切の挑

発的行為を禁ず。

三、日本軍は中国軍が第一項を遵守するならば追撃を中止し概ね長城線に帰還する

四、長城線と第一項の協定線の間の地域における治安維持は中国側警察機関が当たる。右警察機関のために日本軍の感情を刺激するが如き武力団体を用いないこと

（二、五項省略）

この塘沽停戦協定の成立とともにわが軍は関内作戦を停止し、八月上旬には概ね長城線に復帰した。

この協定によって河北省東北隅に非武装地帯が設置されることになった。これはやがて昭和十年の梅津・何応欽協定によって河北省全域に拡大され、この状態の上に関東軍の華北分治工作が進展していく。

このようにみる時、塘沽停戦協定の成立は日本軍の華北進出の第一歩（日本国際政治学会「太平洋戦争への道第三巻」）といった見解が出てくるのも不思議はない。だが忘れてはならないのは、関東軍の熱河作戦を長城以南の関内作戦にまで拡大させた原因が中国軍の侮日挑発的態度にあった事実である。

塘沽協定が満支境界を明確にし、満州事変に一応の結着をもたらしたものではあったが、これを以て日支の紛争が完全には終熄せず、協定で設置された非武装地帯で日華間の紛議が発生し、

やがて支那事変という重大事態にまで発展することになったのは何故であろうか。

これについて後年石原莞爾は「塘沽協定で日支紛争を局地解決したことは一応の成果であったが、さらに外交交渉を進めて、蒋介石に排日停止、共同防共、満州国承認少なくとも黙認まで約させるべきであった。満州事変の終末指導をいい加減にしたことが将来支那事変にまで進展させた一つの素因であった」と述懐している。

また支那事変勃発当時参謀本部戦争指導課長だった河辺虎四郎大佐は「支那事変の原因は色々説明できるが、結局は満州事変がいろんな意味において政治的な解決ができていないということにあると思う」と述べ、塘沽協定は「北支官憲側と関東軍の間のまに合わせの停戦協定」であったとしている。

日華関係の好転

日華関係がようやく落ち着きを取り戻した昭和十年一月二十二日広田弘毅外相は議会演説で、不脅威・不侵略の対外原則を唱え、同二十六日衆議院で「自分の在任中は戦争は断じてない」と断言した。

蒋介石は広田演説は日華関係の改善にまたとないきっかけを与えたと称賛し、二月一日蒋介石は内外記者団に対し「広田弘毅の議会演説に吾人は誠意を認める。中国の過去における反日感情と、日本の対華優越態度を共に是正すれば隣邦親睦の途を進めることができる。吾が同邦も正々堂々理知と道義に従い、一時の衝動と反日行動を抑え信義を示したならば、日本も必ず信義を以て応ずるものと信ずる」という旨の日華親善方針を声明した。

日華親善の気運が高まった昭和十年五月、広田外相は閣議の諒承を得て在華公使館を大使館に昇格した。この通知を受けた汪精衛（兆銘）は「これで両国は東亜の大道を手を取って歩ける」と言い、直ちに中国も在日公使館の昇格を約した。

中国側の二重政策

華北における日・満・支関係は塘沽協定の成立により平静に向かうごとくであったが、内情は必ずしもそうではなく、中国側は表に親日を装い裏に反日・反満策動を行う状況であった。これら反日満運動の中心は河北省主席・于学忠《うがくちゅう》（旧東北系）、国民党関係者、中央直系軍隊、藍衣社《らんいしゃ》（テロを主務とする国民党秘密工作機関）等で、彼らは停戦協定以来、比較的静穏で関東軍や天津軍の注意を惹くことの少ないのに乗じて潜行的に活動してきたのであったが、昭和十年に至って露骨な反日満行動に出た。

国民政府の排日取り締りにしてもある程度の効果は挙げたにしても十分ではなく、殊に北支はそうであった。わが陸軍の調査によれば日華関係がようやく好転の兆しをみせた昭和十年一月から五月まで北支で発生した反日満事件は大小五十数件にも上った。その代表的事件は親日社長暗殺事件である。

梅津・何応欽協定

関東軍と天津軍（支那駐屯軍）が中国側の二重政策に憤慨している折しも重大な事件が発生した。天津の中国新聞「国権報」と「振報」は従来から親日満の立場にあったが、五月二日から三日にかけて両新聞社長が共にピストルで暗殺された。

支那駐屯軍の厳重探索の結果、暗殺には北平軍事委員会分会、藍衣社、国民党が関与していること、また犯行指導者は上海保安処長兼藍衣社中央執行部長・楊虎《ようこ》であること、楊虎は犯行後国民政府によって上海フランス租界にかくまわれていることが判明した。

そこで酒井隆支那駐屯軍参謀長は、高橋担北平駐在公使館武官補佐官と共に何応欽軍事委員会北平分会委員長と会見し、蔣介石の二重行政の放棄、その実行機関である国民党部と藍衣社の北支撤退、河北省主席于学忠の罷免などを要求し、中国側はこの要求を容認し、七月九日「酒井参謀長よりの要求事項は全て承認し自主的に実行する」という何応欽の名による梅津支那駐屯軍司令官宛の通知書が天津軍に提示された。これがいわゆる「梅津・何応欽協定」であり、これにより事件は落着し、中国側排日機関と中国軍は河北省から撤退することになった。

北支自治運動の発生

塘沽停戦協定以来、北支の民心は必ずしも南京国民政府の治下にあるを好まず、機会あらば華北自治を望む気運が強く、特に非武装地区の農民にそれが著しかった。

この背景には南京政府の過去十年間の北支に対する搾取政策があった。例えば昭和十年頃国民政府が北支から徴達する中央税と税外収入の年額が一万四、〇〇〇元であるのに対し、北支への中央支出額は八、三五〇元に過ぎず、その差額五、六五〇元は中央政府が北支より搾取する金額なのである。このような搾取政策は伝統的な支那軍閥の常套手段であったが、満州国の目ざましい発展を前に、蒋介石が次第に後退してゆく北支において住民の心底において北支自治の念願切なるものの発生するのは自然なことでもあった(中村粲著『大東亜戦争への道』展転社)。

冀東・冀察両政権の成立

右の如く北支自治の政治思想が表面化してくるにつれ、北支将領たちの間にも動揺を生ずるに至った。彼らは山西の閻錫山《えんしゃくざん》、山東の韓復榘《かんふくく》、河北の商震《しょうしん》及び万福麟《まんぷくりん》、それにチャハル省より逐次河北省に乗り出してきた宋哲元《そうてつげん》などであった。彼らは日本との提携の必要を十分知りつつも、南京からの圧迫を警戒し、軽挙を控えていた。南京政府は武力誇示と懐柔の硬軟両様の策をもってその離反を阻止して華北自治を切り崩す工作に出た。

この年十一月国民政府は英国の支援の下に弊政改革を断行したが、この改革が成功すれば北支に対する南京政府の支配はさらに強まり、同時に中国における英国の勢力が強化されることは明白であった。わが陸軍が英国の北支支配を歓迎しないように、北支将領たちも将介石による中央集権強化を喜ばなかった。この点でわが現地軍と北支将領の利害は一致していた。

当時宋哲元の立てた計画は、㈠華北に親日・反ソの自治（半独立）政権を樹立する、㈡地域は五省・二市とする、㈢南京政府の宗主権は認めるが、内政・外交・経済等に関し高度の自由を保持する。というものであったといわれるが、他方において宋は秘かに南京政府に対して「日本の圧迫強迫」による苦境を訴え、首鼠両端《しゅそりょうたん》（どちらか一方に決めかねていること）を持して身の保全を図らんとしていた。一方において日本に自治独立することを約束しながら、他方秘かに南京政府に忠誠を誓うという表裏ある二重政策が華北の混迷を生んでゆく。華北自治はそれ故に決して日本側の一方的要求にあらずして華北将領たちもまたそれを望む気持があったところに相呼応して生まれた気運なのである。

南京政府の華北自治切り崩し工作と華北将領の不決断のために戦区督察専員殷汝耕《いんじょこう》は突如通州において自治宣言を発表し、昭和十年十一月二十五日冀東防共自治委員会を設置した（戦区とは塘沽協定による非武装地帯の略称、冀は河北省の別名、それ故冀東とは河北省東部を指し「戦区」とほぼ一致する）。

この間天津と北平では自治反対と自治要請の両派が示威運動を行い物情騒然となった。そこで南京政府はこのようではむしろ日本に先んじて中央の対面を保ち得る範囲で北支に適合する政治組織を作る方が得策と判断し、十二月十八日宋哲元を委員長として冀察政務委員会（察は察哈爾《チャハル》省のこと、冀察とは河北・チャハル両者をさす）を発足させた。同委員会は二省（河北省・チャハル省）、二市（北平・天津）の政務一切を管轄する機関である。

右のような経過で昭和十年末には、冀東防共自治委員会と冀察政務委員会が成立した。冀東政権が南京からの独立を主張して親日的であったのに対し、冀察政権は日華双方の妥協の上に立つ政権であった（前掲書）。

西安事件

元駐独大使本多熊太郎はその著『日支事変外交観』（昭和十三年発行・千倉書房）の中で次のように述べている。

「西安事件とは御承知の通り、蔣介石が同地において張学良部下の兵隊に突然捕虜にされて二週間か三週間拘禁された事件のことです。あの事件（西安事件）がなかったならば、あの当時河南・山西・河北の線に沿って十数個師団の兵を集結し、約二〇〇台の空軍を集めておった支那側は、いわゆる綏東《すいとう》事件（関東軍の田中隆吉少佐に指導された内蒙古軍が蔣介石打倒を掲げて中国軍を攻撃したが、かえって反撃され惨敗した事件）における彼らの成功に乗じてチャハル六県の奪回戦に出てきた筈である。そう来るだろうと私は当時読んでいた。いろいろのものからそう観測しておったのであります。

しかるに西安の結果一時それが延びたのであります。西安事件なるものは蔣介石を張学良の部下の兵隊が捕えて、そうして張学良は結局懺悔して蔣介石を上海に帰して、自分がその責任を負って刑事被告となって裁判にまで服した。これが表面の経過であります。ところが真相は決してそうではない。その際蔣介石を捕えたのは張学良ではない。成程手を下した兵隊は張学良部下の兵隊ではあるが、張学良軍もその中枢将校は支那共産党軍と通じておった。言いかえれば東北軍（張学良軍）なるものは共産化しておったのです。そうして蔣介石が来たら捕える。捕まえて『同胞相食《は》む共産党征伐をいつまでやるのか、今日本は東北四省（満州のこと）をモノにした上に北支をすら第二の満州化せんとしつつあるのに、その敵国に対して中国の領土を守ることをせずして、同邦相撃つ共産党征伐をまだやるのであるか。貴下が志を改めて挙国一致日本に対して失地回復の義戦をやるというならば共産党はどこまでも貴下の国民党と一緒になってやりましょう。そういうように考え直すことが出来ないならば、貴下の命は此處で貰うからそう思え、』と案ずるにこうマアー蔣介石に言ったのです。

蔣介石は『いや私も君達と同感である。共産党と国民党は昔の如く合体して（辛亥革命で孫文が中華民国臨時大総統のとき国共合作があった）、一つになって君達のいわゆる抗日人民戦線で日本に対して一戦しましょう』と言う。『それならばお帰りなさい』――一口にいえばこういう経過であったのです。つまり蔣介石は日本に向かって抗日の一戦をします、ということを条件として共産党から命を援《たす》けてもらって帰って来たのである」。

三田村武夫はこれらについて次のように書いている。

昭和十年（一九三五）のコミンテルン第七回大会において人民戦線戦術が決定された。これに基づきコミンテルンは、中国共産党に対して日本帝国主義打倒のために、民族革命闘争をスローガンとして抗日人民戦線運動を捲き起すべしと指令したのである。このコミンテルンの指令に基づいて中国共産党は、昭和十一年（一九三六）八月、「抗日救国宣言」を発した。その内容は、「中国及び中国民衆の敵は日本だ。日本帝国主義の侵略によって中国は、過去においても多くのものを失ったが、今や日本帝国主義はさらに武装して中国に迫りつつある。中国及び中国民衆は、国内戦争や国内対立抗争をやっているときではない。一切の国内抗争を即時停止して抗日の大旗の下に全中国各階級の民衆を組織化し､全面的な抗日闘争を展開せよ」というものである（三田村武夫著『大東亜戦争とスターリンの謀略』自由選書）。

こうした時、同年十二月突如として起こったのが西安事件である。この西安事件によって蔣介石は永年自己政権の敵として討伐を続けてきた中国共産党と妥協し、「国共合作」が実現した。すなわち蔣介石は中国共産党の要求を全面的に容認して「容共抗日政策」を採用し、抗日人民戦線の結成を促進し、日支事変勃発・拡大の責任は日本側にあるとした。

コミンテルンにしてみれば、蔣介石と日本を戦わせて、どちらも消耗すればコミンテルンの革命勢力にとって有利だ。また蔣介石が負けても痛くも痒いくもない、そうなれば後は赤化革命が前進するだけである。

最終的にどうなったか。大戦後中国共産党が勝利し、蔣介石は敗れて台湾に去った。コミンテルンの謀略は見事に成功したのである。

田原総一朗もその著『日本の戦争』の中で次のように言っている。

「張学良の配下には「蒋介石を処刑せよ」という声が少なくなかった。毛沢東もはじめは処刑を支持していたようだ。しかし周恩来《しゅうおんらい》が西安に飛んできて事態は変わった。周恩来は蒋介石と二度話した。そして蒋介石は自説の「先守内後攘外」（まず国内を固め、その後外国を攘《う》つ）政策を放棄し、国共合作で抗日に専念することを約束した。蒋介石というより中国の対日姿勢は一八〇度転換したのである」。

第十一章　支那事変（日中戦争）

盧溝橋事件

盧溝橋は北京の西南方一八キロにある美しい石橋で、十三世紀の大旅行家マルコ・ポーロがここを訪れたことがあって欧米人の間ではマルコ・ポーロ橋と呼んでいた。

一九三七年（昭和十二）七月七日その盧溝橋近くで日本の天津軍（支那駐屯軍）が軍事演習を行っていた。日清戦争後の取り決めで中国内での駐兵が認められており、当時は約五、〇〇〇人が駐屯していた。

午後十時過ぎ盧溝橋の北方にいた中国軍から発砲があり続いて十数発の実弾を射撃してきた。日本軍はすぐにもこれに応じなくてはと、態勢を整え翌日午前五時過ぎに中国軍に向かって攻撃を開始した。これが支那事変（日中戦争）の発端となった。

当時近衛総理をはじめ政府の幹部たちは、先に攻撃したのは日本ではないかと疑っていた。柳条湖事件が中国側から仕掛けられたと発表されながら実は関東軍が仕掛けたものということが分かった。そこで盧溝橋事件も柳条湖事件と同じことの繰り返しではないかと疑ったのである。しかし盧溝橋事件は中国側からの発砲からはじまったものであった。

本多熊太郎著『日支事変外交観』を再び引用するが、彼は次のように語っている。

「ソビエト・ロシアは東洋に向かっては支那をして抗日戦争をやらせるべく支那の共産党に対し『汝等は抗日人民戦線の組成をやれ、蔣介石及び国民党をして日本に対して失地回復の一戦をやらせるため、要すれば国民党と一緒になれ』、こう命令したのです。これがいわゆる抗日人民戦線で、この抗日人民戦線に已むなくか已むを得てか何れかは知らないが降参してしまったのが昨年の暮の西安事件なんです。蔣介石はコミンテルンに対して自分の首を抵当に入れて日本と一戦やる、即ち抗日人民戦線の実行を引き受けたのであります。

かの盧溝橋における不法射撃も実は同地の支那軍隊ではなく共産党の手下が放ったのだという消息がある。早く日支両国を衝突させるように共産党の廻し者が現場に行って居って、日本軍の後ろから一発放ったのか、或いは少なくとも現地の支那軍隊の中には共産党と連絡ある者がやったらしい。その證拠にはあの銃声が鳴ったのは七月七日の夜である。それから彼ら軍隊の間にゴタゴタがあって、結局両軍の衝突は八日の夜明け前に行われたようであるが、共産党の首領達は早くも同じく八日の日附で国民党党部及び二十九軍に盧溝橋における衝突を機会に失地回復、抗日救国の戦争をやろうではないか、俺たちも一緒になってやるという電報を打っている。いかにも共産党幹部の出足が早過ぎる。どうしても盧溝橋第一の銃声は共産党の所為《せい》に相違ない」と。

これは当時のコミンテルンの活躍ぶりからみても当然ありうることだと筆者も考える。

それはともかく、現地の日中両軍は一度は交戦したものの四日後の十一日午後八時には停戦協定が締結されたのである。これで盧溝橋事件は一件落着のはずだった。

ところが盧溝橋事件の報告を受けた東京の軍中央（陸軍省と参謀本部）は、「この際思い切って中国を叩きつぶすべし」という強い意見が大勢を占めたのである。

七月八日盧溝橋の報が陸軍中央にもたらされた時、陸軍省軍務課長柴山兼四郎大佐は「厄介なことが起こったな」と言い、参謀本部第三課長武藤章大佐は「愉快なことが起こったね」と語ったという。陸軍中央部にはこうした分裂があった。つまり不拡大派と拡大派である。不拡大派は参謀本部第一（作戦）部長石原莞爾少将を頂点とするものであったが、不拡大派は少数であり、拡大派は多数であり大勢を占めていた。

戦争拡大に反対だった石原莞爾

参謀本部作戦部長だった石原莞爾は「不拡大」の立場だった。石原にとって何よりも重要なのは対露戦だった。石原は将来ソ連が復讐戦をするという見通しを立てていた。すべてのエネルギーをソビエトとの戦いの準備に注ぐべきだ、中国などとの戦いにエネルギーを費やすべきではないと考えていたからである。

石原は「事件を拡大させないために、これ以上の兵力を使うことを避けよ」という指示を閑院宮載仁親王参謀総長から正式に田代皖一郎支那駐屯軍司令官に電報で指令させることに成功した。しかしその後の参謀本部内では石原と拡大派の激しい論争が続き結局は拡大派の意見が通り軍隊を中国に送りこんだのである。

満州事変とは逆の有様である。満州事変では軍中央が不拡大方針をとったのを現地関東軍がはねつけて戦線を拡大した。それに対して日中戦争では現地支那駐屯軍は停戦協定を結んだのに、軍中央は拡大策に踏み切って兵を送りこんだのである。

石原莞爾は戦線不拡大のため、それこそ全身全霊であらん限りの努力をした。けれども石原が頑張れば頑張るほど彼は孤立していく。参謀本部の将官たちが「あなたが満州で行ったことを今われわれはやろうとしているのだ。今あなたに反対される理由もないし、反対する資格もない」と言われて言葉を失ったという。孤立した石原は追われるように参謀本部を去った。しかし戦争は石原が予期した通りに果てしなく続き、何の得もない大消耗戦となったのである。私はここが日本の将来を決める岐路であったと思う。軍の大勢におされて出兵したというのではあまりにもリーダーシップがなかったと思わざるを得ない。

石原莞爾について倉山満はその著『嘘だらけの日中近現代史』の中で次のように書いている。

「蒋介石の本音は抗日戦に反対で現地軍も停戦に応じています。蒋介石は『先守内後攘外』すなわちまず国内を統一し、その後に外敵を攘つというのが蒋の政策方針でした。

石原莞爾なども『満州を取った上は大陸本土に深入りする必要はなく、長期的には蒋介石政権と相提携して大陸の安定を図った方が日本の国益になる』という理由で国民政府との戦いには絶対反対だったのです。共産党など反蒋介石派が日本と蒋介石を戦わせたかったのです。それで停戦協定が結ばれたあとも、廊坊事件・広安門事件と北京周辺で日本軍への襲撃事件が続き、七月二十九日には二〇〇人以上の日本人居留民が虐殺された通州事件が発生します。女性は輪姦されたうえ四肢切断されて殺され、しかも別の兵士に死姦されるという常軌を逸した虐殺です。こうした事実が報道されるや『暴支膺懲』が合言葉になります。石原莞爾のような冷静な意見は通らなくなります」と。

通州事変

この事件は一九三七年（昭和十二）七月二十九日北京の東方にあった通州でシナ人の保安隊（冀東防共自治政府軍）による大規模な日本人虐殺事件である。殺されたのは通州の日本軍守備隊、日本人居留民（多数のコリア人を含む）の約二六〇名であり、中国兵は婦女子に至るまで、およそ人間とは思えぬような方法で日本人を惨殺した。

東京裁判において弁護団は、通州事件について外務省の公式声明を証拠として提出したが、ウエップ裁判長によって却下された。この事件に触れるとシナ事変は日本ばかりが悪いとは言えなくなってしまうという判断があったのはいうまでもない。

ただ通州事件の目撃者三人の口述書だけは受理された。あまりに残虐な内容であるけれども、その一つ元陸軍少佐の証言をあえて引用してみると次のとおりである。

「守備隊の東門を出ると、数間ごとに居留民男女の死体が横たわっていた。某飯食店では一家悉く首と両手を切断され、婦人は十四、五歳以上は全部強姦されていた。旭軒という飯食店に入ると、七、八名の女が全部裸体にされ強姦射殺され、陰部に箒を押しこんである者、口中に砂を入れてある者、腹部を縦に断ち割ってある者など見るに堪えなかった。東門の近くの池では首を電線で縛り、両手を合わせてそれに八番線を通し、一家六名数珠つなぎにして引廻した形跡歴然たる死体が浮かんでおり、池の水は真っ赤になっていた。夜半まで生存者の収容にあたり『日本人はいないか』と叫んで各戸ごとに調査すると、鼻に牛の如く針金を通された子供、片腕を切られた老婆、腹部を銃剣で刺された妊婦などが、そこここの塵箱の中やら塀の蔭から出て来た」（朝日新聞社法廷記者団「東京裁判」中巻・東京裁判刊行会）。当然ながらこうした虐殺の報は現地の日本軍兵士を激高させたし、日本にも伝わって国民のシナに対する怒りは頂点に達した。

盧溝橋事件はまったく軍同士の衝突であり、それは現地で解決をみた。ところがこの通州事件は明白な国際法違反であり、その殺し方はまったく狂気としか言いようがない。当時の日本人の反シナ感情はこの事件を抜きにして理解することはできない。

福井雄三はその著『板垣征四郎と石原莞爾』の中で次のように述べている。

「通州事変で国内世論が激高し、これを放置しておけばシナ事変は深刻な事態になるであろうことを憂慮した石原は八月はじめ近衛首相に対し、南京に乗りこんで直接蔣介石と会談することを進言した。現地の紛争が大火事になるのを未然に防ぐには両国首脳同士のトップ会談によるしかない。そのためには思い切った条件を提示すべきだ。その条件とは次のようなものである。

『日本軍は華北をはじめとするシナ全土から撤退する。治外法権をはじめとする一切の権益をシナに返還する。さらにまたシナが列強から権益を回復する運動にも日本は全面的に協力する。シナはその見返りとして満州国を正式に承認する』。まさに石原でなければ考えつかないような斬新な思い切った発想である。石原はこの会談に命をかけていた。事実日本側のこれだけの思い切った譲歩があれば蔣介石にとっても願ったりかなったりであろう。蔣介石がこれを拒否することはまずありえない。

当初近衛はこの石原案に大いに乗り気になり南京行きを決意し飛行機まで用意した。だが直前になって心変わりし蔣介石との首脳会談を取り消してしまった。この取り消しの背後には広田弘毅の意向も働いていたといわれる。事変の拡大をもくろんでいる一部の軍部の反対を抑える自信がなく彼らの反撃を恐れたのかも知れない。

近衛が蒋とのトップ会談を取り消したことを聞いて石原は激怒した。『二千年にも及ぶ皇恩を辱うして、この危機に優柔不断では、日本を滅ぼす者は近衛である』と叫んだという」。

ノモンハン事件

張鼓峰事件（満州東部満ソ国境地帯で昭和十三年に発生した国境紛争）よりもさらに大規模な戦闘に発展したソ連側の満蒙国境侵犯が昭和十四年夏のノモンハン事件である。

一般的にソ連軍の機械化部隊と戦って日本軍が完敗した事件だと言われている。ソ連は数度にわたる五ヵ年計画を達成し、革命後わずか二十年足らずで大工業国となり、その工業力を背景に近代化された火力、機械力に対して旧式の貧弱な装備の日本軍は徒手空拳で立ち向かい前代未聞の全滅状態になった、というように言われている。

しかし、日本軍が完敗したというのは果たして本当なのか。次のような報告もある。すなわちソ連崩壊後の情報公開と最新の研究により実際にはノモンハン事件は日本の勝利であったことが次第に明らかになりはじめたのである。小田洋太郎著『ノモンハン事件の真相と戦果』（有明書院）は、ノモンハン事件の戦果で日本軍がソ連軍を撃破した記録が満載されている。例えば、ソ連の死傷者は二万五、五六五名で、日本軍の死傷者一万七、四〇五名よりはるかに多い。「ソ連軍の進んだ機械化部隊」などというのも事実に反している。ソ連軍の戦車は走行射撃もできない低レベルであり、日本軍の極めて高性能の速射砲・高射砲によって片っ端から標的となり八〇〇台が破壊された。それに対して日本軍の戦車の損害は二九台である。空中戦でもソ連の戦闘機は低性能のお粗末なものであり（中には布ばり機もあった）、日本の戦闘機に比べればまったくお話にならなかった。ソ連軍の撃墜された飛行機は一、六七三機に対し、日本軍の撃墜された飛行機はその十分の一の一七九機だった。

戦闘に参加した兵力の数を比較すると、日本軍三万に対しソ連軍は二三万が参加した。読者諸氏は戦力二乗の法則というものをご存知であろうか。要塞攻防戦のような特殊なケースは別として、野戦の場合、二倍の兵数を相手に戦うときは実質的な戦力の差は、その二乗の四倍の差では
ね返ってくるのである。ノモンハンは兵力の差が十倍近くあったのだから、ソ連軍は実質的に日本軍の百倍の戦力を有していたことになる。それが日本軍より大きな損害を出したなど普通には考えられないことである。ソ連軍の兵器の質が悪かったことと、軍隊の指揮系統が滅茶苦茶だったということだろう。

日本の大本営は増援軍派遣を決定し、一〇万の精強部隊がノモンハン付近に集結した。これを見たスターリンは恐怖に震えあがった。三万にも満たない日本軍を相手に二三万のソ連の大軍がこれだけ苦戦を強いられたというのに、この上さらに一〇万の増援部隊を相手に戦えば間違いな

くソ連軍は壊滅する。

このように判断したスターリンは、ヒトラーに停戦の仲介を依頼した。その直前に調印された独ソ不可侵条約は全世界を驚かせた大ニュースであったが、これもノモンハン事件の処理に手を焼いたスターリンが早期解決をはかるべくドイツに急接近したと見るのが正しい。

ノモンハン事件でソ連軍を指揮したジューコフ将軍は、戦後にミシガン大学のハケット教授や新聞記者と対話したときのことである。

「あなたは軍人として長い生活の中でどの戦いが最も苦しかったか」という質問に対してジューコフは即座に「ノモンハン事件だ」と答えたという。

第二次上海事変

西尾幹二は次のように述べている。

「一九三七年（昭和十二）八月十三日第二次上海事変が勃発します。これは明らかに中国側から攻撃を仕掛けられた事件です。居留民保護を目的とした上海の陸戦隊四、〇〇〇人に対して蒋介石は三万人の軍勢で総攻撃を行った。それ以前の同年七月二十九日には残虐な通州事件が起こり、中国を懲らしめよとの日本国民の怒りの感情が爆発し、中国の抗日感情との対立が高まりを見せていました。

実はこの時、日本の政府は主戦派と慎重派の二つの考えが分かれ、関東軍参謀の石原莞爾はすべての居留民を引き揚げさせ、大きな戦争は避けるべきだとしていました。なぜなら石原には日本の生命線である満州を守りたいという気持ちがあったからです。満州を守ることはソ連に対する防衛でもありました。事実山東半島の青島では平和裏に日本居留民の引き揚げが完了していたのです。ところがそこへ一九三七年八月九日夕刻ですが、大山中尉射殺事件が起こる。これで日本側は出ざるを得なかった。ここが大きな分かれ目です。

ではなぜ中国側があれだけの攻撃を開始できたのか。盧溝橋事件の直後に、中ソ軍事密約が締結されて武器やその他の援助がソ連からなされ、ドイツからは七〇人の軍事顧問団が中国に入り、トーチカをはじめ膨大な数の近代兵器を提供していたからです。蔣介石は勝てるとふんだわけです。事実日本は援軍を送りましたが四万人もの死傷者を出す大被害を蒙っています。

その後は死線を突破し、南京まで日本軍が攻略し、一九三七年近衛内閣のときにトラウトマン工作が行われ、蔣介石の心はいったん乗りかかるのですが、日本側が南京まで攻略した後なので条件を高めるなどしたため和平はうまくいかず、翌年一月に近衛内閣は『蔣介石の国民政府を相手とせず』と声明を出すに至るわけです。

この時も大本営つまり日本の軍令部は長期戦を避けるために、このあたりで手を打ったほうがいいとの声が強かったのですが、日本の国内世論による『中国をやっつけろ』の大合唱が、政府と大本営をつき上げ、結果世論に煽られた政府の意見が通ってしまった。

結論を申し上げると、日中どちらも戦争をしたくなかったにもかかわらず、中国にはソ連とドイツの後ろ盾、経済的にはイギリスの後ろ盾といった三つの後ろ盾があったために勢いづいた中国が日本の和平の誘いに耳を傾けず、それがまた日本の世論の感情を激発して大きな戦争に発展してしまった」（『自ら歴史を貶《おとし》める日本人』西尾幹二等現代史研究会　徳間書房）。

当時の近衛首相は当初は「不拡大」論者で戦争を一刻も早く終わらせたいと思っており、蒋介石に直接折衝することを図った。すなわち在華紡績同業会理事長・船津辰一郎（元上海総領事）と駐支大使川越茂に中国外交部亜州局長・高宗武と「和平」の交渉を行わせようとした。

日本軍が北京を占領したのは一九三七年（昭和十二）八月八日であったが、その翌日八月九日川越大使は高宗武と会見し、「満州国」を除いて一九三三年（昭和八）の塘沽協定以前の状態に戻す、という条件の和平案を提示した。日本が華北で獲得した大部分を放棄するという思い切った譲歩案であったので高宗武は積極的な反応を示した。この提案に中核となって動いたのは石原莞爾であった。うまくいくかに見えた。しかし前述のように第二次上海事変がはじまって近衛の「和平」の試みはつぶれた。

華北攻略までは「北支事変」と呼ばれ、第二次上海事変以降は「支那事変」と改められた。「北支」が「支那」へと拡大したのである。この上海事変を境にして対支全面戦争へと突入していったのである。

上海事変の戦闘は激烈を極め、最終的な動員数は日本側一八万人、中国側三五万人、日本軍の戦死者九、一一五名、負傷者三万一、二五七名。中国側の死傷者八万三、〇〇〇名という大戦争だった。

日本軍は苦戦したが何とか勝利し、勢いにのって南京攻略を実行するのであるが、南京攻略の前にドイツのヒトラーが日中和平の仲介に立った。

トラウトマン工作

ところで第二次上海事変がはじまって三ヵ月がたった頃、なんとドイツの独裁者ヒトラーが日中戦争の仲介に入っている。近衛首相はすぐにヒトラーの提案に乗った。軍中央も同意した。ヒトラーといえば強引な武力による世界制覇を目論んだ独裁者でユダヤ民族の根絶を謀った近代史上最悪の暴力的ファシストであり、仲介とはにわかに理解しにくいが、第一次大戦で負けたドイツは中国における治外法権と山東省の利権を放棄していて、中国に軍事顧問団を送り、武器を貸与するという友好関係にあった。そして日中戦争はドイツの仮想敵国であるソ連を利するだけであると考え日中が提携してソ連を脅かすことを望んだのである。

一九三七年十月二十一日、広田弘毅外相が駐日ドイツ大使ヘルベルト・フォン・ディルクセンと会い正式に調停を頼んだ。広田がディルクセンに伝えた条件とは次の五つであった。

一、内蒙（内モンゴル）に自治政府をつくること

二、満州国境の天津から北京までの間に非武装地帯をつくること

三、上海の非武装地帯を拡大すること

四、中国側が日本や日本人を拒否するような排日政策をやめさせること

五、共同で中国の共産主義を防ぐこと

ディルクセンはこの条件ならば蒋介石が応じるだろうと判断した。そこで中国側との交渉を当時の中国駐在のオスカー・トラウトマン大使にまかせた。この和平工作は日本では「トラウトマン工作」といわれている。

一九三七年十一月五日トラウトマンは南京で蒋介石に会い日本の和平条件を伝えた。この時蒋介石はいったん日本の提案を拒絶した。なぜなら十一月三日からベルギーのブリュッセルで、日本を除いた九ヵ国条約締結国とソ連が参加して会議が開かれていた。中国はこの会議で日本に経済的な制裁を行うことを強く求めていて、この要求が通ると蒋介石は予測していた。だからトラウトマンの提案を拒否したのである。

ところが蒋介石の期待に反してブリュッセル会議での日本制裁案は成立しなかった。そのため十二月二日に蒋介石は改めてトラウトマンの調停に応じることを表明した。十二月七日ディルクセンから広田外相に正式にそのことが伝えられた。

ところが、その六日後の十二月十三日に首都南京が陥落したのである。そこで日本政府の態度は急に強気になった。そして和平条件を大巾に釣り上げた。それは中国側にとっても受け入れ難いものであった。

日本は首都南京を陥して調子に乗り過ぎた。この辺で和平交渉する絶好のチャンスだった。十二月二日に蒋介石が改めて調停に応じると表明したのだから、ここで条件を吊り上げるようなことをせず最初の政府案で交渉すればあるいは和平の見込みは大いにあったのではないかと思うと、この時の政府の対応をみると本気で和平の気持ちがあったのかと疑いたくなる。かつての日露戦争の時、日本海海戦に勝利すると直ちにルーズベルト大統領の仲介による和平交渉に入ったではないか。この過去の経験を生かせなかったことを残念に思う。

「国民政府を相手とせず」声明

蒋介石は日本軍が入城する前にすでに南京を捨てて重慶に逃げていた。日本の軍部は「南京を捨てて重慶に逃げた蔣介石の国民政府はもはや地方政府で和平交渉の相手ではない」として、一九三八年（昭和十三）一月十六日、日本はトラウトマン工作を打ち切り、そして同日近衛首相は「国民政府を相手とせず」の声明を出したのである。北岡伸一はこの声明を「昭和政治史の最大の愚行の一つ」と決めつけている。それはそうであろう、何しろ交渉相手を自ら断ってしまったのだから。

このあとは中国全土にわたって戦線は拡大され一九三八年五月徐州を、同年十月広東・武漢を占領するなど、どんどん拡大しどろ沼に入っていくのである。こうして日中戦争を継続しながらやがて太平洋戦争へとつながっていくのである。

支那事変に大義はなかった

一体支那と戦争をするなんて、どこに大義名分があるというのか。盧溝橋で偶発的な小競合が生じたからといって、これを千載一遇のチャンスだととらえ、これを機に一発ガンと叩けば支那などすぐに降伏するなどという支那を馬鹿にした、あるいは甘く見た考えで軍隊を送った。実際に杉山陸相は天皇の問いに対して「事変は一ヵ月位で片付けます」と答えていた。現地では停戦協定が結ばれたというのに、陸軍中央はやれやれとばかり軍隊を送って北支事変となり、あとはお互いの面子《メンツ》から上海事変、支那事変、大東亜戦争とつながっていってしまった。

支那事変は起こさなければよかったのである。支那事変を起こさなければならない大義名分はなかった。

一九二七年（昭和二）十一月五日蒋介石は来日した。それは北伐完成の前に列強との調和の必要を感じて日本の要人と意見調整をはかることが必要と考えて来日したのである。訪日中蒋介石は田中義一首相・森格外務政務次官・頭山満などと面会した。十一月五日の田中義一首相との会談録によれば、田中首相が、長江以南をまとめ共産党をおさえるのは蒋の外なしと述べ、なお北伐はあせることなく自己の地盤を堅実にせられたいと要望したのに対し、蒋介石は全然同感なりと答えたという。また新聞記者に対しては、満州における日本の政治的ならびに経済的権益の重要性を無視することはないとも語った。

また一九二八年（昭和三）五月三日済南事件の前の同年三月六日、蒋介石は南京で日本新聞記者団を招待し「日本はわが国と最も休戚（喜びと悲しみ）の深い国であり、中国国民党と日本との友誼も最も久しい。総理（孫文）が日本で同盟会を組織して以来の関係は、世人のすべてが知るところである。故にわれわれは日本が友邦のなかにあって、最もよく国民革命の意義を了解し、革命を妨害せず革命の完成の日の早きことを願っているものと確信している」と語っている。

また一九三二年（昭和七）十二月一日国民政府は洛陽から南京に帰還した。そして同月十五日から二十三日まで第四期三中全会が開かれ、蒋介石は「安内攘外」の考えを明らかにした。つまり「国内を安定にして後に外敵を攘《う》つ」という方針を示したのである。つまり当面は共産党討伐をして国内を安定させることを第一とし、日本に対することは将来の問題とするとしたのである。

また石原莞爾には前に述べたように、東亜連盟の構想があり、それは日本将来の国防の基礎は東亜民族の提携であり、東亜民族の提携はまず日支両民族が協調の実をあげることが先決だとして、東亜大同の思想即ち東亜連盟論を主張しており、この石原の東亜連盟構想に対して蒋介石は「石原大佐の意見には国民党の幹部は全面的に賛成する」と答えたのである。それは一九三六年（昭和十一）十一月のことであった。

また一九三七年（昭和十二）六月四日近衛文麿内閣が誕生するのであるが、近衛首相には「昭和研究会」というブレーン集団があり、昭和研究会は日中戦争に反対であった。日本が一番恐るべき相手はソ連であり、中国とは協調関係を持つべきだ、というのが近衛の持論であった。

盧溝橋事件のはじまる前の日支関係は以上のような情勢にあったのである。従って東亜連盟の理念のもとに蒋介石とうまくやろうとすれば恐らくできたであろう。この東亜連盟論の大きな視点に立てず、いたずらに狭量な見識と、時局を読めない近視眼的な政策をとって、軍隊を出動させなくてもいいのに出動させ、戦争へと拡大させた軍部（陸軍）の責任は重いと言わざるを得ない。いや陸軍ばかりではない内閣も然りである。いくら明治憲法の制約があるからといって、これ（支那事変）を止めることが出来なかったのか。日清・日露戦争当時には元老がいて憲法上の制約もうまく調整してやってきたではないか。

軍部に引きずられて戦争へと走った政府の責任は重い、結局事変を止める強いリーダーがいなかったということか。

第十二章　大東亜戦争（太平洋戦争）

日本は開戦直後の一九四一年（昭和十六）十二月十日、大本営政府連絡会議において「今次の対米英戦争及び今後情勢の推移に伴い生起すべき戦争は、支那事変を含めて大東亜戦争と呼称する」ことを決定した。太平洋戦争とは現在一般に使われているこの戦争の呼び名であるが、戦時中わが国では大東亜戦争と呼んでいて、私にとってはなじみ深い呼称なのである。大本営政府連絡会議とは陸海軍と内閣の相互調整・連絡を密にするために戦時において設けられたものである。

近衛内閣の誕生

一九三七年（昭和十二）六月四日近衛文麿内閣が誕生する。このとき近衛は四十五歳、五摂家（公家で最高位の五家）の筆頭、つまり天皇につぐ名門の出である。当時近衛の人気は異様に高く、国民はもちろん、メディアも政党も右翼も左翼も軍部までそろって新首相を歓迎した。

当時の近衛首相には「昭和研究会」というブレーン集団があった。昭和研究会は日中戦争に反対であった。日本が一番怒るべき相手はソ連であり、ソ連との対応を考えれば中国とは協調関係を持つべきだというのが昭和研究会の考え方だった。

ところが近衛が首相になって一ヵ月余いきなり盧溝橋事件が起き支那事変がはじまってしまったのである。この事件については前述したようにこの際一気に中国を叩いてしまえといった勢力が強く、現地では停戦協定が結ばれたにもかかわらず、陸軍中央部（陸軍省と参謀本部）は軍隊を中国に送り出したのである。近衛はなぜ軍隊を止められなかったのだろうか。石原莞爾参謀本部作戦部長は不拡大を強力に主張していたし、近衛のブレーンの研究会も日中戦争に反対だったというのに、なぜ近衛は自分の意思に反して支那に軍を派遣したのだろうか、なぜ止めることができなかったのか不思議に思うのである。それは軍の作戦については内閣総理大臣といえども口出しができない、この明治憲法の欠陥の故に反対できなかったのである。しかしこれは作戦に関してのことであり、兵を出す出さないという問題は政治に関する問題である。にもかかわらず口出しできないというのは一体どうしたことなのか。一国の興亡に関することを内閣が一致して兵を出さないと決められなかったことはリーダーシップをとる人がいなかったからと思う外ないのである。

この辺の事情を北岡伸一はその著『日本の近代5　政党から軍部へ』の中で次のように述べている。

「参謀本部は七月八日拡大防止のため進んで兵を使うことを避けよと命じている。積極的だったのは日本では関東軍、中国では共産党だった。七月九日杉山陸相が三個師団の出兵を提案した。しかし米内海相・近衛首相は不拡大、局地解決を唱えて反対して陸相は派兵案を撤回した。

しかし七月十日参謀本部は派兵案を決定する。それは朝鮮軍及び関東軍から各一個師団、内地から三個師団を基幹とする派兵案だった。当時参謀本部で力を持っていたのは石原第一部長だった。そして石原は対ソ軍備増強に専念する立場から派兵に反対だった。第二課長の河辺虎四郎もそれに同意であった。しかし第一部の中でも第二（作戦）課長の武藤章は派兵論者だった。

元来現地の日本軍は五、〇〇〇であるのに対し、華北一帯の中国軍は四〇万近かった。さらに国民党政府が中央軍四個師団を北上させる決定をしたことが伝えられた。下手をすると劣勢な日本軍が殲滅されることも予想され、現地の在留邦人一万二、〇〇〇名の安全も危なくなることが考えられた。

そこで石原は派兵を決断し、十日の夜杉山陸相も十一日に臨時閣議を開いて派兵を決定したいと書記官長に要請した。連絡を受けた近衛首相が全閣僚に閣議開催を伝えたのは午前三時だったという。

ところが十一日の朝石原は近衛を私邸に訪ね陸軍の派兵を否決してほしいと申し入れた。これは異常なことだ。陸軍省からも同じような動きがあった。すなわち広田外相に派兵案を阻止するよう要請したのである。十一時半、五相会議（総理・陸軍・海軍・大蔵・外務）が開かれ派兵案が議論された。杉山陸相は派兵を主張、米内海相は反対した。結局『あくまで事件不拡大、現地解決を強調する』、『動員後も派兵の必要がなくなったならば直ちにこれを中止する』という条件付で派兵を決定した。

天皇はこの決定に消極的だったが結局裁可した。近衛はもし派兵を否定すれば陸相が辞任する。そうなれば内閣も総辞職になる。そのあと軍を押さえつける人物があるとも思えない、という理由で派兵を承認し、天皇もこの説明を受け入れたというのであった」。

私はここで近衛が断乎不拡大を主張して派兵を止めるべきだった。悲しいかな近衛にこの勇気がなかったのだ、と思う。

東亜新秩序の建設

田原総一朗はその著『誰も書かなかった日本の戦争』の中で次のように述べている。

「昭和研究会は、大きな脅威であるソ連に対抗するため、中国をパートナーとして協力し合うというテーマを持っていました。ところがその中国と戦争をはじめしかもどんどん拡大している。いったい日中戦争とは何のための戦争なのか、何のために戦っているのか昭和研究会の誰もがそのことが分からなくなったのです。今まさに戦っている戦争の意味を近衛首相の最大のブレーンである昭和研究会が分からなくなったというのです。当然首相自身も分からないというわけです。

総理自身がなぜこの戦争を戦っているのか、どういう戦争なのかをまったく理解できていない。そして昭和研究会が日中戦争の〝再定義〟としてむりやりつくり上げたのが「東亜新秩序の建設」

というものでした。つまり戦争をする意味づけの理屈を戦いながらも無理矢理につけていく、泥なわ式というか後から正当化する理屈をつけていくやり方です」。

もともと大義名分もなく、将来の見通しも政略もなく行き当たりばったりにはじめた戦争だからこういうことになるのである。

以前（昭和十三年一月十六日）近衛は「国民政府を相手とせず」声明を発して折角の対支和平交渉の相手を自ら無くしてしまったが、今回の「東亜新秩序建設」声明は、対支戦の性格を明確にするため後づけながら発表したものである。もともと日本には明治以来対米英協調主義と大アジア主義という二つの思想の潮流があったのである。

門戸開放をめぐる日米の相克

一九三八年（昭和十三）は、支那事変拡大につれて当然ながら在華米国権益の損害が増え、門戸開放主義をめぐる日米の対立が表面化するに至った年と言えよう。

わが国遂に「門戸開放主義」を否認す

昭和十三年秋、わが軍は漢口・南支両作戦を進め、作戦の必要から揚子江及び珠江を封鎖した結果、第三国の権益をめぐる軋轢は避け難い状態になった。日本が事実上交戦状態にある以上米英の在支権益との抵触事例が急増したのは致し方のないことである。

このような状況下にある中、十月六日ハル国務長官は頗る長文の覚書を日本に突きつけてきた。それは日本軍占領地域において差別的な為替管理、専断的な関税改正が行われ、また特殊会社の設立で門戸開放主義が破壊され、米国民から機会均等主義が剥奪されているとしてわが国を非難するものであった。

これに対して有田八郎外相は十一月十八日長文をもって回答した。それは米国の非難を逐一反駁したものであるが、この回答の中心思想は「目下東亜で大規模な軍事行動が行われつつあるが故に、時として米国権益尊重に支障が生ずるのは已むを得ぬと論じ、今や東亜の天地において新たなる情勢（支那事変をさす）の展開しつつある秋《とき》にあたり、事変前の事態に適用していた原則（門戸開放をさす）を以てそのまま現在及び今後の事態を律せんとすることは何等当面の問題の解決をもたらす所以にあらざることを信ずる次第云々」と述べた条《くだり》であった。要するに支那事変という非常事態においては、門戸開放主義といった観念的原則を文字通り遵守することはできないと主張したわけであり、それは即ち九ヵ国条約とワシントン体制そのものを公式に否認したに等しいものであった（中村粲著『大東亜戦争への道』展転社）。

ブロック経済が強制した「新秩序」

この東亜新秩序声明と有田外相の対米回答が米国に強い衝撃を与えたことは間違いなく、日米の対立は妥協の極めて困難な段階に入った。

有田外相は十二月十九日東京の外国特派員に対して声明を発表し、「日満支ブロックは共産主義に対する防衛として政治的に必要であり、また世界が経済的自給自足に向かって関税障壁をますます高くしている現状では経済的にも必要であること、（中略）新秩序は決して欧米諸国の経済活動を東亜から排除することを目的とするものではない」ことなどを強調した。

また有田は「世界各国は自分の都合次第でいつでも経済障壁を設けることができる。これでは相手に生殺与奪の権を握られているに等しいのであるから、日本も最小限度の自給自足圏の確立が必要であると考えるようになった。国際情勢の変化は私としては日満支の経済ブロックの必要を感ぜしめ、またそのためには九ヵ国条約にいう門戸開放・機会均等をそのまま無条件に認めることはできないと考えせしめるに至った」と述懐している。

わが国にとって東亜新秩序とは何だったのか。これこそわが日本の自存自衛と深く関わりながら、大アジア主義実現へ向けて第一歩を踏み出さんとする構想で、その中にはいわば明治以来の歴史的課題解決への期待―明確に意識されてはいなかったにせよ―が込められているといえるのである。やがて情勢の変化とともに南方諸地域を包含するまでにこの構想を拡大したのが「大東亜共栄圏」の思想であったと考えてよい（前掲書）。

防共協定強化問題

日独防共協定については すでに一九三六年（昭和十一）十一月二十五日調印されている。当時はコミンテルンによる赤化工作が洋の東西に展開される厳しい国際状況においては、日本の進路の方向づけとして、反共・反ソ政策の強化を選択し、その目的のためにドイツとの提携を望む声が外務省内部にも存在していたのである。

一九三九年（昭和十四）一月六日ドイツは同盟締結を正式に提案してきた。それは第三国からの攻撃に対する相互武力援助義務を規定した三国同盟案（日・独・伊）であった。これに対して陸軍は好意的であったが、海軍は反対であった。

ときにドイツの同盟締結提案の二日前一月四日近衛は辞表を提出し、翌日平沼騏一郎内閣成立、外相有田八郎であった。清沢洌はこの政変を次のように皮肉っている。

「およそ内閣の交替は、首相の病気か、政策の行き詰まりか、気まぐれしかない。しかし近衛は無任所で内閣に残ったのだから病気ではないらしい。政策も継承されるから政策の行き詰まりでもないらしい。それは気まぐれとでもいうしかないだろう」と。

平沼は元来反英米以上に反共であった。全体主義的統制には消極的であった。西園寺は近衛から後継に平沼をという提案に、全体主義が進む中で、西園寺にとっても平沼は外交における防波堤的役割を果たし得る存在であった。それで西園寺は外交における英米重視だけを条件として近衛の案を諒承し、平沼もこれを受けて首相となったのである。そういうわけで平沼はドイツとの接近に反対で、防共協定はソ連のみを対象とするものに限ると考えていた。有田もその意見を確認して外相に就任していた。

しかしドイツからの要請と陸軍の主張に歩みより、協定の対象に英仏を加えるが、その場合は政治・経済的援助だけにして軍事的援助を与えるかどうかは情況によるということで陸軍を納得させようとした。一月十九日の五相会議はこれを秘密諒解事項にすることで合意した。

ところがドイツ駐在の大島浩大使と、イタリア駐在の白鳥敏夫大使は、この内容を不満として三月四日連名で秘密諒解事項の削除を提案してくる有様であった。そこで三月二十五日の五相会議はさらに陸軍に譲歩して一月十九日案を伝えてもドイツが応じないときには、原則的にはソ連以外の場合にも武力行使を認めることにした。

ところが、この方針を三月二十五日に独伊に打電したところ、両大使は原案（一月十九日の秘密諒解事項）を伝えず、最初から三月二十五日案の方を伝え、万一ヨーロッパに戦争が勃発した場合日本は独伊の側に立って参戦するかどうかをイタリアのチアノ外相に聞かれた白鳥大使は、ドイツのリッベントロップ外相に同じことを聞かれた大島大使とともにもちろん参戦すると答えた。

これは有田外相を仰天させたし、天皇も大権無視ではないかと述べた。四月八日の五相会議で有田はこれを取り消させようとしたが陸相の反対でできず、また大使更迭もできなかった。この時期陸軍のドイツ接近は政府秩序をはなはだしく歪めてまで推し進められたのである。その後防共協定問題は進展しなかった。

天津英租界の封鎖

支那事変の拡大とともに支那における日英間の軋轢も増大した。一九三九年（昭和十四）四月、中華民国臨時政府によって新たに任命された海関監督程錫庚《ていしゃくこう》が天津の英租界で暗殺される事件が発生、その犯人の引渡しを英国側が拒否したため、わが現地軍は六月十四日から英租界を封鎖する事態となった（天津の英仏租界は藍衣社やC・C団など国民党特殊工作機関及び共産党抗日分子の陰れ処となっていた）。この背景には支那事変勃発以来、英国が陰に陽に支那を援護し日本を過度に非難する傾向があり、それがわが作戦に多大の不利を与え、わが軍の対英感情も相当悪化していた事情があった。

この天津租界封鎖をめぐって、七月に入り有田・クレーギー会談が開かれた結果、英国側が支那における日支交戦の現実を承認し、日本軍に対する利敵行為を排除する必要を認める旨の協定が成立してこの問題は解決した。

日米通商航海条約を一方的に廃棄

だが天津問題での英国の対日宥和姿勢に不満を持つ米国は有田・クレーギー協定成立の四日後の一九三九年（昭和十四）七月二十六日突如一九一一年（明治四十四）二月二十一日に締結した日米新通商航海条約の廃棄を通告してきた。支那事変勃発以後、原油・精銅・機械類・飛行機生産原料・屑鉄などの生産財が輸入総額の四割を占め、米国をその主要供給源としていたわが国にとっては重大な衝撃であった。何となれば右条約廃棄後はいつでも好む時に、対日貿易を制限あるいは停止できるからである。支那はもちろんこの事態を歓迎した。

米国政府が太平洋において日本と対決する姿勢を明確にしたのもこの時期と考えてよいだろう。すなわち一九四〇年（昭和十五）五月、ルーズベルトは米主力艦隊を突如大西洋からハワイへ移駐させたが、これは対日経済圧迫強化に備えての布石と考えるほかなかった。

米国はまたフィリピンの海空軍を増強した上六〇〇件に上ると称する在支米人権益の侵害事件

の解決をわが国に迫ってくるなど、米国政府の対日姿勢は一段と強硬の度を加えたのである。

第二次世界大戦の勃発

一九三九年（昭和十四）八月二十三日、ソ連と不可侵条約を結んだドイツは、同年九月一日ポーランド侵攻を開始した。ポーランドと相互援助条約を結んでいた英・仏は同年九月三日ドイツに宣戦布告をしてここに第二次世界大戦がはじまった。

軍を恐れる阿部内閣

一九三九年八月二十八日平沼内閣は独ソ不可侵条約締結をみて「欧州情勢複雑怪奇」の言葉を残して総辞職し、その二日後八月三十日阿部信行内閣となった。

阿部内閣は国家総動員法（昭和十三年近衛内閣のとき公布）の全面的発動を公布し、工場、事業場、物資等の管理・使用・収用規定が発動され、利潤の統制もはじめられた。ところがこの年西日本と朝鮮で旱害があり、特に本土への米の供給基地の観があった朝鮮の不作は大きな打撃であった。また異常な渇水によって電力も逼迫し民需産業はもちろん軍需産業まで麻痺状態になった。そんな中で陸軍は軍備充実四ヵ年計画を立てた。

こうした状態で議会がはじまると、阿部内閣に対して不信任案を提出する動きが高まっていった。これに対し阿部は解散・総選挙も考えたが、選挙を実施すると反戦世論が高まることを軍は危惧した。それ故阿部は解散できず総辞職に追い込まれたのである。

なぜ阿部は軍に気がねをしなければならなかったのか。それは昭和七年には五・一五事件で当時の犬養首相が軍人により殺害された。昭和十一年には二・二六事件で鈴木貫太郎侍従長は重傷を負い、渡辺錠太郎教育総官、高橋是清大蔵大臣、斉藤実内大臣が殺害され、岡田首相は秘書が岡田と見間違いされて射殺され岡田は難を逃れたということが続いた。政治家はテロの恐怖におびえるようになった。その結果軍隊という武力がものをいう政治となり、政府は軍部を統制する力を失っていた。私はこうしたことがその（総辞職の）基底にあったのだと思う。私事にわたって恐縮ですが私の曾祖父は犬養首相殺害当時衆議院議員であったが、後年少年の私に「軍人が政治にかかわってはいけない」と言ったことを今思い出すのである。

軍部の横暴内閣を倒す

一九四〇年（昭和十五）一月十六日米内光政が阿部に代って首相となる。この頃のヨーロッパにおける戦争はどうであったか。

一九四〇年四月九日ドイツ軍はデンマークとノルウェーに電撃的に侵入、五月十日ドイツ軍は北フランス、オランダ、ベルギー、ルクセンブルクに侵入してフランスが誇るマジノ要塞線を突破して英仏軍に決定的な打撃を与えた。イギリスではチェンバレン内閣が崩壊し、六月十四日ドイツ軍はパリに無血入場した。六月十日にはイタリアもドイツ側に立って参戦した。オランダとフランスの降伏によって蘭印及び仏印がオランダ・フランスの勢力の空白地帯となって浮上してきた。それはちょうどアメリカとの対立がようやく厳しくなって資源の不足を日本は痛感しはじめた頃だった。日本は蘭印・仏印の空白地帯に目をつけた。日本の圧力で仏印は六月十七日武器弾薬やトラック・ガソリンを仏印経由で重慶の蔣介石政府に送ることを禁止し、仏印は禁輸を監視する日本軍事専門家の派遣をも承諾し、援蔣ルートのうち仏印ルートは消滅することになった。また日本はイギリスの窮状につけこんで六月二十四日ビルマ経由の武器輸送の停止を要求し、イギリスは三ヵ月間ビルマ・ルートを閉鎖することに同意した。

しかし米内内閣は慎重であった。有田外相が六月二十九日にラジオ放送を行ったが、枢軸強化（ドイツ・イタリア陣営への積極的参加）問題に触れなかったことに対し、それを須磨弥吉郎情報部長が意図的に削除したのではないか、と憲兵隊が疑って須磨から事情聴取するということが起こった。陸軍の横暴は外務省高官の職務執行にまで及んだのである。

七月三日陸軍の省部（陸軍省と参謀本部）首脳会議は南方武力進出を決意した。そして参謀本部中堅層は、参謀総長名で畑陸相に「挙国強力内閣」を要求し、陸軍大臣の善処を要望した。それはつまり倒閣の要請であった。

第二次近衛内閣成立

米内内閣のあと一九四〇年（昭和十五）七月二十二日近衛内閣となり、近衛は陸軍大臣に東条英機、外務大臣に松岡洋右を選んだ。

第二次近衛内閣の基本方針は、三国同盟、南進、日ソ中立条約であった。世論は三国同盟を賛美した。東京朝日新聞は「国際史上画期的の出来事として誠に欣快に堪えない」と称えている。

北部仏印進駐と米の対日禁輸強化

欧州戦争が独軍有利に展開し、六月中旬フランスがドイツに降伏するや、日本は松岡外相とアンリ駐日フランス大使の間に交渉が行われ、一九四〇年八月三十日両者間に協定が成立して日本軍の北部仏印進駐がはじまった。

これに対してハル国務長官は「現状を破壊しかつ威力により達成された行為は認めず」と日仏

協定不承認声明を出した上、九月二十六日はすでに実施されていた屑鉄の輸出許可制を一歩進めて、十月十六日以降全等級の屑鉄・屑銅の対日輸出を禁止する方針を発表した。

日本より早く英・米・ソも他国へ進駐

さて東京裁判以来この北部仏印進駐を日本の侵略行為と論ずるのが定説であるが、英米両国でさえ他国に同様の軍事進駐を行っていた事実がある。

ノルウェーとデンマークが独軍に占領されるや、これら両国の属領たるアイスランドとグリーンランドがドイツの手に陥るのを予防するため、英国は機先を制して五月には二万の兵力をもってアイスランドを占領し、同島のノルウェー自治政府はこれを承認した。わが軍の北部仏印進駐の実に四ヵ月前のことであった。一方グリーンランドには自治政府がなかったので合法的な進駐は困難であった。だが大西洋でドイツの潜水艦の活動が活溌になると、米国は一九四一年（昭和十六）四月、駐米デンマーク公使との間にグリーンランドに空軍基地を設定する協定を結んだ。デンマーク本国政府は直ちに右協定を取り消し、公使の召還命令を発したが、米国は意に介せずグリーンランドに基地を設定した。日本の南部仏印進駐三ヵ月前のことだった。

また同年五月アイスランドが独立を宣言するや、その承認の下に米軍は英国に代わって米軍を同島に進駐させた。かかる英米の他国への軍事進駐を不問にし、わが国の仏印進駐のみ侵略と非難するのははなはだ不公正というほかない。

東京裁判でブレークニー弁護人は、日本を不戦条約違反の罪に問うならば戦勝国にも同様に不戦条約違反があったとして、ポーランド、バルト三国、フィンランド、ルーマニア及びイランに対するソ連の侵略、英国のアイスランド侵入、米国のアイスランドとグリーンランド進駐、豪州とオランダによるチモール島占領等の侵略行為を立証する文書を提出したが、ウエッブ裁判長は東京裁判は日本の侵略戦争以外の戦争を裁く権限はないと却下した。「同じ行為をしておりながら日本は有罪とされ、他の国々は無罪であるとするのは裁判基準が二つあることになる」とブレークニー弁護人は東京裁判のダブル・スタンダードを鋭く批判したのであったか、結局、ソ連・米・英など戦勝五ヵ国の侵略行為は裁判に関連なしとして、それらに関する弁護側の証拠は却下されてしまった（中村粲著『大東亜戦争への道』展転社）。

日独伊三国同盟

松岡外相はトップクラスのアメリカ通であり、悪化していた日米関係改善のため第二次近衛内閣の外務大臣に起用された。しかしなぜか松岡はアメリカを嫌っており、日独伊三国同盟に熱心でこれを成立させたのである。

この日独伊三国同盟には、英米との関係を重視する天皇や元老の西園寺公望さえも強く反対していた。

松岡が三国同盟を結ぶ前に、一九三九年八月二十三日独ソ不可侵条約が成立していた。松岡は日独伊三国同盟にソ連を入れた四国同盟が実現すればユーラシア大陸は完全にこの四国によって押さえられるはずだ。ドイツと戦っているアメリカは完全に孤立するはずだ。その時アジアにあるイギリス・フランス・オランダの植民地は日本が統治することになり、アメリカは孤立して手も足も出ないだろうと考えた。だがこの松岡の構想が実現するためには二つの前提が必要となる。それはイギリスがドイツに降伏することと、ドイツとソ連の関係が悪化しないことであった。

三国同盟は一九四〇年九月二十七日ベルリンで来栖駐独大使・リッベントロップ独外相・チアノ伊外相の間で調印された。この三国同盟のあとイギリスは北部仏印進駐と三国同盟締結を理由として、ビルマ・ルートの一時閉鎖協定を更新することを拒否し、十月八日より公然とビルマ・ルートによる援蒋物資輸送を再開した。

日米交渉はじまる

この交渉の経緯については田原総一朗著『日本の戦争』を引用して書くと次のようである。

日米交渉にまずやって来たのは、なんとアメリカ人宣教師だった。一九四〇年十一月二十四日アメリカからフランクリン・ルーズベルト大統領の信頼するカトリックのジェイムス・ウォルシュ司教と、ジェイムス・ドラウト神父の二人の伝導師が日本にやってきた。来日の目的は大蔵省出身で産業組合中央金庫の理事長井川忠雄に会い、悪化している日米関係を改善しようというのである。

井川は二人を武藤章軍務局長や松岡外相に会わせた。二人が武藤や松岡とどんな話しをしたかの記録はない。ただ戦後の極東軍事裁判でウォルシュが武藤の弁護のために提出した宣誓口述書に会議の模様が示されている。

ウォルシュによると、松岡は二人に「日本政府が和平協定の交渉を望んでいる旨をワシントンに伝えて欲しい」と頼んだということである。もっとも和平協定の具体的な条件などについては明白な態度を示さなかったようだ。

しかしウォルシュは他の官僚やスポークスマンなどから、日本政府が和平協定を結ぶ基本的な条件としてつぎの二条件を提示していると聞いたと述べている。第一に日本は日独伊三国同盟をある程度無効にすること、第二に日本は中国から全軍隊を撤収すること。また武藤章も「私はもちろん、日本陸軍は一致して日米和平協定に達するために努力する」とウォルシュ・ドラウトの二人に語ったと述べている。

しかし中国からの日本軍の撤退は、日米交渉を最後までこじらせた重要問題である。武藤や松岡がそんな条件を口にするはずはない。ウォルシュの口述が嘘でないとすれば、二人は明らかに重大な誤解をしていたことになる。

ウォルシュとドラウトはアメリカに帰国すると、ハル国務長官、ルーズベルト大統領に会いこの二条件を柱にした覚書を提出する。それはあくまでも二人のそれも重大な誤解に基づいた覚書であったが、二人は何とそれを「日本提案」であるかのようなかたちで提出したのであった。ハルはかなり疑心暗鬼であったが、大統領は前向きに受け取ったようだ。ウォルシュは「アメリカ政府は好意的な反応を示している」と井川に連絡してきた。

「日本が中国から全軍隊を撤収する」というウォルシュの誤解が実は大変な事態を招くことになった。二人からの連絡に気をよくした井川は一九四一年（昭和十六）二月十三日アメリカに渡り、自分の手で日米交渉をまとめあげようとした。しかしこの渡米は何の根拠もない個人的な行為であった。

ところが井川を迎えたウォルシュとドラウトは郵政長官のウォーカーにまるで近衛首相から交渉権限を与えられた全権大使であるかのように紹介するのである。ウォーカーもそれを信じてルーズベルト大統領に覚書の形で「全権大使」と説明した。

一方正式の駐米大使である野村吉三郎は、井川が日本を立つ直前二月十一日にワシントンに着任している。野村を駐米大使に起用したのは松岡外相である。ハルは井川を相手とせず、松岡も野村に「井川を相手にするな」とわざわざワシントンに連絡してきたが、肝心の野村は井川を信用してしまった。

三月八日井川がウォーカーを使って野村・ハル会談を実現させ、三月十四日には野村・ルーズベルト会談が行われた。ルーズベルトは野村に日本が中国に対して門戸開放・機会均等などの原則を侵犯していること、ヒトラーの世界制覇の野望に手を貸すのではないか、さらに南方進出を図っているのではないか、という強い不満と懸念を示した。

この時期井川はドラウトとさらに駐米大使館付の岩畔豪雄《いわぐろひでお》（大佐・陸軍省軍事課長）が加わって「日米諒解案」といわれる日米協定案づくりをしていた。野村はそれを承諾していた。その中の重要な内容をあげると、まず三国同盟については日本の軍事的なかかわりを出来るだけ制限する。また日中問題については次の条件が整えば、アメリカ大統領は蒋介石に和平を勧告する、となっている。その条件とは

一、中国の独立
二、日中間に成立すべき協定に基づいて日本軍の中国からの撤退
三、中国領土非併合
四、非賠償
五、蒋政権と汪（兆銘）政権の合流

六、中国領土への大量移民の自制
七、満州国の承認
さらに日本が武力で南方に進出しない限り石油・ゴム・錫・ニッケルなどの物資獲得にアメリカが協力する、とあり、最後に日米首脳がハワイのホノルルで直接交渉するとはっきり記されていた。

この「日米諒解案」をめぐって四月十六日野村・ハル会談が行われ、野村は会談でハルが諒解案を受け入れ、アメリカが正式に交渉のテーブルにつくものと受けとめ、そのように日本に電報を打った。しかしハルの受けとめ方は野村と大きく食い違っていた。そしてハルは「ハル四原則」なる文書を手渡し、日本が一項でも同意しなければアメリカは交渉をやめると念押しをしたということだ。

ハル四原則とは
一、各国の領土保全と主権尊重
二、他国への内政不干渉
三、通商上の機会均等を含む平等の原則
四、平和手段によるほか、太平洋の現状を変更しないこと
一、は明らかに日本軍の中国からの撤退

二、は蔣介石に代る新しい政権にしようとしている汪兆銘工作の全面的否定
四、は日本の武力南方進入の全面的否定であった。
野村の受けとめ方と、ハルの四原則はこんなにもかけ離れたものだった。

ところが野村はいわば日本側のアメリカへの提案である「日米諒解案」をアメリカからの提案と誤解を生むような説明を添え、しかも「ハル四原則」は自分の手元に留めておいて日本政府には報せなかった。……とここまで書いてきたが私はふとためらう。ハルの「話」と野村の受け取り方に差異があり過ぎではないか。ハルがそれ程厳しい念押しをしていたなら、野村といえども「アメリカ政府が正式に交渉のテーブルにつく」といった楽天的な打電をしなかっただろうし、「ハル四原則」を手元に留めて置くなどということもなかったはずである。少なくともこの時点ではハルは諒解案レベルではじめるのならば、妥結を願ったか否かはともかく日米交渉をつづけてもよい、と考えていたのではないだろうか。

さて、野村の電報を受け取った日本政府は近衛をはじめ東条陸相も大いに喜んだ。近衛はすぐに日米諒解案を大本営政府連絡会議にかけたが、陸軍も海軍もまったく異存はなかった。

一方松岡は四月二十一日に帰国した。彼はヒトラーに歓迎され、スターリンと日ソ中立条約を結び、四国同盟に大きく前進したと自信満々で帰国した。さらに彼はモスクワで駐ソ米国大使ローレンス・スタインハートと接触して日米交渉に関してぬかりなく準備を整えたつもりになってい

た。

松岡の到着を待って大本営政府連絡会議が開かれ、日米諒解案が出された。しかし松岡はそれがスタインハートの話ではないと分かるや突如不機嫌になり、その場を去ってしまった。やっと大本営政府連絡会議が開かれたのは五月三日であった。

松岡はヨーロッパ戦争が近い将来独伊の勝利に終わると断言し、「四国同盟の実現は極めて高い。アメリカに妥協する必要はまったくない」と強調した。そして強引に日米諒解案の修正案なるものを作成した。

松岡が作成した修正案の内容は

第一に三国同盟の厳守、その上「アメリカはヨーロッパ戦争に参加しないこと」。第二に支那事変についてアメリカは事実上認めて「速やかに蒋介石に対して和平を進めるよう勧告すること」。第三に南方進出についても「武力を使わず」とあったのを全面的に削ってしまった。さらにホノルルでの日米首脳会談まで削ってしまった。こんな修正案ではアメリカが納得するはずはありません。

こうして野村は五月十二日修正案をハルに手渡した。ハルが野村に修正案に対する回答書を手渡したのは六月二十一日修正案は全面的に否定。しかもハルは野村に「日本政府の有力な地位にある政治指導者の中にはナチス・ドイツとその征服政策を強く支持するものがいる。日本の世論をそのように動かそうとしているなら、この提案は実現の方向には向かっていかないだろう」というオーラル・ステートメント（口述書）をつけて渡した。松岡は当然激怒した。

アメリカが回答書を野村に渡した翌日一九四一年六月二十二日何とドイツは独ソ不可侵条約を無視して、突如三〇〇万のドイツ軍がソ連に侵攻し独ソ戦がはじまったのである。

第三次近衛内閣成立―南部仏印進駐

独ソ戦が勃発すると松岡外相は単独で天皇に会い「同盟国であるドイツとともに直ちにソ連を討つべし」と進言した。

六月二十四日激怒している松岡をさらに激怒させる電文が届いた。発信者は野村吉三郎駐米大使だった。野村は「日米諒解案」が実は野村たちの私的提案だったこと、さらにハルの「四原則」があったことを報せてきたのである。松岡は怒って「日米交渉を直ちに打ち切るべし」といい、さらに「対米戦争も辞せず」と過激な意見をぶちあげ支離滅裂であった。

松岡の頑固に手を焼いた近衛は松岡を追い出すために総辞職を行い、直ちに一九四一年（昭和十六）七月十八日第三次近衛内閣を成立した。

同年七月二十八日、日本軍は南部仏印に上陸した。これは対日包囲陣構築上仏印は重要地域でありいつ米英側から仏印進駐が行われるか知れず、わが国としては自衛措置を講ずる必要があった。事実昭和十五年以来タイ・仏印は米英勢力と結託して、わが国の生存上必要な米とゴムの入手を妨害してきていた。英国は昭和十六年五月中旬、日本及び円ブロック向けゴムの全面禁輸を行ったし、米国は同年六月中旬仏印生産ゴムの最大量買い付けを行い、わが国のゴム取得を妨害した。

わが国の南部仏印進駐に対して米国がかくも神経をとがらせたのは何故か。それは南洋が戦略物資の宝庫で、特に米国（英国もそうだが）が最も必要とするゴムは世界総生産額の九〇パーセントを、また錫はマレー・蘭印・タイを主産地として世界の六〇パーセントを占めていた事情による（中村粲著『大東亜戦争への道』展転社）。

対日戦争を予期した石油全面禁輸

米英側は南部仏印進駐に対して時を移さず報復した。すなわち七月二十五日米国は在米日本資産凍結を声明した。英国も同二十六日米国に追随して在英日本資産凍結を発表したほか、日英通商航海条約、日印通商条約、日緬（ビルマ）通商条約の廃棄を通告、二十八日には蘭印も日本資産凍結令や日本との金融協定、日蘭石油民間協定の停止を公表した。

八月一日ルーズベルトは石油禁輸強化を発令、わが国への石油輸出はまったく停止されることになった。

これら米英蘭の日本に対する報復的制裁措置によって対日ABCD包囲陣（Aはアメリカ、Bはイギリス、Cは支那、Dはオランダ）は一段と強化され、日米関係は重大な局面を迎えることになった。

ルーズベルトは一九四一年七月十四日に、南部仏印進駐についての説明に訪れた野村大使に「これまで日本に石油を供給するのは太平洋の平和のために必要だと説明してきたが、この状況では余は従来の論拠を失い、もはや太平洋を平和的に使用できなくなる」と述べたのであるが、この言葉の裏を返せば対日石油禁輸が日米戦争を誘発する公算が極めて高いことをルーズベルトが十分に予測していたことを物語るものといってよいであろう。

アメリカは日本と戦う覚悟を決めたのである。これで一滴の石油も入ってこないことになった。この時点で日本の石油備蓄はあと一年半しかもたないことがはっきりした（前掲書）。

日米首脳会談への努力

南部仏印進駐、米国等の日本資産凍結、対日石油禁輸等の諸事態は日米関係を著しく険悪させることになった。この間近衛首相は危局打開に腐心していたが、八月に入るや遂に自ら米大統領と会見する決意を固め、陸海軍の賛同も得た。

危機一髪の時に大統領と会見し、日本の真意を率直に披瀝して先方の諒解を得ようとの意図からであった。天皇陛下も近衛の決意を嘉《よみ》され、速やかに会見を実現されるよう督促された。

日米首脳会談の提案は、八月八日野村大使より米側へ伝達されたが、折しも大統領はチャーチル英首相との洋上会談のため不在で、伝達はハル国務長官になされた。だがハルは「日本の政策に変更のない限り、これを大統領に取り次ぐ自信がない」という冷やかな応対ぶりであった。

大西洋会談

わが国がこのように和平の方途を必死に探究しつつあったとき、ルーズベルトとチャーチルは大西洋で何を協議していたのだろうか。大西洋会談は八月九日から十四日まで英国新鋭戦艦プリンス・オブ・ウェールズ艦上で行われた。この会談の結果として発表されたのが戦後世界の構想を謳《うた》った英米共同宣言「大西洋憲章」（一九四一年八月十四日発表）である。

だが実はチャーチルが期待したのは「大西洋憲章」ではなく、日本の攻撃に対する共同対抗策の樹立なのであった。チャーチルが期待したのは米国を対日戦争に引き込むことであった。そして彼はルーズベルトから対日戦への協力の言質を取りつけることに成功したのである。これでは日米交渉が進捗しないのも道理であった（前掲書）。

元コロンビア大学教授チャールズ・A・ビーアドは、その著『ルーズベルトの責任 日米戦争はなぜはじまったか』の中で次のように書いている。大西洋会談では極東の危機が最大の関心事だった。そしてチャーチル首相は「期日」を設けずに戦争を遅らせるというルーズベルトの政策に同意した。チャーチル首相は日本問題に真正面から取り組むことを望んだが、ルーズベルト大統領は「それは私に任せてくれ、三ヵ月はやつらを子供のようにあやしてやっていけると思う」と言った。「ルーズベルト大統領は日本との交渉によって暫定的な小休止以上の何かを達成できるかも知れないと期待しないわけではなかった」。この和訳文の最後の部分はちょっと分かりづらいが、大西洋会談の三ヵ月後十一月には、日本を戦争へと引きずり込むことになったハル・ノートが提示されるのである。こうした発想がすでに大統領の頭の中にあって記述されたとも考えられる。

米の戦争警告と近衛書簡

洋上会談から戻ったルーズベルトは、八月十七日野村大使に二通の文書を手交した。

第一の文書は「もし日本が隣接諸国に対してこの上侵略的政策をとるならば、米国政府は米国の権益の安全のため必要なあらゆる手段をとる」という通告書で大西洋会談の申し合わせを実行したものだった。この通告は歴史的慣行からみて「戦争警告」の意味でしかなかった。第二の文書は、首脳会談に原則的に賛成するとの回答であり、大統領は野村との会談では終始上機嫌で、会見場所としてアラスカのジュノーを提案したり、期日として十月中旬を示唆する程話が進んだ。

翌十八日豊田外相はグルー大使に首脳会談への協力を要請したところ、グルーは豊田の率直な態度に感動し、即刻ハル長官に「日本の提案は深い祈念を込めたものであり、検討なしに片付けるべきにあらず、最高の政治的手腕を発揮すべき機会がここに提起されており、これにより太平洋の平和にとりて一見乗り越え難き障害も克服し得る公算あり」と言葉の限りをつくして打電した（八月十八日グルー覚書）。

米大統領の八月十七日野村大使へ手交した通告書への回答は二十六日の連絡会議で決定した。その骨子は

一、米国は自己の原則・信念に立って他国を非難するが現在の国際的混乱の中で原因と結果を一方的に判断するのは危険である

二、一国の生存条件が脅かされたとき、対応措置や防衛手段を取るのは当然で、それを非難する前にその原因を究明すべきである

三、仏印共同防衛は支那事変解決の促進と必要物資取得のための自衛措置であり、支那事変が解決するか、極東に公正な平和が確立されれば、直ちに仏印より撤兵する。又ソ連を含め隣

接諸国に進んで武力行使する意思はない

これらの諸点を明記したあと最後に、米国のいう「原則」や「プログラム」は太平洋地域にのみ局限されるべきではなく、全世界に適用されるべきこと、またその実施に当たっては、持てる国が資源の公正な配分に努力すべきことを提言しており、冷静で説得力ある名論だった。

また同日の連絡会議は、近衛首相からルーズベルト大統領宛のメッセージも採択したがそれは従来の事務的商議に拘泥せず、大所高所より日米間の重要問題を討議し、時局救済の可能性を検討することを提案したもので、細目は会談後事務当局に任せればよいとして、一日も早い首脳会談を希望し、会見場所にハワイを提案したものだった。

右の両文書は八月二十八日野村大使が大統領に手交したが、ルーズベルトは近衛のメッセージを「非常に立派なもの」と称賛したのち、首脳会談は三日間位を希望するといい、大いに乗り気の様子を見せた。

「この時期が日本の一番近寄った時であったかも知れない」と近衛は述懐する。だが同席していたハルは、首脳会談は事前にまとまった話を確認するだけのものにしたいと繰り返し主張し、わが方の意図と根本的に背馳する態度であった（前掲書）。

ハルの邪推で会談遠のく

九月三日ルーズベルトは近衛のメッセージに対する回答とオーラル・ステートメント（口述書）を野村大使に手交した。

回答は首脳会談に同意する明確な表現を避け、その前提条件として基本問題に関して合意するための予備会談が必要だというもので、ハルの意見が支配的となっていたのである。

またオーラル・ステートメントに至っては、四ヵ月も前に日米諒解案の基礎としてハルが提出した「四原則」を再び持ち出し、「四原則」によってのみ太平洋における平和が達成できると念を押してきたのである。

最初は首脳会談に乗り気であった大統領もやがてハルの硬直した原則論に制せられ、そればかりか大統領もハルも、日米間のいかなる協定も英蘭支の同意が必要になる旨を強調するようになり、内外ともに近衛の計画は四面を拒否で包囲されることになった。この時期米国にとっては交渉はすでに終わったも同然だった（前掲書）。

「帝国国策遂行要領」の採択

近衛首相の最後の決断日米首脳会談への期待も望めなくなった状態に至っては、今後の対米国策をいかにするか重大な決断を迫られることになった。かくして一九四一年（昭和十六）九月三日の連絡会議は、和戦に関する重大決定「帝国国策遂行要領」を承認し、九月六日の御前会議でこれを採択決定したのである。

その要点は

一、自存自衛のため対米（英蘭）戦争を辞せざる決意の下十月下旬を目途として戦争準備を完整する

二、同時に外交手段を尽くしてわが要求貫徹に努める

三、十月上旬に至るも交渉成立の目途なき場合は直ちに対米（英蘭）開戦を決意す

というものである。

九月五日近衛は翌日の御前会議に出す「要領」を天皇に説明するために参内した。まず内大臣の木戸幸一が「要領」を見て驚いた。これは事実上日米開戦の決意だ。と木戸は受けとった。天皇も要領を見て近衛に「一に戦争準備を記し、二に外交交渉を掲げている。これでは戦争が主で外交は従であるかのようだ」と詰問し、近衛が答えに詰まっていると、天皇は杉山・永野両総長を呼び、まず杉山に対して「日米戦争が起きたとき陸軍としてはいくばくの期間に片付ける確信があるか」と問うた。杉山は「南洋方面だけは三ヵ月位にて片付けるつもりです」と答えた。すると天皇は一段と厳しい語調で汝は支那事変勃発当時の陸相であった。あの時陸相として「事変は一ヵ月位で片付ける」と言ったことを記憶している。しかるに四ヵ年にわたってまだ片付かん

ではないかと追求した。それに対し杉山が支那は奥地がひらけており予定通り作戦ができないので、とくどくどと弁解すると、天皇はさらに声を高めて「支那の奥地が広いというなら太平洋はなお広いではないか、いかなる確信があって三ヵ月などというのか」と叱りつけ、杉山は頭を深く下げ続けるだけで答えることができなかった。

　すると永野が「陸海軍とも、あくまで外交交渉に最重点を置いてやります」と助け舟を出し近衛も「外交最重点」を強調して天皇の怒りはいちおう静まった。

　天皇は日米戦争を何とか避けたかったのだ。そして九月六日の御前会議で

「四方《よも》の海　みな同胞《はらから》と思う世に　など波風の立ち騒ぐらむ」

と明治天皇が日露戦争開戦を決める御前会議で詠んだ歌を読み上げて、「朕は常にこの御製を拝誦して大帝の平和愛好の精神を紹述せんと努めている」のだと述べた。満座粛然としてしばらくは誰も何もいえなかった。近衛は何も発言しなかった。結局陸海軍がつくった「要領」はそのまま通ったのである。

　御前会議のあと、天皇は極めて不機嫌で木戸を呼び、統帥部に外交工作に協力させよと求めた。天皇はあくまで開戦に反対だったのである。しかしそれならば前例を破ってでもなぜ「戦争は許さない」といわなかったのか。天皇が明確に反対したら、「要領」は根本的に修正されなければならなかったはずである。

天皇の側近（内大臣）だった木戸幸一は「天皇が開戦に御反対であることはハッキリしているわけだよね。けれどもそれをやっちゃいかんということをおっしゃるわけにはいかない。もう一遍調べろとか、考えろとかおっしゃっても再度持って来られるとやっぱり御裁可になるということに一応しつけられているからね。またそれでなかったら、まるでカイザー（ドイツ皇帝ウィルヘルム二世のこと、軍備拡張に走り、第一次世界大戦に突入、敗戦後オランダに亡命）やヒトラーみたいになってしまうんでね」とこう語っている。天皇は軍のトップではあったが、カイザーやヒトラーのような「最高権力者」ではなかったということになる。

それではなぜ天皇の意を誰よりも知る木戸あるいは近衛が身を挺してでも「反対」しなかったのか（田原総一朗著『日本の戦争』小学館）。

私は支那事変の時もそうであったが、こうした国の命運を決する大事に、天皇の意を体して大勢に逆らっても反対を唱え大勢を押さえつける強いリーダーシップを取る人物がいなかったことだと思う。

御前会議の翌日九月七日近衛は駐日アメリカ大使グルーを夕食に招き、ハル国務長官の「四原則」は全面的に受け入れる、支那から速やかに撤退するとも話した。

近衛は九月四日にも三国同盟にしばられることなく日本は独自の行動を自主的に行う。支那から速やかに撤退する用意がある、という提案をアメリカにしているが、その回答は九月末になってもなかった。

九月二十五日大本営政府連絡会議が開かれ、杉山参謀総長・永野軍令部総長が発言し「対米開戦の決断をおそくとも十月十五日にはすること」を要望した。さらに両総長は「対米戦争がはじまると対ソ戦争も覚悟せねばならず、そのためには明年（一九四二年）三月までに南方作戦を大体において達成することが絶対に必要であり、とすると南方作戦の開始はおそくとも十一月十五日でなければならない」と述べた。

近衛は大きな衝撃を受けた。そこで東条陸相にあらためて「両総長の要望は変更できないか」と問うと、東条は「あれは御前会議で決めた帝国国策遂行要領に即した発言で、いまさら変更はあり得ない」と答えた。東条に突っ張ねられた近衛は翌二十六日木戸を訪れ「辞任したい」と訴えた。木戸は「九月六日の御前会議決定を成立させたのは貴下ではないか。それをそのままにして辞めるとは無責任だ」と近衛を責めた。

十月一日の夜近衛は鎌倉に及川海相を招いて海軍の本音聞いた。及川は「絶対避戦主義」だと答えた。そしてそのためにはアメリカ案を鵜呑みにする覚悟が必要だ。総理がその覚悟で邁進するなら海軍は十分援助するし、結局陸軍もついてくるでしょうと語った。近衛は安心した。海軍と共同歩調でやれば日米開戦は避けられると判断した。

その翌日十月二日アメリカから九月四日の日本の提案に対する回答がようやく届いた。それは近衛を少なからず失望させる内容だった。それは日本がグルーに対し「ハル四原則」を全面的に認めると明言したにもかかわらず、アメリカは日本側の提案が種々の限定を加えていて遺憾だと不満の意を示し、日米会談そのものには賛成だが、意見の不一致がある以上、その実現は望み得ないと述べていた。そして支那及び仏印からの無条件全面撤兵と三国同盟の実質的な骨抜きを強く求めていた。

ハルは後にこの時期を回想して「自分の任務はアメリカの太平洋方面における軍備が整うまで対日戦争を先に引きのばすことだった（ハル回想録）」と書いている。

十月十二日近衛は荻窪の私邸に、東条陸相・及川海相・豊田貞次郎外相・鈴木貞一企画院総裁を招き、五者会談で「対米交渉続行」を決めようとした。ところが近衛が当てにした及川は「対米交渉の続行を主張する」とは答えず、「戦争をするか否かは政治家・政府の決めることであり総理に一任する」と逃げてしまった。

東条は「わが方はアメリカの要求する『四原則』さえ認めた。しかるにアメリカは妥協する姿勢がまったくない。交渉妥結の見込みはもはやない」として交渉打ち切りを迫った。

豊田外相は「支那の駐兵問題で日本が譲歩すれば、日米交渉妥結の余地はある」と頑張ったが、東条は「駐兵は陸軍の生命であり絶対に譲れない」とはねつけた。

近衛が「率直にいって戦争に勝つ自信がない。もし戦争するなら自信のある人でおやりなさいと言いたいな」と皮肉いっぱいにいうと、東条はますます語気を強めて「これは意外だ。いまさら戦争に自信がないとは何ですか。そんなことは国策遂行要領を決定するときに論ずるべき問題で、御前会議で決まった今になっていうのは不謹慎きわまりない……」と近衛を叱りつけるように言った。結局荻窪会談は結論が出ないままに終わった。

十月十四日定例の閣議が行われたがやはり結論は出なかった。近衛はその手記「平和への努力」の中で、東条はこの会議中「人間たまには清水の舞台から目をつぶって飛び降りることも必要だ」と言ったことを取り上げて、その東条に対して近衛は「個人としてはそういう場合も一生に一度や二度はあるかもしれないが、二六〇〇年（皇紀）の国体と一億の国民のことを考えたら、責任の地位にあるものとしてそんなことはできるものではない」と答えたという。さらに「乾坤一擲とか、国運を賭してとかいう者があり（東条を含めた軍幹部のこと）、松岡外相もしばしば口にしたが、自分はそれを聞くと何時も不愉快に感じたのであった。乾坤一擲とか国運を賭してとかは壮快は壮快であるが、前途の見通しもつかぬ戦争などはじめることは、個人の場合と違い、苟も二、六〇〇年無傷《むきず》の国体を思うならば軽々しく出来ることではない。たとえ国賊といわれ、姑息《こそく》と評されても自分にはそういうことは出来ぬ」と記している。

田原総一朗も近衛の主張は文字通り正論で願わくば近衛にその持論をこのとき身体を張ってでも貫いてほしかった。と書いている。

私もまったくその通りだと思う。ここが和か戦かの別れ目だったと思う。海軍も戦意はなかった。ならばなぜ率直に戦争はしたくない、戦争は出来ないとはっきり言えなかったのか。また首相もなぜ交渉継続を主張できなかったのかと歯がゆい思いで一杯になるのである。

和戦決せず近衛内閣総辞職

前述したように十月十四日の閣議でも同じようなやりとりで閣議は一致しないまま散会した。その後武藤章陸軍軍務局長は、富田書記官長を通して「海軍は和戦について『総理一任』といっているが、総理の決断だけでは陸軍部内は抑えられない。しかし海軍が『戦争を欲せず』と公式に陸軍にいってくれれば陸軍としては抑え易い。何とか海軍の方から『戦争を欲せず』といってくれるように仕向けて貰えまいか」と依頼してきたので書記官長が岡敬純海軍軍務局長に話したところ岡は「海軍としては戦争を欲しないということは正式にはいえない。『首相の裁断に一任』というのが精一杯だ」と答えたという。

私にはここが不思議なのである。なぜ「戦争を欲しない」ということを正式には言えない、なぜ言えないのか、国益を考えず省益を考えてのことか、或いは国民世論の反発を恐れてのことなのか、ここが私には分からないのである。海軍側の責任ある一言があれば交渉継続が決定した筈の一瞬だった。海軍さえ「戦争を欲せず」と言明すれば東条陸相も戦争準備を放棄する用意があったと思われる（東条英機宣誓供述書第七七項）。対米戦争は海軍の戦争だからである。

この事は同じ閣議のあった十四日の夜、東条陸相の使として鈴木企画院総裁が近衛を訪れ、「海軍大臣は戦争を欲しないようであるが、それならばなぜ海軍大臣から自分にそれをはっきりと言ってくれないのか。海軍大臣からはっきり話があれば自分としても考えなければならない。然るに海軍大臣は全責任を総理に負わせているが、これは誠に遺憾である。海軍の腹が決まらなければ九月六日の御前会議は根本的に覆るのだから、この際総辞職してもう一度案を練り直す以外にない」といった。さらに東条は陸軍を抑える力のある者は臣下にはいないので後継内閣は宮様しかいないとして東久邇宮殿下を後継首相として奏請することに協力して欲しい、と伝えた（同宣誓供述書第七六項）。

東条もまた戦争を欲していなかったのだ。海軍が戦争を欲しないと明言していたなら事態はまるで違っていただろう。皇族内閣には木戸が反対を表明した。行き詰まった近衛内閣は十月十六日総辞職した。

「平和への努力」――近衛文麿手記

これは『平和への努力』（近衛文麿手記　昭和戦争文学全集別巻）の中に掲載された近衛公の手記である。

日米交渉について次のように記述しておられる。

昭和十六年四月以来の日米交渉も、日本側からは余と大統領の直接会談という大きな手を打ち、又余は大統領にメッセージを送り、グルー大使にも意中を打ち明ける等、殆んど尽くすべきは尽くしてきたのであるが、一方九月六日の御前会議で決定された重大国策によって交渉は日本としてはいわば期限付となったのである。いよいよ最後の段階に押しつめられたという感じが強くなってきた。この頃では交渉の難点も大体判り、米国の腹もほぼ見当がついてきた。即ち原則的には「四原則」であり、具体的には支那問題中の駐兵問題、経済機会均等原則の問題、三国条約問題であった。

「四原則」は米国側も日本に異議ないものと一応解釈しており、又余も「主義上は結構である」とグルー大使へ言明したのであるから問題は無さそうな筈でありながら、この四原則をすら今更否定するのでは日米交渉はまったく不可能となることは明白であるから、余はその取り扱い方に少なからず苦慮したのである。

経済原則の問題では、日本はすでに支那における機会均等を認める腹であり、唯支那との地理的特殊関係は米国でも分からない筈がないとの楽観があり、又三国条約問題に関しては文書として表わすことこそ出来ないが、余と大統領の会見さえ実現すれば、米国側との話し合いがつかないことはないだろうという見込みであった。唯駐兵問題は陸軍側において、或る時は名義や形式はどうでもよいとの穏健論があるかと思うと、翌日には絶対不可という硬論が伝えられ、日本政府部内でも問題は何としてもこの一点だという感が強かった。

十月十二日五十回誕生日、日曜日にもかかわらず午後早々陸海外相と鈴木企画院総裁とを荻窪に招集して和戦に関する殆んど最後の会議を開いた。その会議前に海軍の軍務局長より書記官長に「海軍は交渉の破裂を欲しない。すなわち戦争をできるだけ回避したい。しかし海軍としては表面に出してこれを言うことはできない。今日の会議においては海軍大臣から和戦の決定は首相に一任する、ということを述べる筈になっているから、そのお含みで願いたい」という報告があった。

果たして劈頭に海軍大臣より次の発言があった。「今や和戦いずれかに決すべき関頭に来た。その決定は総理に一任したい。で、和で行くならば何処までも和でゆく、すなわち多少の譲歩はしても交渉をあくまで成立せしめるという建前で進むべきである。交渉半ばにして、交渉を二、三ヵ月してから、どうもこれじゃあいかんというので、さあ、これから戦争だと言われては海軍としては困る。戦争をやると決すれば、今ここで決めなければならん。今がその時期だ最後の時期に来ている。やらないということであれば、飽くまで交渉を成り立たせるという建前の下で進んで貰いたい」。それに対して余は「今日ここでいずれかに決すべしというならば、自分は交渉継続ということに決する」と言った。

ところが陸相は「その総理の結論は早すぎる。一体交渉成立の見込みのない交渉を継続して、遂に時期を逸するということになっては一大事である。一体外務大臣は交渉成立の見込みありやと考えるかどうか」と外務大臣に向かって質問したところ、外務大臣は「それは条件次第である。今日の問題の最難点は結局支那の駐兵問題だと思うが、これについて陸軍が従来の主張を一歩も譲らないということならば交渉の見込みはない。しかしその時において多少なりとも譲歩して差支えないということであれば、交渉成立の見込みは絶対にないとはいえない」。然るに陸相はこれに対して「駐兵問題だけは陸軍の生命であって絶対に譲れない」ということであった。自分は「この際名を捨てて実をとり、形式はアメリカの言うようにして実質において同じ結果を得ればよいではないか」と言ったのに対して陸相は遂に承服せず。結局会議は二時から六時までに及んだけれども結論に到達せずして散会した。

十月十四日閣議、再び駐兵の問題につき陸相の再考を求めた。陸相は「駐兵の問題は軍の士気維持の上から到底同意し難い」と主張して動かなかった。

同日午後武藤軍務局長が書記官長のところへきて「どうも総理の腹がきまらないのは、海軍の腹がきまらないからだと思われる。で海軍が本当に戦争を欲しないならば陸軍も考えなければならない。然るに海軍は陸軍に向かって表面はそういうことは口にしないで、唯「総理一任」ということをいっている。総理の裁断ということだけで陸軍の部内を抑えることは到底できない。何とか海軍の方からそういう風に言ってくれるように仕向けて貰えまいか」ということであった。

そこで書記官長はこのことを岡海軍軍務局長に話したところが、岡軍務局長は「海軍としては戦争を欲しないということはどうも正式にはいえない。海軍としていい得ることは『首相の裁断に一任』ということだけが精一杯である」

又同夜陸軍大臣（東条）の使として鈴木企画院総裁が荻窪に来訪した。陸軍大臣の伝言は次の如くである。「だんだんその後探るところによると、海軍が戦争を欲しないようである。それならなぜ海軍大臣は自分にそれをはっきり言ってくれないのか。海軍大臣からはっきり話があれば自分としてもまた考えなければならないのである。然るに海軍大臣は全部責任を総理にしている形がある。これは誠に遺憾である。海軍がそういうように腹がきまらないならば、九月六日の御前会議は根本的に覆るのだ。したがって御前会議に出席した首相はじめ陸海軍大臣も統帥部の総長も皆輔弼の責を十分に尽くさなかったということになるのだから、此の際は全部辞職して今までのことを御破算にしてもう一度案を練り直すという以外にないと思う」。

かくして近衛内閣は総辞職して翌日重臣会議が開かれ東条陸相に次期内閣組織の大命が降下した。

東条陸相の奏請は主として木戸内府の発議であったようである。しかしながら内府が東条陸相を推したのは日米関係へ持って行こうという腹からではなかったようである。すなわち両三日来の話によっても分かるように、東条陸相は海軍の意図がハッキリせぬ以上は一度全部御破算にして練り直すということもいっている位だから、陸相に大命が下っても直ちに戦争に突入することはあるまい。殊に大命降下の際何等か御言葉でも賜れば、陸相としては一層慎重な態度をとるだろうというのが内府の考えであったようだ。

内閣更迭の事情は右の如くである。即ち表面より見れば、日米交渉を継続せんとする首相と、之を打ち切らんとする陸相との意見の衝突から内閣不一致の結果総辞職となったのである。したがって次の内閣組織の大命が陸相に降下したことは、当然日米交渉打ち切り、惹いては日米開戦を意味するものと一般に解せられても無理はない。しかしながら裏面において右申し述べた如き経緯があったので、陸相に大命が降下したことは直ちに日米戦争を意味するという結論にはならぬのである。

近衛内閣総辞職後開かれた重臣会議においても、之について質問があって、内大臣は以上の経緯を語り、重臣達は陸相に大命が降下してもそれが直ちに日米開戦にならぬという確言を得て安心して東条大将奏薦に同意したということである。余が辞職後グルー大使に書簡を送り、余の辞職は必ずしも日米開戦を決定した結果ではなく、交渉の余地はなお存する旨を申し送ったのもかかる事情ありしがためである。

一方米国においても近衛内閣総辞職の報は相当ショックを与えた。野村大使帰朝後の話によると、近衛内閣総辞職して東条内閣に代るや、米国政府は日米交渉もはや見込みなしと観念した。即ち野村大使と親交のある作戦部長のターナー提督、斉藤大使の遺骸を送ってきた当時の艦長が来訪しての話に、近衛内閣が辞めたのは近衛首相がルーズベルト大統領に会見を申し込んだのに大統領が之に応じないので、日米交渉見込みなしとして退陣したのであろう。しかし大統領は頭から会見を拒絶したのではなく、ただ二、三念を押しておきたいことがあっただけで、それさえ判れば喜んで御目にかかるつもりなのである。この意味のことを大統領から日本天皇陛下に親電して発送することに決定、その手続きはすでに取られた点であるとのことだったが、二、三日経つと提督は再び大使を来訪し、過日の話は内政干渉になるとの議論が政府部内に起こり結局取り止めになったと話したということです。

以上日米交渉難航の歴史を回想し痛感せらるることは、統帥と国務の不一致ということである。抑も統帥が国務と独立して居ることは歴代の内閣の悩む所であった。今度の日米交渉に当たっても政府が一生懸命交渉をやる一方、軍は交渉破裂の場合の準備をどしどしやっているのである。しかしその準備なるものがどうなっているのかは吾々に少しも判らぬのだから、それを外交と歩調を合わせる訳に行かぬ。船を動かしたり、動員したりどしどしやるので、それが米国にも判り米国はわが外交の誠意を疑うことになるという次第で、外交と軍事の関係がうまく行かないのは困ったものであった。

日米戦うや否やという逼迫した昨年九月以降の空気の中で自重論者の一人であらせられた東久邇宮殿下は此局面を打開するには陛下が屹然《きつぜん》として御裁断遊ばさる以外に方法なしと御言明になったことがあるが、陛下には自分にも仰せられたことであるが、軍にも困ったものだということを、東久邇宮にも何編か仰せられたと拝聞する。その時殿下は陛下が批評家のようなことを仰せられるのは如何でありましょう。不可と思召されたら不可と仰せられるべきものではありますまいかと申し上げたと承っている。

このように陛下が御遠慮勝ちと思われる程滅多に御意見を御述べにならぬことは、西園寺公や牧野伯などが英国流の憲法の運用ということを考えて、陛下はなるべくイニシアチブをお取りになられぬようにと申し上げ、組閣の大命降下の際に仰せられる三ヵ条―憲法の尊重、外交上に無理をせぬこと、財界に急激なる変化を与えぬこと―以外は御指図遊ばされぬことにあるかとひそかに拝察される。

然るに日本の憲法というものは、天皇親政の建前であって、英国の憲法とは根本において相違があるのである。殊に統帥権の問題は政府には全然発言権がなく、政府と統帥部との両方を押さえ得るものは陛下御一人である。然るに陛下が消極的であらせらるる事は平和事には結構であるが、和戦何れかというが如き国家生死の関頭に立った場合には障害が起こり得る場合なしとしない。英国流に陛下が激励とか注意を与えられるとかいうだけでは、軍事と政治・外交とが協力一致して進み得ないことを今度の日米交渉において特に痛感したのである。

しかしながら最後に一言する。立憲君主としての陛下の御態度はかく消極的ではあらせられたが、陛下の御意図はあくまで太平洋の平和維持にあり、何とかして前途見通しのつかぬ戦争に突入することを避けて、二千六百年の国体を無傷のままに護持したいという御念願と御苦慮の御有様は御痛々しきまでに拝されたのである。

閑話休題

ここで元大本営参謀・瀬島龍三インタビューの一端を紹介しよう。

瀬島氏　確か八月五日近衛首相は天皇陛下に拝謁して、自分がルーズベルト大統領と会って事態の打開を図りたいとお許しを申し出ました。「恩詔の沙汰」といって陛下はこれをお許しになっているのです。それで日本政府は「いつ」「どこででも」ということで米政府にこれを申し入れ、いろいろな準備は参謀本部の作戦課でもやりました。今と違って飛行機ですぐに行けるわけではない。高速巡洋艦を用意し、陸軍・海軍・外務省の随員も決められた。陸軍の随員長は後に東京裁判で絞首刑になられた土肥原賢二大将でした。これに関して私が直接命令を受けたのは、中国からの日本軍の撤兵計画です。

——そうですか、それは近衛首相がルーズベルト大統領に会ったとき提示するための条件でしたか。

瀬島氏　交渉で向こう側がその問題を持ち出してくることは間違いない。そのときにどう対処するかという問題でしたね。

——すると日本側はそこまで譲歩する用意があったということになりますが、相当の決断だったと思われますが。

瀬島氏　要するに日米関係の破局をぎりぎりで防ごうとしたわけです。しかし近衛首相の対米申し入れは、なかなか返事がこなかった。向こう側からこれを断ってきたのは八月を過ぎて九月三日だったと思います。

——あの段階で何があればアメリカ側を納得させることができたかということですね。向こうは一体何を考えていたのか分かりませんが。

瀬島氏　それは歴史ですからやり直すことは不可能ですけどね。もし開戦を回避できる何かがあったと仮定すれば、一つのチャンスではあったのですね。近衛内閣が東条内閣に代わる十月十七日昭和天皇は直接東条さんを呼んで指示された。「これまでの対米戦決意の御前会議の決定を全部白紙に戻して対米交渉をもういっぺん考え直せ」といわゆる「白紙還元の御諚」が発せられたのです。あの時点で戦争回避に関する何らかの結論が陸・海と政府の間で出ていれば、十二月八日の開戦はともかく一応回避されたと思うのです。

――やはり中国からの撤兵の決断くらいは必要だったのでしょうね。

瀬島氏　ただその時にアメリカ側からも「在外資産全面凍結の解除」といった日本がのめる条件が出ないと……。「中国からの撤兵」「資産全面凍結の解除」「日独伊三国同盟からの脱退」この三つの問題でアメリカと日本の間でなんらかの協定ができれば、東条さんも「白紙還元」の陛下のご心中を察して、別のまとめ方をしたのではないかな。

瀬島氏　今から考えると、松岡外交は両刃（もろは）の剣であり、それに陸軍はもともとプロシア・ドイツの影響を強く受けていたのです。これに対し海軍はイギリス・ネルソンの思想で来ていました。本来陸軍内部には独伊に親近感があって、英米には反発があった。独伊は不敗という判断が大東亜戦争の開戦の前提にあったといっても過言ではない。イタリアが早々と降伏し、ドイツが独ソ戦であんなふうになるとは思ってもいなかった。

大東亜戦争の国策の判断には、今から考えるといろいろ誤りがありましたが、端的に表現しますと、米英の国力・戦力を過小評価し、独伊の国力・戦力を過大評価したことが決定的と言えます（元大本営参謀の太平洋戦争・瀬島龍三インタビュー・東京新聞出版局）。

東条英機内閣成立

支那撤兵に反対して近衛内閣を瓦解させたと一般に考えられている東条が後継首相に奏薦されたのはなぜか。木戸から後継首班について相談を受けたときの近衛の意見は、㈠開戦を避けるには陸軍を掌握できる東条を後継内閣の首班とすべきである。殊にこの数日来の彼の言葉によれば、対米即時開戦論を擁護していない。㈡東条陸相は海軍の（開戦についての）意向がはっきりせぬ以上は全部御破算にして案を練り直すと言っている位だから、首相に就任しても直ちに開戦することはないと考える。殊に大命降下の際に陛下からお言葉があれば一層慎重な態度をとることと思う。というものだった（中村粲著『大東亜戦争への道』展転社）。

木戸もまた「東条と腹を割って話してみると実は必ずしも開戦強行派ではないことを察知した。東条が開戦を主張するのは御前会議での決定、つまり天皇の意思をひたすらまっすぐに進めようとしているだけだ。だから天皇が九月六日の御前会議での決定をないものにすると言い聖慮が変われば新たな聖慮にためらわず全力を傾ける筈だ」と答えたのである。

天皇は木戸に「虎穴に入らずんば虎児を得ずだね」と語ったという。そして天皇は木戸を通して「九月六日の御前会議の決定にとらわれることなく、内外の情勢を更に広く深く検討し、慎重なる考究を加えることを要す」との御諚（お言葉）が伝えられた。これがいわゆる「白紙還元の御諚」である。

東条はきまじめな性格で、天皇に対しては極めて忠実であった。そこに木戸は期待したのである。東条は白紙還元の御諚を直ちに実行に移した。即ち一九四一年（昭和十六）十月十八日東条内閣発足するや連日政府・統帥部連絡会議を開き、日米交渉に臨む基本方針が再検討された。

十一月一日の大本営・政府連絡会議に東条は次の三案を議題に挙げた。
一、戦争を避け最後まで臥薪嘗胆でゆく
二、直ちに開戦を決定しその準備をする
三、已むを得ざる場合は開戦する決意の下に外交交渉を併行する
臥薪嘗胆の第一案は東郷外相や賀屋蔵相らが唱えたが、国家を自滅に導くものとして採用されず、第二案を主張する参謀本部側に対して東郷外相は、交渉の余地ある間に戦争に突入するのは国民に対して相済まぬとして反対し、東条首相もまた外相の意見を支持したこともあり、結局第三の和戦両用案の審議に入ることになった。そうなると外交交渉を打ち切って作戦に転換する期

日の問題になってきた。そしてその期日は十一月三十日夜十二時までと決定された。あと一ヵ月もなかった。外交の転換がなければ開戦は必至であった。日本がこの段階で準備したのは甲案・乙案であった。

甲案・乙案

甲案は日米交渉中の次の四つの争点につき新たにわが国の譲歩を示している。

一、通商無差別問題　これが全世界に適用されるのであれば、支那への適用を認めようと大きく譲った

二、三国同盟　米国が対独参戦したからといって、自動的に対米開戦はしない

三、支那撤兵　事変解決後、北支・蒙彊の一定地域と海南島を除き二年以内に撤兵する。華北などの駐留期間については二十五年と答えるよう野村大使に指示している

四、仏印撤兵　仏印派遣の日本軍は支那事変の解決あるいは極東平和の確立と共に直ちに撤退する

十一月七日野村大使はこの甲案を提出したがハル国務長官はすでに暗号電報解読によって甲案の内容を知っていながら、そしらぬ顔で甲案を〝熟読〟したが大した関心を示さなかった。

乙案は、甲案不成立の場合、もっと暫定的なもので通商関係を資産凍結前の状態に復帰させることを条件に、南部仏印の日本軍を北部仏印へ移駐させること、また日支和平が成立するか、太平洋地域に平和が確立する上は、日本軍を仏印から撤退することを約束するもので、要するに取り敢えず南部仏印進駐以前の状態に復帰させようとする案であった。乙案に対してもアメリカ国務省は「一顧の価値もない」と判断し黙殺した。

軍部の作戦計画

一方陸海軍は、いざ戦争というときのため作戦計画を立てていた。

帝国陸軍作戦計画

日本陸軍は一九四一年十一月に入ると、南方軍を創設し寺内寿一大将を総司令官に親補した。親補とは天皇が直接任命すること。

南方軍の任務は、東南アジアの米英蘭の植民地を攻略・占領することである。南方軍総司令官は数個師団を束ねる「軍」と称される大きな部隊を指揮するのである。その軍は次のとおりである。

第十四軍：二箇師団を基幹としてフィリピン方面に作戦す。軍司令官・本間雅晴中将

第十五軍：一箇師団を基幹としてタイ及びビルマ（今のミャンマー）方面に作戦す。軍司令官・飯田祥二郎中将

第十六軍：三箇師団を基幹とし蘭印（今のインドネシア）方面に作戦す。軍司令官・今村均中将

第二十五軍：四箇師団を基幹としマレー半島・シンガポール方面に作戦す。軍司令官・山下奉文中将

この中で蘭印（オランダ領インド）は特に重要な地域であった。なぜならスマトラやボルネオには大油田があり、その石油を日本が獲得するのが南方軍の最大の任務であった。

帝国海軍作戦計画

海軍作戦の中枢である軍令部には真珠湾攻撃案はまったくなかった。連合艦隊司令長官・山本五十六大将のごり押しに抗しきれず、永野修身軍令部総長がようやくみとめた作戦だった。海軍の対米作戦は伝統的に漸減邀撃《ぜんげんようげき》作戦と呼ばれていた。これはアメリカ海軍が大挙日本へ押しかけてくることを想定し、それをたとえば小笠原諸島近海で迎え撃ち戦力を消耗させて日本の近くにおびき寄せれば、物資補給は日本に有利であり、そこで空母搭載の航空戦隊でなく、巨砲を持つ戦艦で撃滅するという戦法であった。

真珠湾攻撃を永野総長が承認したのは十月十九日だった。認めなければ連合艦隊司令長官を辞職するという山本大将の脅しが利いて認めざるを得なかったというのが真相だ。

米国の暫定協定案

わが国が乙案を提出した後、ハルは破局を引き延ばすような対策を考えはじめた。ルーズベルトも単に交渉引き延ばしを目的とする暫定協定を作るようにハルに伝えた。それに基づいてハルは、㈠日本軍の南部仏印撤退、㈡非軍事用石油の対日輸出緩和、㈢在米資産凍結解除等を骨子とする三ヵ月限りの暫定協定案を十一月二十二日にまとめ、英・蘭・豪・支の各代表に内示した。だがこの暫定協定案には支那がはげしく反対したので暫定案の提出は中止となった。

ルーズベルトは、交渉引き延ばしを目的とする暫定協定案をハルに作成させる一方、対日戦争を策謀していた。

十一月二十五日の戦争関係閣僚会議でルーズベルトが議題にしたのは、和平の見通しではなく、戦争はいかにして開始されるかの問題であった。出席者の一人であるスチムソン陸軍長官の日記のこの日の項に次のように記されている。

「出席者はハル国務長官・ノックス海軍長官・マーシャル陸軍参謀総長・スターク海軍作戦部

長それに自分である。大統領は対独戦略ではなくもっぱら対日関係を持ち出した。彼は多分次の日曜日（十二月一日）には攻撃される可能性があると述べた。……問題は我々自身に過大な危険をもたらすことなく、いかに日本を操って最初の発砲をなさしめるかということであった」

これについてスチムソンは戦後の一九四六年上院委員会で次のように弁明した。

「日本を最初の発砲者たらしめるのは危険ではあったが、誰が侵略者であるかを明らかにし、米国民の完全なる支持を得るには望ましかったのだ」と。

翌二十六日朝、支那の工作に動かされた英首相チャーチルからルーズベルト宛の電報が届いた。それは暫定協定案は支那を不利に追い込むとの立場から批判するものだった。

ハルは日本との暫定協定構想の一切を放棄し、その代わりの案として一〇項目の提案をまとめた。この一〇項目の中にはいささかの妥協も譲歩も含まれておらず、ハルもルーズベルトも、日本がこれを拒否するであろうことは十二分に承知していた。暫定協定案に代るこの一〇項目の提案、いわゆる「ハル・ノート」はこの日の午後五時ハルを訪れた野村・来栖両大使に手交された。

暫定案は前述したように、かなり穏やかなもので日本としても呑める内容だったが、蒋介石の反対で引っ込めざるを得なかった。そしてその代わりとして日本につきつけられたのがハル・ノートだった。ハル・ノートは強硬で無茶苦茶な要求でとても日本が呑めるものでなかった。しかし、ルーズベルトはこのハル・ノートが気に入った。よしこれで行こうとなったのである。実はハル・ノートを書いたのはハル国務長官ではなく、財務省補佐官のハリー・ホワイトという人物である。ハル長官から野村大使に手渡されたから「ハル・ノート」と呼ばれるようになったが、実際にこの原稿を書いたのはハリー・ホワイトであり、彼は共産党員でありソ連のスパイだった。このようにハル・ノートが対日強硬要求となった背景には、日米間に戦争を起こさせようとするコミンテルンの謀略があったのである。

ハル・ノートについて

ハル・ノートは二項からなっている。第一項はいわゆるハル「四原則」を掲げたものであるが、これについては近衛首相は九月六日の御前会議の翌日九月七日に駐日アメリカ大使グルーを招いてハルの四原則は全面的に受け入れる。支那から速やかに撤退するとも話したことは前述した通りである。

重要なのは第二項である。これは次の一〇項からなっている。

一、日米両国は英・蘭・支・ソ・泰《タイ》と多辺的不可侵条約を締結する

二、米英支日蘭及び泰政府間に仏印の領土主権尊重に関する協定を締結する

三、日本は支那及び仏印より一切の陸海空軍兵力及び警察力を撤収すべし
四、日米両国は重慶政府以外のいかなる政権をも軍事的・政治的・経済的に支持しない
五、日米両国は支那における治外法権（租界及び義和団事件議定書に基づく権利を含む）を放棄する
六、日米両国は新通商条約締結交渉に入る
七、日米両国は相互に資産凍結令を廃止する
八、円ドル為替安定につき協議する
九、両国政府が第三国と結んだいかなる協定も本協定の目的即ち太平洋全地域の平和と矛盾するが如く解釈されてはならない
一〇、以上諸原則を他国にも慫慂《しょうよう》する

わが政府がハル・ノート全文を受け取ったのは十一月二十七日であった。その時の感想を東郷外相は「眼も暗むばかりに失望に撃たれた」と手記に書いている。この第二項の一から五までは従来の交渉において何ら言及されなかった新規の法外な要求であり、ノートはそれまでの交渉経過をまったく無視した唐突なものであった。「日本への挑戦状」であり、「タイム・リミットなき最後通牒」であった、と東郷が評したのも極論とはいえない。

東郷茂徳は東京裁判の口述書でその時のわが方の反応を「ハル・ノートに対する出席者全員

の感じは一様だったと思う。米国は従来の交渉経緯と一致点をまったく無視し、最後通牒を突きつけてきたのだ。我々は米側は明らかに平和解決への望みも意志も持っていないと感じた。蓋しハル・ノートは平和の代価として日本が米国の立場に全面降伏することを要求するものであることは我々に明らかであり、米側にも明らかであったに違いないからだ。日本は今や長年の犠牲の結果を全て放棄するばかりか、極東の大国たる国際的地位を棄てることを求められたのである。これは国家的自殺に等しく、この挑戦状に対抗し自らを護る唯一の残された道は戦争であった」と述べている。これは軍部の見解でなく、文官たる外務大臣の意見であったことに注目すべきである。

無論東条首相の宣誓供述書(第一〇七項)も殆んどこれと同趣旨であって次のように述べている。一同は米国案の苛酷なる内容に唖然たるものがありました。その審議の結果到達したる結論の要旨は次のごとくなりと記憶します。

一、十一月二十六日の米国の覚書は明らかに日本に対する最後通牒である

二、この覚書はわが国としては受諾することはできない。かつ米国は右条項は日本の受諾し得ざることを知ってこれを通知してきている。しかもそれは関係国と緊密なる了解の上になされている

三、以上のことより推断し、また最近の情勢、ことに日本に対する措置言動ならびにこれより

生ずる推論よりして米側においてはすでに戦争の決意をなしておるもののごとくである。それ故にいつ米国より攻撃を受けるやも測られぬ。日本においては十分戒心を要するとのこと。

吉田茂の見解

吉田茂は東郷外相の代理人、外務省の顧問であった佐藤尚武から英文の「ハル・ノート」を持参してきて、これを私の義父牧野伸顕伯（大久保利通の次男）に見せてもらいたいといってきた。私はそれを牧野伯にみせた。牧野伯の意見は「戦争はすべきでない」ということだった。（中略）さてこのハル・ノートには、「Tentative and without commitment」と明記し「Outline of proposed basis for agreement between the United States and Japan」となっていた。すなわちこれは「試案」であり、「日米交渉の基礎案」であるといっている。

実際の腹のなかはともかく、外交文書の上では決して「最後通牒」（ultimatum）ではなかったはずだ。私は改めて東郷外務大臣を訪ね、牧野伯の言葉を伝えると同時に、執拗にハル・ノートの右の趣旨をいって注意を喚起した。私は少々乱暴だと思ったが、東郷君に向かって「君はこのことが聞き入れられなかったら、外務大臣を辞めるべきだ。君が辞職すれば閣議が停頓するばかりか、無分別な軍部も多少は反省するだろう。それで死んだって男子の本懐ではないか」とまで言ったものだ。

その直後、十一月二十九日だったと思うが虎ノ門の東京倶楽部に行くと、グルー米大使が待ち受けていて、いきなり私に対して「ハル・ノートを読んだか」という。「読んだ」とはいえないから「内容は聞いている」といったら大使は、「ハル・ノートは決して最後通牒ではない。日米両国政府の協議の基礎として認《したた》められたことを明示したものである。是非直接その趣旨を東郷外相に説明したいから、会見を申し入れて貰いたい」といった。もとより私も大使の考えに賛成であったので、すぐさま東郷君に大使の申し入れを伝えたが、東郷君は、すでに政府の方針も「開戦」と決定していたから会談を承知しない。そこで大使はさらに井上匡四郎《ただしろう》子爵その他一、二の友人に東郷君との会談を依頼したようであるが、東郷君の決意は右の通りだからついに会談は行われなかった。

これは考えておかねばならぬことだ。グレイ卿のメモアール『英国外交の二十五年』を読むと、第一次世界大戦開戦の直前まで、グレイ外務大臣は敵国たるべきドイツ・イタリアの大使の求めに応じて会談を続けている。しかも相当慎重な考慮をもって応対している。このグレイ氏の態度は外交の衝《しょう》にあたるものの学ぶべきことであり、また念頭に置くべきことである。（中略）

私の記憶では、政府はハル・ノートの訳文に多少手を加え、国民感情を刺激するようなニュアンスをもったものにして、それを枢密院に回付したとのことであった。私はたしかに当時そのように強く印象づけられているが、しかし今それを確証づけるような資料は見出せない。ただ誰のメモランダムだったか忘れたが、それを見るとハル・ノートにあった前述の「Tentative and without commitment」が抜いて書かれてあった。いずれにしても私の強い印象は、当時の無謀な軍閥一部の策に対する私の憤懣を証することになるだろう（吉田茂著『回想十年新版』毎日ワンズ）。

孫崎享《うける》の見解

孫崎享は、ハル・ノートについて一般的にはどのように説明されているかについて、山川出版の高校教科書「詳説日本史」を引用して、

「十一月二十二日のアメリカ側の提案（ハル・ノート）は中国・仏印からの全面的無条件撤退、満州国・汪兆銘政権の否認、日独伊三国同盟の実質的廃棄など満州事変以前への復帰を要求する最後通牒に等しいものだったので、交渉成立は絶望的になった」と紹介している。

そしてこのノートの性格について、ハル国務長官はハル・ノートの手交の前に「日本政府と論議を継続するためあらゆる機会を利用できることを望んでいる」と述べているので、最後通牒の性格はまったく持っていないと述べ、またこのハル・ノートは最後通牒ではなく、日本側も十分受け入れ可能なものだと主張する人がいましたとして、有田八郎は「果たして戦わなければならなかったか」という問題提起をしている。その問題提起の内容は次のとおり

・（米国が提案した米・英・蘭・華・ソを含めた）多辺的条約の締結が何故悪いのか。
・仏印の領土に関し、日・米・英・蘭・華・タイの六ヵ国間に協議条約を締結し、仏印における経済上の平等原則を確認することが、何故に到底同意できないのか。
・仏印、さらにことに中国からの日本軍隊の撤退は陸軍としては堪えられないものであり、四年間にわたる日華事変の犠牲を無にするものだと思い込んでいたことは事実である。東条陸相が十月十二日荻外荘での会議の際、「撤兵問題だけは陸軍の生命であって絶対に譲れぬ」と強く主張していたが、これは日本陸軍だけの特有の考えであるという以外にはたしてどれだけの正当性があったであろうか。

ここでは詳細に述べることは避けますが、私も米国提案を見ましたが、案文を見る限り「不当な要求」と言われるものはありません。そもそも、日本は中国、仏印に進駐する何の権利も持っていません。「自分たちはこの戦争（支那事変）で二〇万人死者を出した、だから撤兵できない」というのは本末転倒です（孫崎享著『日米開戦の正体』）。

この「ハル・ノート」に対して政府・軍部らは、実際に日米交渉に携わってきた立場から、最後通牒と判断し開戦を決意した。これに対し吉田茂、孫崎享氏らは最後通牒ではないと判断し交渉の余地もあるやとの見解を示しているのである。

開戦の決定

十二日一日対米英蘭開戦を決定する御前会議が開かれた。席上東郷外相は米側提案（ハル覚書）について、「之を要しまするに米国政府は終始その伝統的理念及び原則を固執し東亜の現実を没却し、しかも自らは容易に実行せざる諸原則を帝国に強要せんとするものにして、わが国がしばしば幾多の譲歩をなせるに拘らず、七ヵ月余にわたる今次交渉を通じ、当初の主張を固持して一歩も譲らなかったのであります。惟《おも》うに米国の対日政策は終始一貫してわが不動の国是たる東亜新秩序建設を妨碍《ぼうがい》せんとするに在り、今次米側回答は、仮に之を受諾せんか、帝国の国際的地位は満州事変以前よりも更に低下し、わが存立もまた危殆《きたい》に陥らざるを得ぬものと認められるのであります。（中略）要するに右提案は到底わが方においては容認し難きもので、米側においてその提案を全然撤去するにおいては格別、右提案を基礎として此の上交渉を持続するも、わが主張を充分に貫徹することは殆んど不可能というの外なしと申さなければなりません」と述べた（服部卓四郎著『大東亜戦争全史』原書房）。

東条首相はじめ政府と統帥部の各責任者より所管事項の説明がなされ、出席者全員の賛成で開戦が決定されたのである。

対米英宣戦布告は十二月八日である。陸海軍の統帥部は出先の部隊に対して十二月八日開戦を知らせた。すでに十一月二十六日、ハワイ作戦のため択捉《エトロフ》島の単冠《ヒトカップ》湾を発進して一路北太平洋を東航中のわが海軍機動部隊に対しては、十二月二日夜「新高山登れ《ニイタカヤマノボ》一二〇八」という陰語電報が発信された。「開戦は十二月八日と決定せらる、予定通り攻撃を決行せよ」との命令であった。

第十三章　太平洋戦争の戦況経過

一九四一年（昭和十六）十二月八日　マレー半島上陸とマレー沖海戦

この日午前一時を期して、ハワイ作戦に呼応してマレー半島のシンゴラ・コタバルそしてバタニーに上陸した日本軍は、東と西の海岸線をきそうように南下した。目指すは東洋最大の英拠点シンガポール、猛将山下奉文司令官は目を見はらせるスピードで英軍を追いつめた。この知らせをきくと、イギリス東洋艦隊司令官フィリップは日本の輸送船団を撃滅しようと直ちに出動命令を出し、旗艦プリンス・オブ・ウェールズ、主力艦レパルス、駆逐艦三隻を率いてシンガポール軍港を出航した。これに対し日本は仏印基地の航空戦隊による空爆で、プリンス・オブ・ウェールズとレパルスの二主力艦を空爆だけでマレー沖に沈めた。またこの日グアム島を占領している。英首相チャーチルは「戦闘の全期間を通じて私はこれ以上大きなショックを受けたことはない」とその回想録に記している。

同年同月日　真珠湾奇襲

マレー上陸より少しおくれて真珠湾奇襲攻撃が行われた。大本営は「帝国海軍は本八日未明ハワイ方面の米国艦隊ならびに航空兵力に対し決死的大空襲を決行せり」と発表した。続いて同日「撃沈（戦艦五・給油艦船一）、大破（戦艦三・軽巡二・駆逐艦二）、中破（戦艦一・乙巡四）、航空機（炎上約四五〇・撃墜一四・撃破多数）、格納庫（一八棟を炎上または破壊）と発表」。そして戦火をあおるように「米太平洋艦隊ならびにハワイ方面航空兵力を全滅せしめたり」と発表した。国民もこの威勢のいい発表にすっかり戦勝気分にひたってしまった。「空母に損害を与えていない。空母が健在である間は油断はできない」という意見など一笑に附されてしまった。
ところで実際に米太平洋艦隊の一二〇隻はどんな打撃をうけたのであろう。数表は省略するが米太平洋艦隊はわずかにその一割を失ったにすぎなかった。戦艦も完全にやっつけたのは二隻であった。日本側の損失は未帰還機二九機、特殊潜航艇五隻と発表された。こういう報告もあるのである（『大東亜戦史　1太平洋編』富士書苑）。

同年十二月二十五日　香港全島占領

香港はシンガポールと並ぶイギリスの根拠地である。また蒋介石政権のいわゆる「援蒋ルート」の拠点であった。

一九四二年（昭和十七）マニラ占領

東南アジアでアメリカの根拠地はフィリピンである。本間雅晴中将率いる第十四軍は前年十二月二十二日ルソン島に上陸した。対するマッカーサーは二十三日首都マニラに戦火が及ぶのを恐れて、バターン半島に撤退し、マッカーサーはコレヒドール要塞に入った。日本軍はマニラを無血占領した。マニラから退却した米比軍は実はバターン半島にこもって日本軍を待ちかまえていたのである。マッカーサーははじめからバターン半島で決戦するつもりで一年前から準備をしていた。ジャングルに覆われた山岳地帯には三段構えの強固な陣地が築かれ、米軍三万・フィリピン軍七万に上った。一方の日本軍は米軍の戦力はせいぜい三万と判断し本間司令官はマニラ占領後第十四軍の最強部隊第四十八師団を蘭印攻略に回してしまった。そしてバターン半島に送り込んだのは本来なら後備部隊の第六十五旅団約七、〇〇〇名だった。第六十五旅団は壊滅的な打撃を受けた。順調に推移した初期の南方作戦では唯一のつまづきとなり、作戦後本間中将は責任を問われ予備役に編入（現役を引退）された。

同年二月十五日　シンガポール占領・英軍降伏

マレー方面軍司令官は山本奉文中将、イギリス軍司令官はパーシバル中将。イギリス軍降伏について山下中将が言った言葉が「イエスかノーか」である。この言葉で降伏を迫ったことで有名になった。シンガポール占領後の山下軍政は一般の現地民からも歓迎された。山下将軍の人気は現地だけに限られたものではない。真珠湾攻撃と並んで太平洋緒戦の最も輝かしい戦果であり、陸の山下奉文は海の山本五十六と並んで最も偉大な国民的英雄となった。

同年二月二十七日　スラバヤ沖海戦

マレー半島上陸と違ってジャワ島攻略には強力な英・米・蘭連合艦隊が待ち受けているはずであった。このため四一隻の大輸送船団護衛のため強力な艦隊が編制されていた。艦隊と艦隊が洋上にまみえる海戦は開戦以来はじめてである。午後四時四十一分に戦端を開いて実に七時間余りを経過した長い激闘の連続であった。ついに敵艦隊は去っていった。

同年二月二十八日　バタビア沖海戦

二月二十八日夜半、スラバヤ沖からのがれた米重巡ヒューストン、英軽巡パース、オランダ駆逐艦エヴェルツェンの三隻はバタビアから、英重巡エクゼター、米軽巡ポープ、英駆逐艦エンカウンターの三隻はスラバヤから出撃した。日本陸軍部隊の輸送船団を攻撃してジャワ上陸をはばもうというよりは、インド洋にのがれ日本艦隊の追撃から脱出しようとする脱出作戦とみられた。この戦闘で英軽巡パース、米重巡ヒューストン、英重巡エクゼター、英駆逐艦エンカウンター、米軽巡ポープは撃沈され、オランダ駆逐艦は沈没同様に座礁した。

同年三月八日　日本軍ラングーン占領

ビルマ攻略は日本にとって大きな意味を持っていた。なぜなら香港占領後残された援蒋ルートがビルマのラングーン(現ヤンゴン)を拠点とする「ビルマ・ルート」だったからである。

同年三月九日　ジャワのオランダ軍降伏

日本が米英との開戦に踏みきった最大の理由は石油の産地蘭印を占領するためだったといってもいい。そのため日本軍は二月中旬頃から油田の集中するスマトラ島とボルネオ島の攻略にとりかかった。そして三月一日から最後の仕上げとしてジャワ島の攻略を開始した。

蘭印攻略は南方作戦でもっとも簡単に成功した作戦だった。その大きな要因としては住民の日本軍への協力とオランダ軍の士気の低さがあげられる。住民たちはオランダの圧政に苦しんでいた。彼らはやってきた日本軍を好意的に迎えた。蘭印には昔から「北方から黄色い人がやってきて我々を解放してくれる」といった伝説があった。日本人の肌は蘭印の人よりも黄色かったし、日本軍落下傘部隊が使用した落下傘は真っ白だった。日本軍の行く先々「空の神兵」として人々は歓迎し協力を惜しまなかった。

同年四月五日　インド洋作戦

シンガポールを追われた英東洋艦隊の残存兵力は根拠地をセイロン島に移していた。日本軍にはインド洋の制海権を盤石にすることが求められた。すなわちイギリス東洋艦隊をインド洋から排除し、援蒋物資を断絶することである。日本軍はセイロン島に南雲忠一中将率いる機動部隊を差し向けた。

攻撃は四月五日早朝、目標はセイロン島のコロンボ港である。ここで重巡洋艦「ドーセットシャー」、「コンウォール」の二隻を急降下爆撃で撃沈し、さらに四月九日小型空母「ハーミス」を発見撃沈した。インド洋の制海権は完全に日本の手に渡った。

同年四月十一日　バターン半島占領

難攻不落を誇ったバターン半島の米比軍も四月十一日ついに投降した。最初の作戦計画から二ヵ月以上も遅れてであった。

第一次攻撃（本間軍司令官指揮下の第六十五旅団による戦闘）で意外の抵抗に前進をはばまれた日本軍は四月に入って、第四師団の増援を受けようやくコレヒドール島を占領し、九日に米軍は降伏した。もっともこれより早く三月十一日マッカーサーは「I shall return」（私は還ってくる）の名せりふを残してオーストラリアに脱出している。

バターン攻略戦で降伏し捕虜となった米軍将兵は七万に及んだといわれる。だが護送用の車両を持っていなかった日本軍は捕虜を収容所まで六〇キロも歩かせて移送した。炎天下の長距離行軍は食料不足と相俟って、二万七、〇〇〇名もの死者を出すという悲惨な結果となった。此の世の地獄さながらでありながら、焼け野原・炎天・食糧皆無・極度の疲労、そうした中で誰も彼もどうしようもなく、手のほどこしようもなかった。世にいう「バターン死の行軍」である。

同年四月十八日　東京初空襲

米国の空母ホーネット、エンタープライズからのB25は通り魔のように東京・横浜・名古屋・神戸の空をひっかき回した。被害は少なかったが、国民に与えた心理的な影響は大きかった。

同年五月七日　珊瑚海海戦はじまる

日本海軍はオーストラリアのポートモレスビー攻略をめざしていた。これに必要な上陸部隊を安全に輸送するために「翔鶴」「瑞鶴」「祥鳳」の三隻の空母が珊瑚海の警戒に当たった。しかしこのころまでにアメリカは撃沈した日本艦艇から暗号書を回収し、日本海軍の暗号解読に成功していた。このため珊瑚海における日本軍の行動とその狙いを事前に察知し、「レキシントン」「ヨークタウン」の二隻の空母を投入して日本の作戦を阻止しようとした。

こうして珊瑚海海戦は初の空母と空母の衝突となった。この戦いで日本の空母祥鳳は沈没。アメリカの空母レキシントンも沈没。珊瑚海海戦は相討ちのかたちではあったが、ポートモレスビーは攻略できなかった。陸戦隊を満載した輸送船団は空しくラバウルに引き揚げざるを得なかった。

同年六月五日　ミッドウェー海戦

ミッドウェー海戦―それは太平洋の戦いのゆくえを決めた運命の海戦であった。開戦からわずか半年で太平洋の戦いは逆転した。ミッドウェー海戦は山本連合艦隊司令長官が真珠湾で撃ちもらした米機動部隊の撃滅を目的として計画されたものであったが、この日を境に太平洋の日本連合艦隊は傾く落日のように悲劇的な道をたどるのである。米軍は日本軍のミッドウェー島攻撃を事前に知っていた。米軍は以前から日本海軍の暗号を解読していた。

この海戦で日本は、赤城・加賀・蒼竜・飛竜の四空母と大型巡洋艦三隻を失った。当初日本は九隻の航空母艦があったが、本当に活動できるのは六隻だけ、そのうちの四隻を失ったのである。アメリカはエンタープライズ・ホーネット・ヨークタウンの三隻のうちヨークタウン一隻が沈んだだけで他の二隻はまったくかすり傷も受けなかった。

日本軍大敗の原因として言われるのが、いわゆる「運命の五分間」である。米軍は日本空軍の艦上機が補給に戻ってきている瞬間がもっとも無防備になることを知っていて、その瞬間に攻撃ができるのは幸運だとした。しかし南雲機動部隊が攻撃を受けたのはまさに「その瞬間」だった。米軍の攻撃があと五分遅れれば艦上機は空母から出撃し、状況はまったく違っていたのである。

「運命の五分間」を招いた最大の原因は、戦闘中の兵装転換にある。第一次攻撃を終えた時点で、空母で待機していた艦上攻撃機は戦艦攻撃用の魚雷を抱いていた。それを対地攻撃用の八〇〇キロ爆弾に兵装転換せよとの命令が出された。ところがその兵装転換が終わりかけたとき、哨戒機から「米機動部隊発見」の報が入った。再び兵装を対艦用の魚雷に戻すよう命令が出た。兵装転換は手間がかかる作業で、爆弾を魚雷に換えるには一時間以上はかかる。この瞬間をつかれたのである。

同年八月~翌一九四三年二月　ガダルカナル島をめぐる攻防戦

一九四二年八月七日米軍がガダルカナル島上陸。島にはすでに日本海軍陸戦隊と同設営隊が六月十六日上陸して飛行場の建設をはじめていた。ようやく完成まもない時期に米軍がやってきて飛行場はたちまち占領されてしまった。

同年八月八日　第一次ソロモン海戦

日本側はラバウルの航空兵力で必死の反撃を試み、また重巡洋艦「鳥海」以下五隻、軽巡洋艦三隻、駆逐艦一隻からなる第八艦隊（司令長官三川軍一海軍中将）がラバウルから急行した。第八艦隊は八日夜連合軍側と遭遇して第一次ソロモン海戦が発生し、第八艦隊は米濠艦隊になぐりこみをかけた。敵の巡洋艦五隻、駆逐艦六隻の大半がわずか三十分の間に壊滅的な打撃を受けた。

しかし日本艦隊は追い討ちをしないで去った。これに対しキング元帥の報告書は次のように記している。

「この巡洋艦同士の戦闘の結果、日本軍はガダルカナルの海岸に人員・物資の揚陸中だった米輸送船団に対し、何らの攻撃を加えることなくひき上げたのであった。日本軍はこの有利なバランス・オブ・パワーを利用して艦隊戦闘を敢行し、この絶好の機会を利用する努力をなにもしなかった」

同年八月二十一日　ガダルカナル島で一木支隊壊滅

八月十六日ガダルカナル島に上陸した部隊は勇猛な部隊長の下、物量を誇る米軍陣地を一気にたたきつけようと部隊長みずから先頭に立って突撃した。上陸五日後のことである。だが敵の膨大な量の鉄火をあび、部隊はたちまち壊滅し、部隊長も自刃して果てた。あっけないばかりなこの終末を遂げた部隊は名を一木支隊（隊長一木清直大佐）という。

続いて八月末に川口支隊（隊長川口清健少将）の約六、五〇〇名を送ったがこれも失敗した。原因は敵情判断の甘さに加え、増援を小出しに出すという愚を繰り返したことにある。その愚をまた繰り返した。日本は第二師団を上陸させ、十月二十四日に総攻撃を開始した。しかし米軍の巧みな戦術になす術《すべ》もなくジャングルに敗走するしかなかった。

同年八月二十四日　第二次ソロモン海戦

八月二十三日から二十五日にかけて起こった海戦では形勢が逆転した。珊瑚海海戦・ミッドウェー海戦に次ぐ三回目の空母対空母の戦いとなった。この海戦では、米軍が空母「エンタープライズ」を中破、艦上機二〇機を失ったのに対し、日本は軽空母「龍驤」を撃沈され、零戦三〇機・艦爆二三機・艦攻六機・水偵三機を失った。日本はこの海戦を「第二次ソロモン海戦」と呼んだ。

同年十月二十六日　南太平洋海戦

米軍は第一次ソロモン海戦の敗戦にもこりずガダルカナル島に陸軍を揚げ兵力を増強しているという情報が入った。それで前述の第二師団を送り込んだのである。この陸上戦闘を支援するために南雲忠一中将率いる機動部隊第三艦隊が援護に当たることになった。そして十月二十六日サンタクルーズ諸島沖で米機動部隊と遭遇、熾烈な海空戦が起きた。日本軍は空母四隻を含め戦艦等五五隻、米軍は空母「エンタープライズ」「ホーネット」を含む戦艦・重巡等二六隻だった。

結果は米軍が空母「ホーネット」を失い、空母「エンタープライズ」、戦艦「サウスダコダ」、巡洋艦「サンジュアン」などが大中破した。日本も空母「翔鶴」「瑞鳳」など二隻が大中破し、重巡「筑摩」が被爆して一九三名戦死、重軽傷者九五名となった。戦闘は総崩れとなった米機動部隊が退却して幕となった。この海戦を日本は「南太平洋海戦」と呼び、この戦いが日本海軍にとって最後の勝利となった。

同年十一月十四日　第三次ソロモン海戦

南太平洋の敗戦にもこりず、米軍はガダルカナルへの補給をやめなかった。総攻撃の失敗によって大本営もようやくガダルカナルの戦局が容易ならぬ事態となったことを知った。それでも大本営はガダルカナル島の奪取をあきらめなかった。

今度は第三十八師団に海軍特別陸戦隊を加えた一万三、五〇〇名と、飢餓に襲われているガ島の将兵を救うために大量の食糧と武器弾薬を送ることにした。一一隻の輸送船が用意され、連合艦隊は船団の直接護衛を第二水雷戦隊にあたらせ、支援部隊として第八艦隊から重巡「鳥海」「衣笠」、軽巡「五十鈴」などに出動命令を出した。さらに第三艦隊から戦艦「比叡」と「霧島」を中核とした挺身攻撃隊を編制、ルンガ飛行場への艦砲射撃を命じた。何としても船団を守り、ガ島の飢餓を救おうという作戦だった。

戦果は惨たんたるものだった。船団七隻は空爆により沈没、残った船も海岸に乗り上げて、兵員と軍需品を陸上げしたものの夜明けとともに空襲を受け、陸上げした食糧も武器弾薬もほぼ全て焼失してしまった。日本軍はこの海戦を「第三次ソロモン海戦」と名付けたが、第三十八師団で上陸出来たのは半数にも満たない約五、〇〇〇名だった。それも丸腰で食糧はなくまさに餓島であった。

一九四三年（昭和十八）二月一日　ガダルカナル島撤退

赤道直下のニューブリテン島ラバウルから南東へ約一、〇〇〇キロメートル、ソロモン諸島の一つガダルカナル島に日本海軍が飛行場を建設しほぼ完成させたのが一九四二年（昭和十七）八月はじめ、そこへ八月七日約一万九、〇〇〇人の米海兵隊が上陸し飛行場を占領した。大本営は当初米軍の本格的反抗は四十三年中期以降と予想していたこともあり、ミッドウェー攻略用の一木支隊を派遣したがその先遣隊約九〇〇人が八月下旬全滅、続いて川口支隊約六、〇〇〇人を派遣したがこれも九月下旬敗退。事態の重大さに気づいた大本営は第二師団約一万四、〇〇〇人を増派したがこれも失敗。大本営はさらに第三十八師団を増派したが、すでに制海権を失っていたため、弾薬や食糧の補給が困難となり、日本軍にとって同島は「餓島」となった。

一方米軍の増強は日増しに活溌となり、同年十一月には約四万人規模となった。戦力消耗戦に危機感を強めた大本営はついに同島からの撤退を決定、一九四三年二月に残存将兵約一万人を撤退させた。日本軍の戦病死者数は約三万人にも達した。

同年四月十八日　山本五十六連合艦隊司令長官死す

日本軍がガダルカナル島を撤退してからというもの、東部ニューギニア・ソロモン群島方面の米軍航空兵力はますますほしいままに暴れ回っていた。連合艦隊司令長官山本五十六大将は、この米航空兵力撃滅作戦を練っていた。いよいよ航空部隊の総力をラバウルに結集して決戦をいどもうというのである。山本司令長官は最前線のブーゲンビル島南部のブイン飛行場に向かう途中、敵機により爆撃され戦死したのである。山本長官の前線視察日程は、ハワイの米太平洋艦隊暗号解読班にすべて解読されていた。

同年五月二十九日　アッツ島日本守備隊全滅

日本軍は前年五月二十九日輸送船衣笠丸（八、〇〇〇トン）は重巡「那智」を旗艦とする第五艦隊に守られて青森県の大湊を出航した。これは敵の目をひきつけてミッドウェー作戦を成功に導くための陽動作戦で、このためにアッツ島、キスカ島に上陸したのである。

一九四三年（昭和十八）五月十二日米軍はアッツ島に上陸した。アッツ島はアリューシャン列島の尖端にある島である。孤立無援の守備隊将兵二、四〇〇名は十八日間にわたって十倍の米軍を迎え撃ち、ついに五月二十九日山崎部隊長以下最後の夜襲を決行して全滅した。戦車もなく、飛行機もなく、怒涛のように迫る近代装備の米軍に反撃を加え十八日間戦力をたもったことは脅威といえる。キスカ島の守備隊は七月二十九日濃霧の中撤収に成功した。

同年十一月二十五日　米軍タラワ、マキン島に上陸、日本守備隊全滅

ガダルカナル戦に勝利した米軍は、いよいよ日本本土攻略をめざした。その最初の目標はギルバード諸島のタラワ、マキン島である。十一月二十一日タラワ、マキン島に米軍は一斉に上陸を強行した。スプルーアンス中将を総指揮官に空母六隻、重巡四隻をはじめとする約二〇〇隻の艦船と、第二海兵師団を主力に一万八、三〇〇名が投入された。

タラワには柴崎忠次海軍少将を指揮官に約四、五〇〇名が守備についていた。日本軍の抵抗は激しく米軍を震えあがらせたが、補給も望めない日本軍は次第に追いつめられ、守備隊で生き残ったのはわずか一四六名（軍属を含む）。米軍の損害は戦死九三四名、負傷者二、三〇〇名以上にのぼった。

マキンには六九三名が守備についていたが、米軍はラルフ・スミス陸軍少将率いる六、四七〇名が上陸した。日本軍守備隊はほぼ全滅し、生存者は軍属を含めわずか一〇五名であった。

一九四四年（昭和十九）一月七日　大本営インパール作戦認可

指揮官の単なる名誉心、陸軍の無理な作戦のために戦死者二万八、〇〇〇名、餓死者など戦病者四万名もの犠牲を出したのがインパール作戦である。

インパールはインド東部に位置し、当時はイギリスの統治下にあって英印軍の軍事拠点地でもあった。このインドの隣国ビルマ（現ミャンマー）は日本軍が占領し、連合軍による中国への補給路、いわゆる「援蒋ルート」が遮断されていた。連合軍はなんとかしてビルマを奪還し援蒋ルート再開を目論んでいた。一方日本軍はインパールを叩くことで中国軍を弱体化させビルマ防衛を確かなものにできると考えていた。

一九四三年（昭和十八）三月日本軍はビルマ方面軍（司令官・河辺正三中将）の下に第十五軍（司令官牟田口廉也中将）を新設した。すると牟田口中将は「インパールは三週間で占領できる」と豪語し、配下の師団長や参謀が反対するなか強引に作戦を決定した。

ビルマからインパールを攻めるには標高二、〇〇〇メートルのアラカン山脈を越えなければならず、車輌は役に立たない。師団長たちの反対は主に補給困難にあったのだが、牟田口中将は反対を押し切って作戦を実施した。反対した総参謀副長・稲田正純少将は東条首相と富永恭次陸軍次官によって更迭された。同じく反対した第十五軍参謀長の小畑信良少将は牟田口自身によって罷免された。

にもかかわらず作戦は一九四四年一月七日大本営によって認可され、三月八日日本軍三個師団は一斉に悲劇の進撃を開始した。インパールは三週間で占領するというシナリオだったため将兵たちに渡されたのは三週間ほどの食糧だけだった。携帯した三週間分の食糧はあっという間に底をつき、飢えと寒さで立往生となった。さらに五月からの雨期が将兵の体力を急速に奪っていった。六月に入り形勢は逆転していく。日本軍は立ち直った英印軍の猛攻に対抗できる気力・兵器も残っていなかった。残された道は世界一の大豪雨地帯であるアラカン山脈をいかにして退却するかという点だけであった。

師団長らは牟田口軍司令官に撤退を進言したが牟田口は聞く耳を持たなかった。それどころか部下を守るために後退命令を出した佐藤幸徳師団長を解任したり、他の二人の師団長を「戦意不足」を理由に更迭してしまった。作戦開始から四ヵ月後の七月になってようやく牟田口は撤退命令を出す。しかし時すでに遅く、三個師団の将兵は飢餓と病魔に襲われ、インパールからビルマに通じる道筋には白骨化した死体が延々と続いた。まさに地獄のような〝白骨街道〟だった。戦病死・負傷者は約七万二、〇〇〇人に達した。

責任者である牟田口軍司令官は八月には東京に戻り、戦後も作戦の責任を部下におしつけ反省はなかった。

同年二月六日　クエゼリン、ルオアト両島日本守備隊全滅

ギルバード諸島を奪還した米軍の次の目標はマーシャル諸島であった。米軍が狙ったのはクエゼリン島であった。日本のクエゼリン守備隊は、海軍・陸軍合わせて約八、一〇〇名だった。一九四四年一月三十日早朝クエゼリンは米軍に包囲された。空母一九、戦艦一五、重巡一二、軽巡六、駆逐艦九二など総数三〇〇隻を超え、兵員は約八万名で日本軍の約十倍だった。

米軍は二月二日上陸に成功、火炎放射器であぶり出し作戦を実施し日本軍はトーチカごと潰されていった。米軍の強力な砲爆撃と圧倒的な兵力を前に守備隊は次々と陣地を失い、二月四日には海軍首脳部全員が自決し、残存兵は阿蘇太郎陸軍大佐に指揮され、翌五日突撃して玉砕する。こうしてクエゼリンの日本軍の約八割にあたる四、一三〇名が戦死し、本島以外でも三、二一〇名が戦死した。

同年六月十五日　米軍マリアナ群島のサイパン上陸、七月七日　日本守備隊全滅

一九四四年六月十一日米軍はマリアナ群島のサイパン島を空襲し、十三日からは艦砲射撃を開始した。六月十五日総勢七万人の米軍はサイパンに上陸、また三〇〇輌以上の上陸用装軌車が海兵隊八、〇〇〇名の上陸を終えていた。

一方の日本軍は第四十三師団（斉藤義次司令長官・陸軍中将）と中部太平洋艦隊（司令長官・南雲忠一海軍中将）など四万人で兵力・火力とも劣勢であった。米軍の圧倒的攻勢の前に七月六日深夜から翌七日にかけて斉藤義次中将は残存兵力約三、〇〇〇名に総攻撃いわゆる「万才突撃」

を命じたあと司令部要人とともに自決した。南雲中将・第三十一軍参謀長井桁敬治少将らも自決、七日に「万才突撃」が敢行され日本軍は壊滅した。

北部のマッピ岬やタッポーチョ山の断崖に追いつめられた邦人婦女子が多勢いた。開戦当時サイパン島には製糖業「南洋開発」関係者ら約二万人の日本人がいた。これらの人たちの多くは自決や投身自殺の道を選び、うち一万二、〇〇〇人が死亡したといわれる。

この日米軍はサイパン島占領を宣言、米軍は飛行場を整備し、長距離爆撃機B29を大量配置して日本本土への空襲を強化した。日本ではやがて東条内閣が瓦解する。

同年七月二十一日　米軍グアム島上陸

八月十日日本守備隊全滅

同年七月二十四日　米軍テニアン上陸

八月三日日本守備隊全滅

同年九月十五日　米軍ペリリュー島上陸

マリアナ諸島を手中にした米軍の次の目標はパラオ諸島のペリリュー島だった。この島には東洋最大といわれる日本軍の飛行場があった。ここを占領してフィリピンに航空攻撃を実施し、マッカーサーのフィリピン奪回を支援するのが狙いである。米軍の上陸部隊は、第一海兵師団二万八、四〇〇名、対する日本のペリリュー守備隊は中川州男大佐率いる陸海軍合わせて約九、八〇〇名。

一九四四年九月十二日米軍は艦砲射撃と高性能焼夷弾による砲爆撃を開始し、周囲のジャングルを焼き払うことからはじめた。九月十五日海兵隊を主力とする約二万八、〇〇〇名が上陸戦を開始した。しかし日本軍はゲリラ戦法で徹底的に抵抗を行い、初日だけで死傷者一、〇〇〇名という大きな損害を与えた。水際で多くの戦死者を出した米軍だが、空からナパーム弾を投下、海上からは艦砲射撃、そして上陸部隊は火炎放射器と手榴弾によって日本軍の洞窟陣地を次々と陥落していった。

米軍上陸以来二ヵ月半守備隊は戦闘員も弾薬も殆んど底をついていた。司令部は玉砕を決定、中川大佐守備首脳は自決した。そしてその夜から翌朝にかけて根本甲子郎大尉を中心とした生存兵による「総攻撃」が行われた。ところが戦闘終結後も三四名の日本兵が洞窟を転々として生き延び、戦後の一九四七年（昭和二十二）四月にやっと投降した。この戦いで生還した日本兵は軍属を含めてわずか百数十名であった。

同年十月十二日　台湾沖航空戦

マリアナ諸島・パラオ諸島を占領した米軍は次の攻撃目標をフィリピン奪還と定め、最初の上陸をレイテ島とした。この作戦を成功させるため米空母機動部隊はフィリピン周辺の制空・制海権を確保しようと一九四四年（昭和十九）十月十日沖縄・台湾・フィリピン北部にかけて点在している日本軍の航空基地に大規模な空爆を加えた。

さらに十月十二日米第三艦隊は延べ一、三七八機を動員して台湾に大空襲をかけた。日本軍も海軍爆撃機「銀河」や艦上攻撃機「天山」、陸軍爆撃機「飛龍」など航空機九〇機余りが出撃したが米軍の対空射撃で五四機が未帰還となった。

しかし日本軍は十月十四日三八〇機による航空総攻撃を敢行したが、この攻撃は昼間行われたため米艦隊の対空射撃をまともに受けて二四〇機が未帰還となった。それでも日本軍航空隊は十六日まで反復攻撃を行ったが戦果は乏しく逆に被害は大きくなるばかりであった。

しかし大本営は前線からの過大な戦果報告を信じて疑わず、「わが日本軍は空母一九隻、戦艦四隻、巡洋艦七隻、艦種不明一三隻轟撃沈・撃破」と大戦果発表となった。この発表が数日後、戦果は誤報であり、米機動部隊は無傷で健在だと確認したものの、陸軍には誤報であったことを連絡しなかった。これがレイテでの悲劇につながる。

同年十月二十日　マッカーサー率いる米軍レイテ上陸――レイテ決戦

日本軍はフィリピンに進攻してくる米軍との陸上決戦はルソン島と限定し、これまでの水際撃滅作戦を改め「四段構えの縦深戦法」と称し、水際陣地・主抵抗陣地・予備主抵抗陣地・複郭陣地で迎撃する策を考えた。そうした中、「マレーの虎」こと山下奉文大将がフィリピン防衛の第十四方面軍司令官としてマニラに着任したのは一九四四年十月五日だった。

十月二十日マッカーサー元帥率いる一〇万の大軍がレイテ島に上陸した。日本軍は仰天した。というのも日本の陸軍側は海軍航空隊が台湾沖航空戦で米軍の空母部隊を全滅させたと信じていた上に、決戦場はルソン島を考えていたのでレイテには一個師団（約二万名）しか配備していなかったのである。

南方軍司令官寺内寿一元帥は、山下大将の反対にもかかわらず決戦場をレイテに変更し、ルソン島からレイテ湾へ増援部隊を送りこんだ。しかしその大半は輸送途中で米軍の攻撃で沈められ多くの将兵が水没した。翌二十一日以降、米軍は戦車や火炎放射器により内陸への進攻を開始した。戦車もなく大型大砲もない、しかも食糧補給もない日本軍は、多くは戦闘死よりも餓死によって密林に消えていった。やがて米軍の主力部隊はレイテから撤退するが、残った日本の兵士たちは終戦まで絶望的な戦いを強いられる。日本軍の戦死者（輸送中の海没戦死者を含む）は約九万名にのぼった。

同年十月二十四日　レイテ沖海戦

一九四四年十月二十三日から二十九日にかけてのレイテ沖海戦は、日米両海軍の総力をあげての戦いとなった。それは空母部隊の第一機動部隊（小沢治三郎中将）が囮《おとり》となって敵主力（空母部隊）を北方へ誘致し、その間に戦艦「大和」を旗艦とする第一遊撃隊第一部隊（栗田健男中将）、第二部隊（鈴木義尾中将）、第三部隊（西村祥二中将）、第二遊撃隊（志摩清英中将）がレイテ湾に突撃、湾内に集結している米艦隊を砲撃して叩き潰すという大作戦である。囮になった小沢部隊の空母四隻を失ったものの見事に敵を北方へ誘致することに成功する。

しかし攻撃隊である西村艦隊は米戦艦隊によりスリガオ海峡で駆逐艦一隻を残して全滅。西村艦隊より遅れて同海峡にたどりついた志摩艦隊はこの状況をみて引き返して続行不能となった。そして主力の栗田艦隊はシブヤン海で米機動艦隊の艦上機の攻撃を受け、戦艦「武蔵」が魚雷と多数の爆撃を受けて沈没、乗組員二、四〇〇名のうち一、〇二三名が戦死。その後栗田艦隊はサンベルナルジノ海峡を抜けて太平洋に出たが、そこで再び米軍の護衛空母艦隊と遭遇、交戦二時間で重巡三隻、駆逐艦一隻を失う。それでも敵の攻撃をなんとか潜り抜けた栗田艦隊はレイテ湾目前まで迫ることができた。だがそこでなぜか栗田艦隊はレイテ湾突入を断念し、反転したのである。なぜ引き返したのか、「付近に米機動部隊がいるため、これを攻撃する」と判断したからというが真相は今もって不明である。レイテ湾の米軍は反転をみて歓声を挙げた。

同年十月二十五日　神風特別攻撃隊

十月二十五日戦史に残る悲劇的な攻撃が日本海軍によって行われた。神風特別攻撃隊、いわゆる「カミカゼ特攻隊」である。

この攻撃を発表したのは海軍軍令部で、実施命令を出したのは第一航空艦隊司令長官の大西瀧治郎中将（終戦直前に自決）である。主力である栗田艦隊のレイテ湾突入を成功させるには、敵の機動部隊を叩き、少なくとも一週間ほどは空母の甲板を使えなくする必要があった。そのためには少ない残存機で確実な攻撃すなわち二五〇キロ爆弾を抱いて体当たりするしか方法がない。最初の特攻隊は敷島隊（指揮官関行男大尉）のほか「大和」「朝日」「山桜」の四隊である。関大尉らの戦果に遅れてはならじと、陸軍航空隊（第四航空隊）も特攻に参加し、以後は特攻が日常的な作戦となった。

フィリピン特攻での神風特別攻撃隊の出撃機数は四二四機。戦果は撃沈が空母四、戦艦一、巡洋艦五、駆逐艦三、輸送船二三。撃破は空母一三、戦艦三、巡洋艦八、駆逐艦一、輸送船三四。日本側の損害、海軍特攻機二二三機、戦死搭乗員四二〇名、陸軍特攻機二〇二機、戦死搭乗員二五一名である。その後特攻は沖縄戦へと移行し、八月十五日の終戦まで行われることになる。

一九四五年（昭和二十）二月十九日　米軍硫黄島上陸、三月二十二日　日本守備隊全滅

一九四四年八月末までにサイパン・グアム・テニアンを制圧した米軍はＢ29爆撃機による日本本土への長距離爆撃を開始した。同時に日本本土爆撃のＢ29の緊急着陸地と援護戦闘機の基地確保に迫られ、硫黄島に白羽の矢を立てた。

硫黄島の日本軍は、陸軍約一万八、〇〇〇、海軍警備隊約三、八〇〇、航空隊一、二〇〇、軍属ほか五〇〇、計二万三、五〇〇名くらいといわれ、兵器の主なものは、二〇センチ臼砲二〇門、ロケット砲七〇門、迫撃砲一六〇門、対戦車砲大小六〇門、小口経火器二万、対空火器三〇〇余り、戦車二〇台、その他数台の火炎放射器が準備されていた。

米軍は二月十九日海を圧する千余の艦隊をもって上陸してきたが、その前数日間にわたる米軍による爆撃、機銃掃射、艦砲射撃は休みなく続けられ、硫黄島全守備隊が頼みとも誇りともした摺鉢山要塞も一瞬のうちに破壊された。

四日間にわたる艦砲射撃と空爆によって第一線陣地が破滅すると、数百の戦車を先頭に米軍は上陸してきた。圧倒的な敵の火力の前についに日本守備隊は全滅した。日本の守備隊は陸海合わせて二万三、〇〇〇人、これに対して米軍上陸部隊の総兵力六万、機動部隊の艦艇八〇〇、参加人員二二万といった圧倒的な数量であった。

十九日午前八時、戦艦四、巡洋艦九、駆逐艦三〇、空母五隻からなる米軍大機動部隊は船団一三〇隻をともなって上陸作戦を開始し、ここに史上空前の激戦といわれる硫黄島の血戦が展開されたのである。

米軍上陸一ヵ月後の三月、栗林中将から大本営に決別の電報が届き、硫黄島守備隊は最後の総攻撃をしかけて組織的な戦闘は終わった。しかし、なお残存兵力はゲリラ戦を続け米軍を悩ませた。硫黄島の戦いで米軍は二万八、六八六名の死傷者を出し、日本軍も二万一二九名の戦死者を出した。日本側の生還者はわずか一、〇二三名だった。

同年三月九・十日　B29東京大空襲

ワシントンの陸軍航空総司令官ヘンリー・アーノルド大将はサイパンの爆撃部隊に対して大都市への焼夷弾攻撃の強化を指示した。これを受けて三月九〜十日に東京大空襲無差別夜間爆撃実施。その被害は焼失戸数二五万九〇二、死者八万三、〇七〇、重軽傷一一万三、〇六三、罹災者八八万九、二二三名にものぼった。

これまでの空襲は軍需工場などを目標にしたものであったが、今回の大空襲は今までとは根本的に異なる発想のもとに実施された。すなわち低空からナパーム高性能焼夷弾を用い、あるポイントを囲むように投下しその中をすべて焼きつくすという極めて残虐な方法であった。これを皮切りに日本全土五四都市に延べ一万五、〇〇〇機のB29が来襲した。三月十四日には大阪に焼夷弾が投下され一三万四、七四四戸が焼失、死傷者は一万三、一三五名を数えた。十七日には神戸、名古屋は三月十九日、以降数度の空襲にさらされた。

同年四月一日　米軍沖縄本土上陸、六月二十三日　守備隊全滅

一九四五年（昭和二十）四月一日午前八時三十分将兵一八万二、〇〇〇名を擁した米軍の第十軍が沖縄本島西海岸（北谷・嘉手納・読谷）に上陸作戦を敢行した。支援部隊を含めると五四万八、〇〇〇名である。迎え撃つ日本の沖縄守備隊は、陸軍の第三十二軍（司令官・牛島満中将）八万七、〇〇〇名、海軍一万名それに県民義勇隊二万二、〇〇〇名の計約一一万名余に過ぎなかった。

米軍は一週間前から徹底した艦砲射撃と空襲を加えてきた。沖縄は〝鉄の暴風〟にさらされた。日本軍は最初から長期持久戦に備え主力部隊を首里近郊の地下陣地に集結していた。しかし五月三日以降二度の総攻撃を行ったが、米軍の圧倒的な戦力の前に戦果は得られなかった。この時点で日本軍は主力三個師団の約八五パーセントに相当する六万四、〇〇〇名の戦死者を出した。

民間人にも多数の犠牲者が出た。絶望して集団自決したり、断崖から投身自殺する人が続出した。洞窟はどんなものでも米軍の攻撃の対象であった。〝ひめゆり部隊〟の最後も洞穴の中だった。六月十八日真壁の洞穴内の野戦病院にいた女学生三七人は、解散命令を受けて学生服に着がえた。

「海征かば」を歌い脱出しようとしたその時、自動小銃の弾丸が降りそそぎ三二人が戦死した。

五月二十五日日本軍は南部の摩文仁へ撤退を開始した。しかし米軍の攻撃は激しさを増すばかりで、海からは艦砲射撃、空からは爆撃や機銃掃射、陸上では戦車を先頭に火炎放射器を使っての掃討作戦に入ってきた。戦いもここまでであった。

六月二十三日牛島中将と参謀長・長勇中将が自決し組織的抵抗に終止符が打たれた。日本軍の戦死は沖縄本島だけで六万五、〇〇〇名、沖縄全域では約七万五、五〇〇名。米軍の戦死者は約一万四、〇〇〇名、負傷者約二万二、〇〇〇名であった。

戦艦「大和」が撃沈したのも沖縄戦でのことである。四月一日の沖縄本島への米軍上陸を受けて、連合艦隊司令部は、四月五日待機中の戦艦「大和」の第一遊撃隊に出撃命令を出した。軽巡洋艦「矢矧」と駆逐艦八隻を随伴させ、片道分の燃料を積んで沖縄に突進し浅瀬に乗り上げて砲台となり、敵の上陸部隊を砲撃するという特攻作戦である。指揮官の伊藤整一中将らは「大和特攻」に猛烈に反対したが、草鹿龍之介参謀長ら連合艦隊司令部の「一億総特攻のさきがけとなってもらいたい」との懇願が沖縄への海上特攻を了承したのである。

当時は「一億玉砕」「一億総特攻」がスローガンで、米軍が本土に上陸してきたら最後の一人まで戦い抜くことが求められていた。四月七日早朝薩摩半島坊の岬沖で「大和」を察知した米軍は空母部隊に攻撃命令を発した。その兵力は新鋭空母一二隻、艦載機およそ八〇〇機。一方「大和」に護衛艦はなかった。十二時三十二分敵機二〇〇機以上が急降下爆撃を開始、それ以降魚雷九本と爆弾三発を命中させられ、不沈といわれた巨艦は大きく傾き、十四時二十分「大和」は横転、大爆発を起こして沈没していった。「大和」の乗員二、七三三名を含む第一遊撃隊三、七二一名全員が戦死した。

同年八月六日　広島に原子爆弾投下

この日マリアナ諸島のテニアンからB29が広島に向かい、八時十五分原子爆弾を投下した。その被害は甚大で十一月の調査の段階で死者七万八、一五〇名、行方不明者一万三、九八三名、重傷者九、四二八名、軽傷者二万七、九九七名、全焼家屋五万五、〇〇〇戸、全壊した家屋六、八二〇戸に及んだ。なお一九九〇年（平成二）五月十五日に厚生省が発表した原爆による死者の数は二〇万一、九九〇名である。見るも無残な光景はまさに此の世の地獄絵であった。

原子爆弾投下といい、先の東京大空襲といい、いずれも一般市民を対象にした虐殺行為であり国際法に違反している。この国際法に違反した一般市民虐殺と戦争行為とは問題が別なのである。それを一緒に考えて原爆のおかげで戦争が早く終了したのでよかったと考えるのはまったく筋の通らない理屈である。原爆や東京大空襲のような一般市民を対象にした爆撃を実行した者こそ戦争犯罪者の第一級たるものであると私は考える。

同年八月八日　ソ連対日宣戦布告

八月八日ソ連は日ソ中立条約を一方的に破棄して対日宣戦を布告した。ソ連は原爆投下をみて、日本が降伏しないうちに、戦後の分け前を取りそこねないよう予定より早く参戦に踏み切ったのに違いない。そして八月九日にはソ連は怒涛のように満州になだれこみ、無防備な日本人移住民に暴虐のかぎりを尽くし、あまつさえ大量の日本人（兵士も住民も）をシベリアの奥地に連行し戦争が終わったにもかかわらず、不法にも苛酷な強制労働に従事させるなど、違法な行為はまことに惨虐非道なものであって、私にとっても生涯忘れることはできない。また日本固有の領土である北方四島（歯舞群島・色丹島・国後島・択捉島）も終戦後八月二十八日から九月三日にかけて占領したのであった。

同年八月九日　長崎に原子爆弾投下

これにより全人口二七万の内、死者二万三、七五三、負傷者四万三、〇二〇、計約七万の死傷者が出た。

同年八月十四日　日本ポツダム宣言受諾

同年八月十五日　日本降伏、天皇終戦の詔勅放送
同年九月二日　　降伏文書調印、戦争終了す

以上太平洋戦争の戦況について述べたが、その内容は、『大東亜戦史』（1太平洋編、2ビルマ・マレー編、3フィリピン編、4蘭印編、富士書苑）、『キーワード太平洋戦争』（太平洋戦争研究会著・新人物往来社）、『アジア・太平洋戦争』（吉田裕・森茂樹著・吉川弘文館）、『大東亜戦争全史』（服部卓四郎著・原書房）、『太平洋戦争〈上・下〉』（児島襄著・中公新書）等を参考に記した。

【附記二】情報こそ最高の戦力

この戦争を通していかに日本が情報戦において劣っていたかが分かる。いや劣っているというよりも情報を大事に扱っていなかったというべきであろう。敵状を知らずに戦うほど無謀なことはない。敵状を知るには情報を集めることであり、そこから正確な情報を得ることである。また正確な情報を掴んでも、それを作戦に活かさなければ何にもならない、それが出来なかった。陸軍も海軍もバラバラに戦さをし、また参謀本部内でも作戦部と情報部の連絡調整はあまり行われず、作戦第一主義であり、情報は軽視された。

情報軽視がいかに悲惨な敗戦となるかを、レイテ決戦を例にとって記してみたい。以下に記すものは、堀栄三著『大本営参謀の情報戦記 情報なき国家の悲劇』の中から抜粋したものである。

情報部のドイツ課にて

大本営第二部（情報部）第十六課（ドイツ課）に入った堀は西郷従吾課長の下でたった一人の課付参謀（課長を補佐する参謀）であった。西郷課長は新任の堀をまず駐日ドイツ大使館付武官クレッチメル少将に引き合わせるため都内の料亭に一席を設けた。見るからにドイツ人という四角な厳めしい顔に肩の張った大柄の将軍は一目会ったら一生忘れられない印象であった。この席でクレッチメル少将から、日本海軍の暗号が米軍に盗まれてはいないだろうか？という懸念が表明された。

クレッチメル少将の説明によると、前年（昭和十七）八月十七日の米潜水艦によるマキン島の奇襲攻撃はどうみても怪しいというのである。日本側はガダルカナル島への米軍の反攻を容易にする牽制作戦と考えているようだが、日本守備隊四〇名に対し、米軍は二〇〇名の海兵隊を奇襲して上陸、普通ならそのまま島を占領するところを二日目にさっと引き揚げてしまったのには裏がある。日本は米軍の知識に乏しいが、ドイツではこれを米軍の典型的な暗号書奪取作戦だとみている。米軍は欧州でもこれに類似したことをしており、重要書類を奪取する専門部隊を持っている。撃沈した船に潜水夫を潜らせたり沈みかけた潜水艦に跳び移って暗号書を奪ったり、停泊中の商船から巧みに暗号書を盗んだりするのを常套戦法としているから注意が肝心だ。マキン島にせっかく上陸しておきながらすぐ引揚げるやり方には疑問が残ると述べた。さらにクレッチメル少将は、ミッドウェー海戦での日本の大敗北も暗号のせいではないかと意見を述べた。

「海軍の暗号がやられている！」

「体に注意してようく第一線を見てこい！」、南方戦線に出発の前日杉田課長の激励の言葉は意外に短かった。南方戦線を視察して第一線部隊の状況、特にニューギニア、比島の地形や地誌をできるだけ自分の目で見て戦法研究に役立てることが、実戦型課長杉田大佐の堀に与えた出張の命令であった。その裏には現地に脚をつけさせて戦法研究に箔をつけてやろうという部下を思う温情があった。

それにしても人間の運命というものは実に不可解なものである。三時間後ラバウルの飛行場に独り降り立った堀は、はじめてそのことを知った。飛行場勤務将校が堀に走り寄ってきて、「あなたひとりですか？」と尋ねてきたのだ。聞けば堀より二十分前に発ち、すでに到着している筈の海軍の将官一行の搭乗した海軍輸送機がまだ到着していないというのである。堀を迎えにきた第八方面軍第二課の参謀は即座に「(海軍機は) やられたな」と呟いた。

この年の四月十八日山本連合艦隊司令長官機が撃墜されている。それ以後はブーゲンビル方面の米軍艦隊攻撃に出撃する海軍航空機が米軍機の待ち伏せに遭うことがだんだん多くなって、第八方面軍でも「もしや暗号が？」と疑い出しているとのことだった。それよりも堀には二ヵ月前にドイツ武官クレッチメル少将が都内の料亭での会食の席で西郷大佐に囁いた言葉が耳に残った。「海軍暗号がやられている！」、それは確実に近い第六感として湧き上がってきた。

情報戦から見た真珠湾攻撃

情報戦争は当然戦争の起こる前からはじまっているのである。一年前？いや五年前？とんでもない。米国が日本との戦争を準備したのは、寺本中将の言うごとく大正十年からであるという。その位前から情報戦はすでに開戦していて情報の収集が行われていたのである。

事前に収集する情報は軍事的なものだけではない。例えば経済（国力の検討）、資源（石油・鉄鉱など国力の基本となるもの）、人口（動員数の検討）、産業（生産能力）、教育（愛国心のバロメーター）、船舶量（輸送能力）、歴史、思想といったあらゆる分野の情報からその国の戦争能力をはじき出していかなければならない。

これらを調査するのは、新聞、雑誌、公刊文書諜報のほかに、スパイ網をその国の中に十分に余裕をもって作り上げておかなければいざという時に役に立たない。このスパイ網を摘発して諜者（スパイ）の活動を防止するのが防諜である。防諜では日本民族ぐらい世界の中でのんびりしている国はない。

また一例を挙げよう。第二次世界大戦で日本が開戦するや米国がいの一番にやったことは、日本人の強制収用だった。戦後になっても日本人は、これが何のためだったか知ってないし、知ろうとしない。戦後四十年経って米国は何百万ドルを支払って「ごめんなさい」と議会で決めているから実に立派な人道的民主主義の国だと思っている人が多い。

どうして日本人はこんなにまで「おめでたい」のだろうか？ 裏からみればあれが日本武官が営々として作りあげてきた米国内のスパイ網（もちろん日本人全部というわけではない）を破壊するための防諜対策だった。とどうして考えないのであろうか。

米国人は国境を隔てて何百年の間、権謀術数に明け暮れた欧州人の子孫である。日本人のように鎖国三百年の夢を貪ってきた民族とは情報の収集や防諜に関しては全然血統が違っている。四十年後に何百万ドル払って不平を静めようが、戦争に負けるよりはぐっと安いのである。

情報の審査―航空機が怪しい

堀を中心とする米軍戦法研究グループが注目したのは、昭和十八年十一月五～十七日にわたる六次にわたるブーゲンビル島沖海軍航空作戦と、十一月二十一日～二十九日の四次にわたるギルバート沖海軍航空戦の戦果であった。
大本営海軍部の発表を総計すると
撃沈：戦艦三、航空母艦一四、巡洋艦九、駆逐艦一、その他四
撃破：戦艦二、航空母艦五、巡洋艦三、駆逐艦六、その他二
さらに十二月五日のマーシャル沖海軍航空隊の戦果が、撃沈中型空母一、大破大型空母一、と発表された。この時点で計算上では米海軍には航空母艦は一隻もなく、米艦隊の活動能力はゼロで、全部海底に沈んだことになっていた。

寺本中将の陣中日誌十二月三日に「ブーゲンビル島沖海軍の航空戦立派な大戦果、航空母艦はじめ轟沈大、慶祝々々」と書いてあったし、ラバウルの第八方面軍では「今こそ戦機なり、直ちにタロキナに上陸せる米海兵師団を撃滅せよ」と今村大将は軍参謀をブーゲンビル島に派遣して作戦を指導させている。

大本営陸軍部内でも第二部長（情報部）が第一部長（作戦部）に「米国では南太平洋に行くことだけはご免だということであり、ソロモン帰りは気狂い、マラリアその他悪性の者が多いとのことで、ブーゲンビル航空戦の影響で株は下がる小麦の買溜めがはじまり市況が混乱しかけている」と述べており、日本国内、第一線部隊、外国駐在公使館が一斉にこの大戦果にはしゃいだ。

しかし情報の総元締である大本営第二部長がこの体たらくであったとは驚かざるを得ないが、

その深層には陸軍と海軍が双方とも何の連絡もなく勝手に戦果を発表していたため陸軍は海軍の発表を鵜呑みにする以外にないという日露戦争以来変わっていない二本建ての日本最高統帥の組織的欠陥があった。一般国民からみれば、大本営は一つであったはずだが、内では陸軍と海軍がお互いに真相を打ちあけることなく、二つの大本営が存在していたのである。

そんな日本軍の事情に関係なく米軍はニューギニアと中部太平洋で一斉に大強襲に移っていたから皮肉である。

戦法研究の最初の段階で堀たちのグループが抱いた疑問の第一が、ゼロになった米海軍がどうしてかくも堂々と大艦砲射撃を強行できるか、であった。

海軍航空戦の戦果はいつも突出していた。「第一線の航空部隊では各飛行機の報告をどのように審査しているのだろうか?」。これを調べなければ正確なことはわからない。しかしいかにも怪しい──これが堀たちの印象だった。堀たちはこの原因を調査した。

情報は収集するや直ちに審査しなければならない。航空戦の場合はいったい誰が、どこで戦果を見ているのだろうか?真珠湾攻撃のときは、戦果の写真撮影があって戦果の確認が一目瞭然であった。その後の航空戦では真珠湾のときのような戦果の確認ができていない。帰還した飛行士の報告と、司令官や参謀が「そうか、ご苦労」と肯く以外に方法がないようだ。航空戦の実相は、戦闘参加機以外の誰かが写真その他で戦果を見届ける確認手段がない限り誇大報告は避けられない。誇大報告はいずれにしても大変な影響を与えた。

第八方面軍の今村均大将は

「海空軍の数次にわたる大戦果に鑑み、当面の敵（ブーゲンビル島タロキナ岬へ上陸した米海兵師団）を撃摧《げきさい》するは此の機を逸して期待し難し」と判断して、原四郎中佐作戦参謀を急遽ブーゲンビル島に派遣して「必死敢闘」との今村大将の訓示を伝達させ、第十七軍司令官百武晴吉中将にタロキナに上陸した米軍を速やかに撃滅することを命令した。気の毒なのはブーゲンビル島の第六師団の将兵たちだった。今村大将はとんでもない棒で百武中将麾下の将兵の尻をひっぱたいてしまったのである。ひっぱたいただけで増援隊はおろか、握り飯一個も送れなかった。

敵軍戦法への認識欠く上層部

しかし皮肉なことに米軍は十一月十一日そのタロキナ岬から日本軍の配兵の一兵もいない地区に上陸してきた。米軍はあらかじめ綿密な航空写真で日本軍の配備兵の状態を掴んでいたのである。上陸二万名が巡洋艦・駆逐艦併せて八隻、航空機五〇機の支援をうけて上陸してくるのだから、二二〇名、大砲一門のタロキナ付近の守備をしていた堀之内正義中尉の指揮する中隊が全力を尽くしても問題にならない、苦もなく占領してしまった。

タロキナは地図の上では確かに陸続きではあるが、師団主力のあるブインから時間的に一週間も隔絶しており、戦術的には絶海の孤島になってしまっていた。その上ジャングルという地形の障害と、制空・制海という障害によって陸続きとはいえず、寺本中将のいう点心させられた孤島であった。

気の毒なのはとに角第一線であった。上級司令部や大本営が敵の戦法に関する情報も知らず、密林の孤島に点化された認識もなく、増援部隊はもちろん、握り飯一個もよう送り届けないで、一歩たりとも後退させないという非情さはどこから来たのであろう。要するに大本営作戦課や上級司令部が米軍の能力や戦法及び地形に対する情報のないまま、机上で二流・三流軍に対すると同様の期待をこめた作戦を立てたからである。

山下方面軍の情報参謀に

1　台湾沖航空戦の大戦果

昭和十九年十月堀は完成した「敵軍戦法早わかり」を第一線部隊に普及させるため、在比島第十四方面軍に出張を命ぜられた。鹿屋の海軍飛行場に着いたのは午後一時過ぎ、飛行場の大型ピストの前は大きな黒板の前に座った司令官らしい将軍を中心に数人の幕僚たちに戦果を報告していた（台湾沖航空戦の戦果報告である）。

「○○機、空母アリゾナ型撃沈！」

「よーし、ご苦労だった！」

戦果が直ちに黒板に書かれる。

「〇〇機、エンタープライズ轟沈！」

「やった！よしご苦労！」

また黒板に書かれる。

その間に入電がある。別の将校が紙片を読む。「やった、やった。戦艦二撃沈、重巡一轟沈」。黒板の戦果は次々に膨らんでいく。「わっ」という歓声がそのたびごとにピストの内外に湧き上がる。堀の頭の中にはいくつかの疑問が残った。敵軍戦法研究の中から脳裡を離れなかった「航空戦が怪しい」と考えたあれであった。そのあれが今、堀の目の前にある。

――一体誰がどこで、どのようにして戦果を確認していたのだろうか。

――この姿こそあのギルバート、ブーゲンビル島沖航空戦の偽戦果と同じではないか。今村大将のタロキナ上陸の米軍撃退作戦の失敗の原因となったあれでは？

堀はピストでの報告を終わって出てきた海軍パイロットたちを片っ端から呼び止めて聞いた。

「どうして撃沈だとわかったか？」

「どうしてアリゾナとわかったか？」

「アリゾナはどんな艦型をしているか？」

「暗い夜の海の上だ、どうして自分の爆弾でやったと確信して言えるのか?」

「雲量は?」

「友軍機や僚機はどうした?」

矢継ぎ早に出す堀の質問にパイロットたちの答えはだんだんと怪しくなってくる。

「戦果確認機のパイロットは誰だ」

「……」

返事がなかった。そのとき陸軍の飛行服を着た少佐がピストから少し離れたところで沈みがちに腰を下ろしていた。陸軍にも俄か仕込みの雷撃隊があったのだ。

「参謀!買い被ったらいけないぜ。俺の部下は誰も帰ってこないよ。あの凄い防空弾幕だ、帰ってこなけりゃ戦果の報告も出来ないんだぜ」。心配げに部下を思う顔だった。

「参謀!あの弾幕は見た者でないとわからんよ。あれを潜り抜けるのは一〇機に一機もないはずだ」、とウエワクで寺本中将の言った通りのことを付け加えた。

——戦果はこんなに大きくはない。場合によったら三分の一か、五分の一かあるいはもっと少ないかも知れない。

第一誰がこの戦果を確認してきたのだ。誰がこれを審査しているのだ。やはりこれが今までの○○島沖海軍航空戦の幻の大戦果の実態だったのだ。堀はそう直感した。ブーゲンビル島沖航空戦では、後になってみると大本営発表の十分の一にも足りない戦果であった。

堀が大本営第二部長宛に（参謀は所属長に報告するのが原則）緊急電報を打ったのは、その日の夕方七時頃であった。

「この成果は信用できない、いかに多くても二、三隻、それも航空母艦かどうかも疑問」、これが打った電報の内容だった。

台湾沖航空戦が終わり、堀は十五日朝新田原を出発マニラに向かった。途中台北の上空から眺めた台北飛行場の光景は悲惨を極めた。大きな格納庫が死者の肋骨のように呻吟していた。至るところに焼けた日本軍飛行機の残骸があった。米軍の攻撃が生易しいものでなかったのは一目瞭然だった。

十五日堀はマニラの手前のクラーク飛行場に着陸した。そしてここではじめて大本営海軍部発表の台湾沖航空戦の〝戦果〟を知った。

大本営海軍部発表は次の通りであった。

十四日十七時発表
わが航空部隊は引続き台湾東方面海の敵機動部隊を猛攻中にして現在までに判明せる戦果（既に発表せるものを含む）左の如し。

轟撃沈：航空母艦三、艦種不詳三、駆逐艦一

撃沈：航空母艦一、艦種不詳一

十五日十時発表

台湾沖東方面海の敵機動部隊は、昨十四日夜東方に向け敗走中にして、わが部隊はこの敵に対し反復猛攻を加え戦果拡充中なり、現在までに判明せる戦果（既発表を含む）左の如し。

轟撃沈：航空母艦七、駆逐艦一、既発表の艦種不詳三は航空母艦なること判明せり

撃破：航空母艦二、戦艦一、巡洋艦一、艦種不詳一一

十六日十五時発表

台湾沖航空戦の戦果累計左の如し

轟撃沈：空母一〇、戦艦二、巡洋艦三、駆逐艦一

撃破：空母三、戦艦一、巡洋艦四、艦種不詳一一

十六日十六時三十分発表

敵機動部隊の一群は徘徊中の味方部隊収容のため別動して十五日午前比島マニラを空襲せり、同方面のわが航空部隊はこの敵を激撃比島東方海面において反復攻撃し、左の戦果を得たり

撃沈：航空母艦一

撃破：航空母艦三、戦艦もしくは巡洋艦一

これが南方総司令部、第四航空軍司令部、南西艦隊司令部の情報課を駆け廻って情報関係の参

謀部から入手した数字であった。この数字が真実なら、東郷元帥の日本海海戦以上の大戦果である。堀が鹿屋のピストの現実を見ていなかったら、そしてギルバート、ブーゲンビル島沖海軍航空戦を研究していなかったら、おそらくそう信じて大喜びしていたはずだが、

「そんな馬鹿な大戦果が……」

堀の反駁は、マニラでは一顧だにされなかった。各司令部は大本営海軍部発表を全面的に肯定し、各幕僚室は軍艦マーチに酔っていた。翌十七日堀はもう一度マニラ市中の南方軍司令部第二課で新しい情報を確認してから、マニラ東方八キロのマッキンレーにある第十四方面軍司令部（山下奉文司令官）に車を走らせた。

山下大将は武藤章参謀長がスマトラからまだ着任していないため西村敏雄少将参謀副長を呼んで同席させた。堀は鹿屋で視察してきた実況を中心に、東京へ打電した電報の内容を混えて米軍の海軍機動部隊はなお健在とみるのが至当であり、堀の計算では現在比島を空襲中の米機動部隊は十二隻の航空母艦が基幹である旨を主張した。その上ギルバート、ブーゲンビル島沖航空戦以来、航空戦の戦果ほど曲者はない、とノートを示して現況を説明し、今村大将が前年十一月第六師団にタロキナ大反撃を命令したときも、海軍のブーゲンビル島沖航空戦の戦果発表の過大な誤認識が原因だったことも付言した。

2　誤った大戦果発表の波紋

翌十八日朝早く、堀はマニラ南方で陣地構築を急いでいるある連隊を訪ねて敵軍戦法についての第一回の普及講習をはじめた。がその講習の最中「即刻マッキンレーに戻れ！」という電報が堀宛に届いた。

マッキンレー司令部の作戦室には殆んどの参謀たちが集まって議論していた。

「ついにレイテに敵が来たな」と直感が走った。参謀たちは首を曲げて無口だった。西村参謀副長が「堀君、レイテ湾に敵の軍艦が入ってきている。しかしどうも様子がおかしい。上陸か上陸でないか一緒に考えてくれたまえ」と言った。

堀は咄嗟に次の四項を提案した。

「米軍が上陸する可能性は少しも不思議はないから

㈠第十六師団に命じて至急レイテ湾内の米艦船の状況を飛行機で見させること

㈡第四航空軍と海軍に連絡してレイテ湾の外海に輸送船団があるかどうかを確めさせること

㈢第十六師団は敵の上陸を前提とした緊急守備態勢に入ること

㈣マニラ周辺の大規模な艦載機の空襲を、日本軍の高射砲が撃墜した米軍機のパイロットの捕虜があれば、憲兵隊はあらゆる手段をもって航空母艦の艦名を大至急調査すること

まずこれだけをやらせて下さい」

翌十九日朝早く、レイテの第十六師団から待望の電報が届いた。その内容は「第十六師団参謀の飛行偵察によると、レイテ湾内には十数隻の米艦船があり、十数隻の駆逐艦を中心にして数隻の戦艦がその外周をぐるぐる廻って警戒している」。

この電文の投げた波紋ははかり知れない大きな楽観的な拡がりを作ってしまった。

「駆逐艦が戦艦を護衛するなら話はわかる。それがこれでは反対ではないか。台湾航空戦で損傷した駆逐艦を無償の戦艦が護衛している。今ヤップ島方面は暴風だ。彼らはこの危険な気象状態を避けるため一時レイテ湾に避難しているのだ」

総軍、航空軍、海軍の意見に合わせて、山下方面軍の参謀の多数もこの意見の支持に廻ってしまった。

「堀君！君の台湾沖航空戦の戦果判断、あれは間違いだよ。みろ、この状況を！」、一同に詰め寄られて堀は困った。

「でもレイテ湾入口のスルアン島の海軍監視哨が十七日『天皇陛下万才』を打電して消滅している。米軍が上陸前に付近の小さな島を占領するのが米軍の上陸戦法だ。それについては『米軍野外教令・上陸作戦』の説明のところで詳述した。いまレイテ湾にいる米艦隊が損傷船だと断定するのはまだ早い。米軍は太平洋でいつも天候不良のときに上陸している。これも米軍の戦法だ」。

これだけの反論がせいぜいで一同を納得させる迫力がなかった。

第十六師団からのあの電報を見たとき、堀はどうして次の設問が出来なかったのであろうかと後で悔んだ。

「現地レイテ湾の雲量はどうだったか?」

「誰がどんな飛行機で見に行ったのか?」

「彼に艦船を識別する能力があったのか?」

この三つの設問が咄嗟に出なかったところに机上と戦場との大きな違いがあった。

ところがそれから間もなく、重要な情報が憲兵隊から電話報告されてきた。撃墜艦載機から落下傘降下した米軍パイロットの訊問の結果、現在ルソン島を攻撃中の米航空母艦は正規空母一二隻で、その艦名も全部判明したというものだった。この憲兵隊情報には作戦課の参謀一同粛として声がなくなってしまった。西村参謀副長は唸った。堀の情報的感がやっと数字で立証された。

大本営海軍部の発表はまったくの誤りで、山下大将に最初報告した通り米空母一二隻は健在だったのである。その頃すでに第十六師団は早朝来猛烈な艦砲射撃に見舞われ、マキン、タラワ島同様夕刻から通信が途絶えてしまっていた。

捷《しょう》一号作戦とは、元来が米軍がルソン島に進行したとき山下方面軍が全力でルソンを舞台に決戦をするよう、山下大将は比島赴任に先立って大本営陸軍作戦部と十分な打ち合わせを終えていた。大将はこの計画に基づいて着任したのに、その十日後に台湾沖航空戦の大戦果に酔った作戦課は「今こそ海軍の消滅した米陸軍をレイテにおいて殲滅すべき好機である」とルソン決戦からレイテ決戦へと急に戦略の大転換を行ってしまったから山下大将には不満この上ないものとなった。同時に航空機の誤報を信じて軽々に大戦略を転換して敗戦へと急傾斜をたどらせた一握りの戦略作定者の歴史的な大過失であった。

こうして南方総軍司令官寺内元帥から「レイテにて決戦せよ」と命令されては従うしかなかった。その結果は省略するが惨憺たる敗戦だった。

捷一号レイテ決戦の大失敗の第一の原因は、結局台湾沖航空戦の戦果を誤認したことと、レイテという戦場の特性に無知であったことであり、米軍戦力をこの時点に至っても何ら本質的に理解していなかった一握りの作戦計画立案者の大過失であったことは明白であろう。その過失を第一線部隊が血で償ったのである。つまり情報を無視した戦略はいかに大きな犠牲をともなうかということである。

【附記二】米軍が見た日本軍五つの敗因

米軍は昭和二十一年四月「日本陸海軍の情報部について」という調査書を米政府に提出している。その結言のなかの一節をまず紹介しておこう。この項も前記堀栄三著『大本営参謀の情報戦記』からの引用である（傍点と註は筆者＝堀栄三）。
結局日本の陸海軍情報は不十分であったことが露呈したが、その理由の主なものは
㈠軍部の指導者はドイツが勝つと断定し、連合国の生産力・士気・弱点に関する見積りを不当に過小評価してしまった（註国力判断の誤り）
㈡不運な戦況、特に航空偵察の失敗は、最も確度の高い大量の情報を逃がす結果となった（註制空権の喪失）
㈢陸海軍間の円滑な連絡が欠けて、せっかくの情報を入手してもそれを役立てることができなかった（註組織の不統一）
㈣情報関係のポストに人材を得なかった。このことは情報に含まれている重大な背後事情を見抜く力の不足となって現われた。情報任務が日本軍では第二次的任務に過ぎない結果となって現われた（註作戦第一情報軽視）
㈤日本軍の精神主義が情報活動を阻害する作用をした。軍の立案者たちは、いずれも神がかり的な日本不滅論を繰り返し声明し、戦争を効果的に行うために最も必要な諸準備を蔑《ないがし》ろにして、ただ攻撃あるのみを過大に強調した。その結果彼らは敵に関する情報に盲目になってしまった（註精神主義の誇張）
と結んで米軍の日本軍の情報活動に対する総評点とした。

あまりにも的を得た指摘にただ脱帽あるのみである。以上の五項目は戦後四十年経った現在でもまだ大きな教訓的示唆を与えている。以下その重要なものに限って簡単に例示するなら次のようである。

その第一は国力の判断の誤りである。日本にはまず最初にこの蹉《つまず》きがあった。太平洋戦争では米国は、英・仏・ソ・支を支えた五ヵ国分の国力を維持して戦った超強大国であった。こんな簡単なことが日本の大本営にどうして判らなかったのだろうか？およそ戦争に限らずどんな闘争でも相手の力を無視して勝てるはずがない。ドイツが勝つという断定は判断ではなく親独の眼鏡を透かした願望であった。

第二の制空権の問題については、要は太平洋という海を眺めて、小学生のように青い水面と白い波だけを見ていたのが日本の戦略立役者、あの空を取らなくてはこの海を取れないと空を見上げたのが米国の戦略立案者であった。海ばかりではない、一つのものを見るには遠足や遊山のような目もあれば、戦略という眺め方もある。戦後発表になった米軍の資料では、米海兵隊のエリス少佐は、大正十年すでに西部太平洋の攻略作戦構想を海兵隊司令官に提出していたというから、寺本中将の言ったとおり、米軍の飛び石作戦は大正十年から練り上げられていた。

第三の指摘は組織の不統一である。米国のＣＩＡ、ドイツのＢＮＤ、ソ連のＫＧＢ、その他英・仏・イスラエル・中国・韓国等々国家単位で情報の組織を持った国は枚挙にいとまがない。例を米国にとってみよう。ＣＩＡは国家の利害にかかわる情報の収集について驚くべき絶大な権限を持っている。例えばある国から入手した政治・産業などの情報の中の一部分が、別の国に駐在する武官からの軍事的な報告または人工衛星の写真、一見それらと何の関係もないと思われるテーマを扱った学者の論文、新聞の些細な記事までＣＩＡに集められ、ＣＩＡのエキスパートたちによってコンピューターや頭脳を駆使して相互に関連づけられると、これまでまったく違ったルートから集まってきたバラバラなものが一つの重要なもの——「完成された情報」になって、これを必要とする各省庁、関係機関、民間企業にまで提供される仕組みになっている。

もし戦時中の日本にこのような統一組織があったら、「昭和二十年七月十六日ニューメキシコ州で新しい実験が行われた」というわずか二行の外電は、他の何かの情報と関連づけたら「原爆」という字が出て来たに違いない。

調査書の第四には、情報に人材を得ず情報は第二次的な任務になってしまったと指摘している。米軍は実に日本の急所を押さえている。日本では軍も企業も政治も、優秀な人材が中心になって動いて、組織はしばしば建前になる例が多い。

大本営作戦課に人材を集めたのは昔からのことであった。これに反して情報部はやはり人材を得ていなかった。堀の在任中作戦課と作戦室で同席して個々の作戦について敵状判断を述べ作戦に関しての所要の議論を戦わしたことはただの一度もなかった。そう告白したら大本営の作戦と情報の本当の関係を知らない一般の人々は、さぞかしびっくりするだろうが残念ながらこれが事実である。作戦課の作戦室に出入りを許されるものは大本営参謀の中でも一握りに限られていた。

最後は日本の精神主義が情報的にも盲目にしたという指摘である。これについては米軍戦法研究の中で再三にわたって「目隠しの剣術」と称して、軍人勅諭や戦陣訓だけでは駄目だと扱《こ》き下ろしてきたので詳細は省略するが、タロキナの戦闘で浜之上連隊長が「この状況は支那軍相手の戦争とはまったく様子が違う」と言ったあの言葉を想い出して貰えば、情報的にいかに盲目であったかが理解できよう。

以上五項目の米軍の指摘は極めて当を得たものであった。戦後四十年たった現在、この教訓が日本でどのように生かされているかとなると残念ながら「ノー」と言う以外にない。

【附記三】大戦と石原の時局展望

ここで石原莞爾が太平洋戦争をどのように見ていたかを記述してみたい。内容は横山臣平著『秘録石原莞爾』より抜粋したものである。

1　外交と戦争

「昭和十五年九月、日本は陸軍の主張でドイツ・イタリアと三国軍事同盟を締結した。もしかすると日本はヒトラーの片棒をかついで英米と戦争を起こすかも知れない。それこそ日本の命とりになる。この戦争は断じて阻止しなければならない」、と石原は非常に憂慮して昭和十五年十一月（京都師団長の時）上京し、陸軍中央部を訪れて暴挙を厳しく戒めて阻止に当たった。石原は力説する。

「東条軍閥は石油がほしいので南方諸島を取ろうとしている。石油のないことははじめからわかりきったことだ。何がない、かにがないだから他国の領土に手をつける。これは泥棒ではないか。石油がなくて戦争ができないなら支那事変は即刻やめるがよろしい。ヤツらのやることは皆これだ。

北支に手を出したヤツらは北支は豊庫だと考えていた。北支などは月経の干からびたお婆さんと同様だ、何があるものか。それ南支だ、それどこだとやたらに手をつける。そして国民に向かっては今次事変は『聖戦』だといっている。之を他民族は何と思うか。聖戦とは泥棒の戦いとしか思わない。またしきりに『皇道宣布』と声を大にして叫んでいる。これでは皇道とは侵略主義と誤解されるではないか。

支那事変がはじまって以来、日本のやっていることは『大家』の亡びる時とそっくりである。

大家の亡びる時は、あれに手を出して失敗し、これにも手をつけて損をし、といったように自信も信念もなくやたらに手ばかり広げ、ついに倒産してしまう。

ヤツらは今南方に手を出そうとしているが、日本海軍には日本本土防衛作戦計画はあるが、南方地域防衛の作戦計画はない。南だ北だ支那海だといって諸方面の防衛に当れば、本土はガラ空きだ。オレ（石原）の言う事を聞かぬと今に日本の船がなくなるぞ。そして日本の都市は丸焼けになるぞ、必ず敗けるぞ」

2　日米開戦に対する重大警告

昭和十六年九月六日御前会議が開かれ「十一月中旬までに日米交渉の妥協成立を見なければ開戦する」という重大決定を行った。

この会議の席上天皇は、いかなる手段をもってしても日米交渉の妥協を図るようと仰せられた。このように事態は極めて重大かつ緊急な関頭に直面したが、石原はすでに予備役であったにも拘らず、憂慮の余り十月上京して、陸軍省兵務局長田中隆吉少将を麻布材木町の東亜連盟同志会本部に呼んだ。

「私の察知するところでは、軍部は石油資源獲得の必要から蘭印を日本の勢力範囲に収めるため、南進を企図しているようだが、これは結局米英との戦争を企図するものである。石油はアメリカと妥協すればいくらでも輸入できることである。石油のため一国の運命を賭して戦争をする馬鹿がどこにあるか。たとえ南方を占領したところで、米英を敵としては日本の現在の船舶では石油もゴムも米も日本内地へ輸送できるものか」、と辛辣に罵倒した。そして更に

「ドイツの戦況を有利に判断しているようだが、冷静に観察すると地形の異なるバルカンも西部戦場と同一戦法をとっている。またソ連戦線でも戦法に変化なく千編一律の観があり、これではドイツは到底ソ連には勝てない」と断言し、「もし陸軍が力もないくせにドイツを信頼して、米英相手に戦うというなら、これほど危険千万なことはない。君たちは極力この戦争を阻止せよ」と強く迫り、「むしろ日本はこの際独ソ両国の仲に入って、両国の戦争を止めさせるように外交的努力をなすべきである。もしヒトラー!がこれを聞かぬならば、日本は英国の味方につくと威嚇してもソ連との戦争を中止和解させるべきである」と強調した。さらに石原は日本海軍について「ドイツがソ連に侵入してあれだけの戦争をしているのは、日本の艦隊が健在で太平洋の護りを堅くしているためで、これがためアメリカの太平洋艦隊と英国の東洋艦隊がハワイとシンガポールに釘づけされているからだ。

ヒトラーの実力を高く見誤ってはいけない。ヒトラーの仲間入りなどして日本を亡ぼされてたまるものか。ドイツは英国だけに向けさせ、これを急追降伏せしむべきだ。もしこのことをヒトラーが用いない限り、決然三国同盟を廃棄すべきである」といって田中の主戦論の誤りを指摘し、

かつ米英と戦うという暴挙を阻止するよう強力に説得した。日本陸軍、そして東条陸相はこの石原の赤誠ほどばしる重大警告をついに用いなかった。

3　遂に太平洋戦争へ

近衛は優柔不断なタイプでこのような重大時局の首相として難局を乗り切ることは到底困難であった。ついに昭和十六年十月第三次近衛内閣は総辞職し、東条内閣が成立した。

東条首相は日米開戦にあたり、ルーズベルト大統領の最後の通牒（日本との妥協のための希望条項）を天皇にも国民にもひた隠しにしていたが、終戦後の東京裁判によって明らかにされたのを見ると、驚くなかれこの最後通牒は石原の主張と殆んど同じで次の如き骨子のものであった。

一、三国同盟を廃棄すること
二、北満に集中せる兵力を減少してソ連に脅威を与えざること
三、支那本土及び仏印より撤去すること

天皇の御意志に反き、近衛首相の懇請を拒否した東条陸相が好んで使用した「軍の総意」なるものは、つねに「軍閥の総意」であって真の軍の総意ではなかった。東条は憲兵警察の組織を濫用して反対派を恫喝し、自らのやることに対しては一言の批判も許さなかった。少しでも悪評する者があれば、これを捕らえて弾圧するという恐怖政治の時代が出現した。この恐怖の時代にあっ

て、敢然として〝軍閥〟と叫び痛烈な批判を浴びせていたのは独り石原とその一党東亜連盟の人たちであった。

4　太平洋戦争における対米戦略論

石原は東条内閣の皮相な考え方を冷評し、

「対米英戦争は彼我対等の経済力・軍需生産をもってする戦争にあらず、東条らは敵の物質力の大なるを説き、漫然と〝生産競争に勝て〟とか〝船腹戦争に勝て〟とか〝不可能を可能にせよ〟などと説くことは激励の辞としては結構であるが、単なる物量の生産においては勝てないことは最初から分かっている。それだから勝敗決定の主要因子を兵器その他戦争手段の生産力の上に求めることは不可能である。しかし敵の戦力を制約減殺せしめる若干の重要なる隘路《あいろ》もしくは弱点がある。アメリカの戦力は隘路を経て戦場に出現せざるを得ないのである。その力は本国におけるものに比し、いちじるしく弱体化せざるを得ない。経済力に劣る日本の戦法は、戦略的に有利なる態勢をもってその弱点を攻撃することである。かかる戦法においては敵の弱点の考究が重要であると同時に、わが戦略態勢特に戦いの条件、作戦法、戦う人の優位、特定兵器、その他の戦争手段の一定量とその質の優位、国民性の優越などに依存するということである。

軍当局は、太平洋戦争に準備された緒戦の作戦計画を遂行し終わった今日速やかに次の戦争計画を樹立し、その計画目標に必要な生産増強の数量とその手段方法とを成算ある態度をもって要求すべきである」と戦争計画樹立を説いたが、東条内閣はこれを用いなかった。

日米開戦と真珠湾奇襲の放送を耳にした里見岸雄は、戦争の将来を心配して、早速京都の石原を訪ねてその見通しを求めた。

石原の回答は「この戦争は負けますな」だった。ガダルカナル島のわが航空基地が敵に占領された時、高松宮海軍大佐が石原を召されて意見を求められた。石原は宮に

「戦争の勝敗ははじめからわかっております。わが方の作戦はすべてに攻勢の終末点を越えています。（中略）持久戦争においては攻勢の終末点をどこにするかが最初から確立されていなければなりません。しかるに支那事変も今次戦争もまったくこれを考えていない。東条のやっている戦争は何をやっているのかデタラメで、まるで決戦戦争のやり方であります。攻勢の終末点を越えれば叩かれるのは当然であり、負けることが判っている所へ兵を送る馬鹿はありません」という調子でお答えしたといいます。

第十四章　終戦への模索そして降伏

東条内閣打倒

一九四四年（昭和十九）七月日本は南洋の最重要拠点マリアナ諸島のサイパン島を失った。それは東条首相が敷いた「絶対国防圏（千島から小笠原、マリアナ諸島、西カロリン群島、ニューギニア西部へとラインを引き、その内側を絶対国防圏と設定した）」の喪失を意味した。

東条の戦争指導に不安を感じ倒閣に動いたのが元首相の岡田啓介だった。岡田は一九四三年夏ごろから戦争終結のために「まず東条内閣を倒すのが第一歩」と考えていた。そして近衛、若槻礼次郎、平沼騏一郎、米内光政らの重臣とはかり、ひそかに反東条の動きをはじめた。東条をかばってきた内大臣の木戸幸一も四四年四月には東条のことを「非常に悪く」言うようになっていった。岡田たちは東条内閣打倒の突破口を嶋田海相の更送に求め、米軍がサイパンに上陸した翌日の六月十六日嶋田に辞職を勧告した。東条は巻き返しを図り、十七日に岡田に対し「おつつしみにならないと、お困りになるような結果を見ますよ」と憲兵隊に拘引する脅しをかけ倒閣の企ては失敗する。しかし、マリアナ沖海戦で壊滅的な打撃を受け、東条も同月二十日「自信を失ってきたので誰か適当な人があれば辞めたい」と東久邇宮稔彦親王に漏らした。

七月六日の翼賛政治会の定例代議士会でも「東条総理の猛省を促さんと欲する」などの発言が

相次いだ。東条は失地回復のため四四年七月十三日に木戸を訪ね、米内・阿部信行の重臣二人の入閣による内閣改造や大本営強化などの構想を上奏しようとする。

これに対し木戸は、①大臣と総長の兼務制の廃止、②海相嶋田の更送、③重臣の入閣の三条件を天皇の内意として伝えた。驚いた東条は「私に詰め腹を切らそうとするものだ。（天皇の）ご信任は去った」と辞意を固めた。

しかし軍務局長の佐藤賢了らが取りなし、東条は三条件を呑んで内閣改造を強行する延命工作に走った。十七日に海相を交替させ、参謀総長に梅津美治郎を起用することを決めた。さらに東条は米内を入閣させる空きポストを作るため国務省の岸信介を辞職させようとする。

この動きに対し重臣が入閣してしまえば内閣改造が成功してしまうため、近衛と岡田は急きょ重臣会議を招集し「重臣は一致して入閣しない」ことを申し合わせた。

東条の要求に対して、重臣と気脈を通じていた国務大臣の岸信介は単独辞任を拒み、米内も入閣を拒否した。東条は万策尽き総辞職に追い込まれた。一九四四年七月二十三日小磯国昭内閣が発足した（以上読売新聞昭和時代プロジェクト著『昭和時代戦前・戦中期』中央公論新社）。

戦争終結への道

東条内閣を倒したからといって、その後の戦争終結の道すじが立てられていたわけではなかった。東条内閣以後は表向きは戦争継続を図りながら、水面下で戦争終結の途を模索するのである。その道すじの概要は「纐纈厚《こうけつあつし》著『日本降伏』日本評論社」を参考に記述する。

小磯首相は四四年九月七日第八五回帝国議会で戦争継続方針を明確に打ち出し、挙国一致による強力な戦争指導態勢の必要性を強調した。表向きの戦争継続方針の反面で「終戦工作」も構想されはじめた。その終戦工作をリードしようとしたのも東条内閣を辞職に追い込んだ岡田らに代表される重臣・宮中グループの一団であった。またこのグループだけでなく、いわば「終戦工作推進グループ」として陸軍では真崎甚三郎や小畑敏四郎ら皇道派の将軍たち、海軍内にも反東条勢力から小林躋造海軍大将、また宇垣一成を核とした宇垣グループ、さらに軍人だけでなく外務官僚で吉田茂、岩淵辰雄、殖田俊吉らのグループがあった。この他にも近衛の側近だった細川護貞、富田健治、高村坂彦らの存在もあった。

一九四五年（昭和二十）二月十四日近衛は天皇に拝謁して次のような上奏を行った。それが有名な近衛上奏である。

「敗戦（此の言葉は言上の時危機と改められたり）は遺憾ながら最早必至なりと存じ候。以下此の前提の下に申し述べ候。敗戦はわが国体の一大瑕瑾《かきん》たるべきも英米の世論は今日までのところ国体の変更とまでは進みおらず（勿論一部には過激論あり、又将来いかに変化するやは測《はか》り知り難し）、随って敗戦だけならば国体上はさまで憂うる要なしと存じ候」と述べた。すなわち敗戦の危機よりも、敗戦を機会として生起するであろう共産主義革命と国体破壊の危機を強調した。

近衛は上奏文のなかで、陸軍主戦派こそ結局陸軍統制派に属する軍事官僚の一部であり、粛軍を断行して彼らを陸軍中央から一掃し、替わりに真崎甚三郎、山下奉文、小畑敏四郎ら皇道派系の軍事官僚を陸軍中央の枢要に抜擢するよう進言していた。

近衛はこの時陸軍改革も戦争終結も結局は天皇の「聖断」によるしか可能性が極めて困難なことを自覚しており、その線で天皇の説得を試みていた。この「聖断」の要請は以後近衛ら重臣グループの強く望むところとなり、暫くは紆余曲折《うよきょくせつ》を経ながらも周知の通り最終的には「聖断」により陸軍主戦派の戦争継続論を退け、「国体護持」の一点のみが戦争終結の条件とされていく。

しかし天皇は当時における陸海軍の現状への認識がなく、軍部内主戦派への信頼を捨てていなかった。先の近衛上奏に「もう一度戦果を挙げてから」と執拗に反撃の機会を期待する。そうした天皇の沖縄戦での姿勢は陸海軍首脳部を一層の重大決意に追い込んだ。沖縄戦とその重大な犠牲は、戦争継続に固執する天皇の判断より生み出された結果であった。

近衛は沖縄で決戦を挑もうとする海軍の崩壊が目前に迫り、陸軍は玉砕を振りかざして無理な戦いを続けようとする現状を憂慮していた。近衛は結局、天皇自身が戦争終結への意欲を持たない限り政策転換は不可能であることを認識した上で、この時点で天皇の戦争指導を含め「狂気に指導されている」と酷評した。

天皇がしだいに終戦工作に関心を示しはじめたのは、五月に入り沖縄戦で日本軍の敗北が決定的となり、さらにドイツが五月七日連合国軍に無条件降伏してからであった。松本秘書官長もこの時期に「御上より総理に戦争終結（外交）を考えてはどうかとの御言葉あり」と証言している。沖縄の戦局が天皇にいかに大きな衝撃を与えたかが知れる。

穏健派の復権

一九四五年四月五日小磯内閣の後継候補を決める重臣会議が開かれた。その席上で重臣の中で最も強硬な戦争継続論を主張していた東条は、本土決戦の陣頭に立つべき首相は陸軍軍人が最も適当だとして畑俊六元師を推薦した。周囲はこれに対して挙国一致内閣こそ急務だとして、陸軍を抑えて和平推進派を中心とする内閣を望んだ。この東条の陸軍内閣論を潰したのは木戸の「今度は真に国民の信頼する内閣を作らざるべからず」という発言であった。それは陸軍がすでに国民の信頼を失っていることを示唆するものであった。

劣勢に立った東条は、「国内が戦場とならんとする現在、余程御注意にならないと、陸軍がそっぽを向くおそれあり、陸軍がそっぽを向けば内閣は崩壊すべし」と喝破したものの、反陸軍の姿勢を貫く重臣たちはこの発言に反発する。なかでも岡田はこの東条の発言に怒気を交え「今日この際『そっぽを向くとは何事だ』とつめより」との記録が残されている（服部卓四郎著『大東亜戦争全史』原書房　昭和二十年四月五日重臣会議における発言記録より）。

一方岡田に近い立場をとっていた近衛は、今回の重臣会議は後継首班の推薦が目的であり、戦争指導の方針を審議する場でないとの見解をもっていた。つまり近衛は鈴木内閣が成立したとしても陸軍主戦派を完全に抑制できない限り、政策転換への展望は見出せないとしていたのである。この事実は岡田、若槻ら穏健派と称された重臣たちにも共通する認識だった。

そこで陸軍内閣から海軍出身の鈴木選出に成功したとはいえ、その鈴木に継戦内閣と性格づけをすることで陸軍主戦派の了解をとりつける必要があったのである。ここから鈴木内閣も主戦派と穏健派の綱引きの中で戦争継続路線を掲げることになった。

では鈴木海軍大将に大命が下った理由は一体どこにあったのか。それは高松宮が指摘するように「第一、御上の御信任が厚いということ、第二に御上の御思召し通りに政治を運用しようと努力するだろうということ、第三に意志が強固だということ」に一応集約される。すなわち、天皇の鈴木への信任の厚さゆえに戦争終結という政策転換を天皇の意思を受けて着実に実行する人物として鈴木が推挙され「戦争終結」という大任を担うことになった、という論である。同時に近衛は陸軍による政権掌握の阻止は一応成功しても現実問題としては、当面の戦争指導は、陸軍の阿南と梅津の本土決戦方針で突き進むものと予測していた。

鈴木貫太郎内閣成立

一九四五年四月五日鈴木貫太郎内閣は成立したが、これ即ち「戦争終結」への政策転換ということではなかった。鈴木内閣成立当初天皇は依然として沖縄の戦局に期待をかけ続けていた。鈴木も当初から和平内閣として自らの内閣を位置づけていたとは思われない。

鈴木内閣に外務大臣として入閣を要請されていた東郷茂徳は、鈴木に対して連合国との講和締結は時間の問題であり、切羽つまった状況にあることを訴えた。これに対して鈴木は「日本はなお二、三年も戦争を継続し得るとの意見を述べ、如何に講和を企画するか、なお自分の決心が不確実である」と述べたという。戦争の早期終結を求める東郷にしてみれば、この鈴木の不透明かつ戦争継続に傾斜する姿勢に不満を抱かざるを得なかった。

一九四五年五月七日ドイツは無条件降伏。

六月八日御前会議で「今後とるべき戦争指導の大綱」を検討した。そこでは方針として、「七生尽忠の信念を源力とし地の利人の和を以てあくまで戦争を完遂し以て国体を護持し皇土を保衛し民族将来発展の根基を確保す」とし、徹底抗戦と本土決戦方針が明確に記されていた（前掲書『大東亜戦争全史』原書房）。

五月七日のドイツ軍の無条件降伏とその翌日八日のトルーマン米大統領の対日無条件降伏勧告は、和平工作着手の絶好の機会と思われた。同月十一日から十四日にかけて、最高戦争指導会議構成員会議（鈴木首相・東郷外相・米内海相・阿南陸相・梅津参謀総長・豊田軍令部総長）が開催された。会議では陸軍から、ソ連軍の参戦防止のための具体策を作成すること、ソ連の好意的中立を護持すること、戦争終結の仲介をソ連に依頼すること。また海軍からソ連の好意的態度を誘致して、石油などの資源購入の方法を検討すること等が議題となった。

こうした動きに対して佐藤尚武駐ソ大使は、ソ連が今日の米ソ関係を崩してまで日本に有利な外交姿勢をとる可能性は極めて低いとの判断を東郷外相に伝えていた。しかし東郷外相は戦争終結の方途として対ソ和平工作以外に期待するものがない状況から引き続き広田弘毅に対しマリク駐日ソ連大使との会談を続行するよう要請した。会談は六月三日から約一ヵ月間に四度行われたが何等の成果を挙げることはできなかった。東郷外相は陸軍の対ソ交渉の企画を「英米が受けつけると思うのは非常な認識の不足だし、又効果あると期待しているものとすれば驚くべきことだ」

と述べて陸軍の外交音痴ぶりを指摘していた。しかし鈴木首相らの判断に従って連合国との仲介役としてソ連との交渉を進めたのである。

六月八日の御前会議で本土決戦をきめた「今後とるべき戦争指導大綱」が決定されたことに危機感を抱いた天皇は木戸に助言を求めた。

一九四五年六月二十二日木戸の要請を受け天皇は最高戦争指導会議構成員を召集し、早期の終戦工作を具体化するよう指示した。ここでも和平交渉に消極的な姿勢を示した梅津参謀総長に対して天皇は主導権を発揮し、梅津参謀総長に再考を求め、速やかなる和平交渉への同意を強要した。この会議の場で天皇は従来になく明白な言葉で戦争終結へ向けて動くことを指示したのである。

七月七日に天皇は鈴木首相を宮中に呼び、対ソ交渉の促進を指示している。こうした天皇のソ連を仲介役に立てることで局面を打開しようとする焦燥感と期待感の入り交じった思いが深まる一方で、近衛文麿を特使としてモスクワに派遣する計画が浮上する。

東郷外相は七月十二日天皇の親書を携えた近衛特使がソ連に派遣される旨を佐藤駐ソ日本大使に訓電する。「和平」を求めた天皇の親書は、ポツダム会談によって対日参戦を決定していたソ連にとってはまったく関心の対象ではなかった。近衛派遣は実現しなかった。

この期においてようやく天皇―近衛―木戸の「終戦工作推進の枢軸」が形成されたのである。

天皇が期待した対ソ工作は失敗するが、以後聖断によって完結する「終戦工作」はこの枢軸ラインによって実行に移されていく。

聖断決定の経緯

結局対ソ工作が頓挫すると、天皇は戦争終結に一挙に傾斜していく。宮中・重臣グループも、残るは戦争終結と「国体護持」の一点で完結するしかないと決意を固めていく。

七月十七日ベルリン郊外のポツダムで、トルーマン米大統領、チャーチル英首相、スターリンソ連首相が会談した。七月二十六日発表された十三項目からなるポツダム宣言には「天皇条項」が削除されていた。当初案では駐日アメリカ大使で知日派のグルーの活動もあって、そこには日本に平和政権が樹立され、その政府が再び侵略をしない性格を持つことが世界に納得された場合には、「元皇室の下における立憲君主制を含みうるものとす」と記されていた。それがポツダム宣言には、これらの天皇条項が削除されていた。

七月二十六日のポツダム宣言発表に対し、翌二十八日の読売新聞は「笑止、対日降伏条件」の見出しとともに、日本政府声明として「聖戦完遂に邁進、帝国政府は問題とせず」と報道した。さらに鈴木首相は記者会見で「政府としては何ら重大な価値あるものとは考えない。ただ黙殺するだけである」と断言した。

しかし「黙殺」発言が連合国側に戦争継続意思の表示と受け取られたことは明白であり、そのことを承知し得たはずの鈴木首相が自らのリーダーシップを発揮して早期に受諾の決断を下さなかったことの責任は極めて重い。天皇もまたひたすらソ連からの回答を待ちわびるだけで何ら戦争終結への有効な処置をとろうとしなかった（ポツダム会談で日ソ交渉の件は、米ソの共通意思として事実上拒否が確認されたのである。そのことを日本政府は知るよしもなかったのである）。

こうしているうちに八月六日広島に原子爆弾投下、次いで八月九日未明ソ連の対日参戦開始、同日午前十一時十五分二度目の原爆が長崎に投下された。これによって天皇とその側近は一挙にポツダム宣言受諾へと方向転換する。

八月九日午前十時半より開始された最高戦争指導会議構成員会議で、東郷外相は宣言即時受諾を主張、米内海相も受諾に傾く、阿南陸相はあくまで本土決戦を主張する。

東郷外相は「国体護持」＝天皇制護持を条件とする以外は一切の条件付けを不可とした。これに対し阿南陸相と梅津参謀総長及び豊田軍令部総長は国体護持の外、保証占領、武装解除、戦後処理の問題につき条件をつけるべきだと主張する。

会議はここで、条件を一つ（天皇制護持）に絞るか、四条件（皇室確認、自主撤兵、戦争責任者の自国においての処理、保証占領しないこと）にするかで論戦を展開する。〝無条件降伏〟という選択は最初から外された。八月九日には閣議が二度開かれた。第一回目が午後二時三十分から、第二回目が午後六時三十分からである。

この日最初の臨時閣議でも先に開かれた最高戦争指導会議構成員会議と同様、東郷外相と米内海相の一条件論と阿南陸相の四条件論とが激しく対立して決着がつかなかった。そして二回目の閣議でも阿南陸相は最初の閣議と同様の主張を繰り返した。ここでも一条件派と四条件派との対立は終息をみることはなかった。結局は御前会議の場で最終決定することになる。

この間木戸は、天皇とこの日だけで午前九時五十五分より五分間、十時五十五分より五十分間、午後三時十分より十五分間、四時三十五分より三十五分間、十時五十分より三分間、十一時二十五分より十二分間、実に六回延べ時間にして二時間にわたり天皇に拝謁して最高戦争指導会議と臨時閣議の進捗状況を随時追いながら天皇と善後策を詰めていたのである。

特に重光葵《しげみつまもる》は、長崎に原爆が投下された情報がもたらせるなか、木戸との会談で「この際は軍部を抑える力乏しき政府に委《ゆだ》ねることなく陛下直接の御採決によって直ちに事を決すること然るべきことを強調した」という。すなわち天皇の採択＝聖断による戦争継続派の抑制と、宣言の受諾＝戦争の終結の断行を迫っていた。その意味でいえば条件付きではあったが、宣言受諾過程の最終決定においては、天皇も木戸も、ましてや鈴木首相も的確な状況判断ができず、ましてや聖断による宣言受諾方式を着想していたわけではなかった。それを着想し、まさにこの時期に聖断方式を迫ったのは、高松宮、近衛、細川ら政局指導の圏外に置かれたいわば天皇の側近、宮中グループであった。

御前会議は九日の午後十一時五十分から翌十日の午前二時二十分まで宮中防空壕で開催される異例の会議となった。会議では依然として東郷外相・米内海相の一条件案と阿南陸相らの四条件案が対立してどちらも主張を譲らなかった。平沼枢密院議長が東郷外相案に賛意を表し、戦争継続は到底無理であり、いまや決断のときであると説いた。これに鈴木首相は「まったく同感」と言った。このあと軍令部長が戦争継続を訴えたものの鈴木首相は、この御前会議でも意見の一致を見出すことができない以上、平沼議長の提案通り聖断を仰ぐ形で最終決定を天皇に委ねたい旨の発表を行った。

以上の経緯は事前の打ち合わせに従ったものである。それで御前会議での議論を聞き入っていた天皇は、東郷外相の提案を採用するとの発言を行い、その理由を以下のように述べた。

「本土決戦というけれど、一番大事な九十九里浜の防備も出来て居らず、又決戦師団の武装すら不充分にて、之が充実は九月中旬以降になるという。飛行機の増産も思う様には行っていない。いつも計画と実行とは伴わない。之でどうして戦争に勝つことができるか」

天皇の発言は国体護持の他にも条件をつけようとして譲らなかった軍首脳の戦争継続論を諌める内容であった。こうして聖断の形式によってポツダム宣言受諾が決定された。

しかしこれで納まったわけではない。八月十日午前六時四十五分に加藤俊一在スイス公使及び岡本在スウェーデン公使を経由して連合国側にポツダム宣言受諾が発信された後にも再び宣言受諾をめぐる紛争が起こったのである。聖断が下った後も戦争終結に向けて、もう一山も二山も越えなくてはならなかった。

ポツダム宣言受諾通知に対し、翌十一日「合衆国・連合王国・ソビエト社会主義連邦及び中華民国の各政府の名における合衆国政府の日本国政府に対する回答」（通称バーンズ回答）が到着する。このうち日本政府がポツダム宣言受諾にあたり、天皇の位置づけなどに関する確認に対して以下のように箇条書きで回答してきた。

「降伏のときより天皇及び日本政府の国家統治の権限は、降伏条項の実施のため其の必要と認める措置をとる連合軍最高司令官の制限の下に置かれるものとす。天皇は日本国政府及び日本帝国大本営に対し「ポツダム」宣言の諸条件を実施する為必要なる降伏条項署名の権限を与え、且つ之を保障することを要請せられ、又、天皇は一切の日本国陸・海・空軍官憲及び何れの地域にあると問わず、右官憲の指揮下にある一切の軍隊に対し、戦闘行為を終止し、武器を引渡し及び降伏条項実施のため最高司令官の要求することあるべき命令を発することを命ずべきものとす。日本国政府は降伏後直に俘虜及び被抑留者を連合国船舶に速やかに乗船せしめ得るべき安全なる地域に移送すべきものとす。最終的の日本国の政府形態は「ポツダム」宣言に遵《したが》い、日本国国民の自由に表明する意志により決定せらるべきものとす。連合国軍隊はポツダム宣言に掲げられたる諸目的が完遂せらるる迄日本国内に留まるべし。」

バーンズ回答をめぐり再び政府内で紛糾する。そこでは天皇の国家統治権が第一項で示されたように、天皇及び日本政府の権限が、「連合国最高司令官に隷属すべきものとなること」とし、さらに第四項で「日本国の政治形態は日本国民の自由に表示された意志により樹立されるものとなること」とされたことであった。このバーンズ回答にまず軍部が反発した。簡単に言えば、天皇の地位が連合国側に「隷属すべきものとなること」と規定されていたことであった。これでは「国体護持」が担保されないと軍部はとったのである。すなわち、この日の午前八時二十分に早くも梅津・豊田両統帥部長は「帝国を属国化することに外ならず……敵国の意図が無条件降伏を要求し、特に国体の根底たる天皇の尊厳を冒瀆し……御聖断を賜りました御前会議の趣旨に反するもの」とする上奏を行った。

これに呼応するかのように軍部は「回答の条件を断固拒否」して「大東亜戦争の目的完遂に邁進す」とする決意を確認するための最高戦争指導会議の開催を企画した。こうした動きに連動するかのように外地軍からの反発が相次ぐことになった。例えば支那派遣軍総司令官岡村寧次大将は、回答が「光栄輝く帝国を抹殺するものに斉《ひと》しく帝国臣民として断じて承服し得ない」という電報を軍中央に打電していた。

十二日天皇周辺でもバーンズ回答をめぐり俄然慌ただしい動きがはじまる。この動きに機先を制するように東郷外相が天皇に拝謁し、天皇の受諾承認を取りつけた。東郷外相はあくまで当初の受諾方針は不変であり、それはバーンズ回答によって些かも揺るぎはないとした。天皇も木戸も東郷外相の言う外務省見解で問題なしと踏んだのである。

国体護持への保証が確実でないとする議論に、天皇は動揺と受諾保留の意向を示す。これに鈴木首相も殆んど政治力を発揮できず政局の打開に何ら手を打つことができないでいた。この天皇の動揺と変節を抑え、二度目の聖断と木戸内大臣による鈴木首相への説得工作を強く進言したのは米内海相であった。

連合国の正式回答は十三日に到着した。実は外務省には十二日午後六時四十分に到着していたが、正式には十三日の午前七時四十分に到着したことにした。この間外務省では内容をめぐり省内で秘かに検討が加えられていたと想像される。

十三日八時半より最高戦争指導会議構成員会議が開催され、ここでも予定通り阿南陸相、梅津参謀総長、豊田軍令部総長から国体護持の保証を得ることさらに保証占領と武装解除に限定を加えるべきことなどを繰り返し主張した。さて十三日の閣議は三時間に及んだ。軍部の反対論はしだいに少数意見となってくる。しかし受諾賛成者多数を占めたものの、基本的には安部内相、松坂法相、阿南陸相の三閣僚は受諾反対を取り下げることはなかった。

これをみて鈴木首相は「国体護持の上より危険を感じているが、さればとて今どこまで戦争を継続するかといえば、恐れ多いが大御心はこの際停戦せよとのことである」と、天皇の戦争終結の意向を盾に反対論に与しない立場を鮮明にした。そして「……かかる危険をも御承知にて聖断を下されたからには我らはその下に御奉公する外に道はなしと信ずる。従って私はこの意味において本日の閣議の有りさまを申し上げ重ねて御聖断を仰ぎ奉る所存であります」と、ほぼ全体の議論を踏まえつつ最終的に軍部の説く徹底抗戦による国体護持論を切り捨て、国体護持のためにこそ天皇の意向に沿う形での戦争終結の必要を説いた。

そして閣議では受諾の是非について結論を出すことなく、最後の決定は天皇に委《ゆだ》ねることで明確な天皇の意思決定による戦争終結に持ち込もうとしたのである。無論これは木戸ら宮中・重臣グループとの間で事前に打ち合わされたシナリオ通りのものであった。

そして天皇自ら十四日午前十時半より閣僚・戦争指導会議連合の御前会議を召集した。鈴木首相が既述の閣議の模様を報告し、再度の「聖断」を上奏する。この後阿南陸相、梅津・豊田両統帥部長に反対意見表明の機会が与えられその後に天皇の聖断が下ったのである。

いわゆる二度目の聖断が下ったのである。反対論者が固執した国体護持については「毛頭不安なし」とまで言われれば反対論者も納得せざるを得なかった。翌十五日正午、天皇自らマイクの前に立ちラジオ放送された。いわゆる玉音放送である。

附記「戦争が終わったのに攻めてきたソ連」

八月十五日玉音放送で戦争は終わったが、現地に散在している日本軍の戦争は続いた。中でもソ連の日本攻略は残虐非道極まるものであった。

このことについて浅田次郎が次のように書いています。

昭和二十年ぼろぼろになってしまった帝国陸軍の中で、奇跡的に開戦当初のような強力な軍隊が一個師団以上つまり二万人くらいの戦力が国境の島占守《シュムシュ》島に残っていました。これは満州から転用された精鋭部隊でした。その占守島に昭和二十年（一九四五）八月十八日ソ連軍が武力上陸してきた。戦争が終わって三日が経っているのに、武装解除に来たわけでなく武力占領に来たのです。

この戦いに日本軍は圧勝する。防衛庁の戦史室が編纂した「戦史叢書」によると、ロパトカ岬（カムチャッカ半島の突端）から大砲を撃って八、〇〇〇の兵力が上陸してきた。しかしこの大砲、精度を欠いているのか、練度が低いのかともかく当たらない。日本軍は戦争が終わっているので撃ち返してはならない。歴史が占守島の戦闘は正義であったと認めるほどの客観的事実が必要だとして無抵抗でした。

とはいえ、札幌の軍司令部から自衛のための戦闘はやむを得ないという連絡が入ったので、沿岸砲を撃ち返したところ、敵の砲台はあっという間に沈黙してしまった。そのくらい日本軍は兵も装備も優れていたのです。事実この戦争は八月二十三日まで続くのですが、皮肉なことに日本軍の圧勝でした。ソ連軍が殆んど抵抗できない圧倒的な強さで、あと一日あれば海に追い落としていたくらいの戦いでした。

しかし八月二十三日に戦闘停止命令がかかって、翌二十四日に武装解除されることになる。日本兵の犠牲者は約一、〇〇〇人、ソ連は公開していないのでよく分からないが、戦況からすれば日本軍の三倍くらい犠牲者を出しているはずです。あえて言うなら、快勝して幕を閉じた帝国陸軍最後の戦いだったわけです。占守島の日本軍は勝ちながらソ連に抑留されソ連領内に移送されたのです。

満州や樺太からの抑留者も合わせて六〇万人とも言われる人々が最長で十一年も抑留され強制労働させられました。降伏による捕虜であったとしてもあまりにも無法でした。戦勝国にそんな権利はありません。飢えと寒さの中で、およそ六万人もの人々が亡くなったと言われています。

ソ連軍が満州国境を突破してなだれこんできたのは八月九日です。総数一六〇万人と言われています。一六〇万人といえばおそらく世界史上でも最大の作戦だったと思います。映画「史上最大の作戦」といえば、第二次大戦中のノルマンディー上陸が舞台ですが、連合軍の数は一七万六、〇〇〇人です。満州国境から押し入ってきたソ連軍が一六〇万人もの大兵だったことは、私達はまず誰も知りません。教えられてもいません。その一部として占守島の戦いが起こり、千島列島はすべてソ連に占領されました。今もって択捉島、国後島、色丹島及び歯舞群島だけ返してくれという交渉が延々と続いています。こうしたことを私たちは知っておかなくてはいけません。

玉音放送によって、日本人は一斉に銃を置いたことになっています。これはあくまでも内地のこと、侵攻してきたソ連軍の勢いは八月十五日を過ぎても止まりません。九月二日戦艦ミズーリ艦上で降伏文書調印を経てもなお無視して継続されました。ソ連軍の攻撃が完全に停止したのは九月五日になってからでした。

第十五章　日米戦争を起こしたのは誰か

これまで記述してきた事実から、私なりに「日米戦争を起こしたのは誰か」、この問題についていくつか私の考えを述べてみよう。

アメリカの満州侵出と中国援助

アメリカは日露戦争後満州への侵出をはじめた。日露講和の仲介をしたのはアメリカであり、しかもこの仲介は日本から頼まれて、それを承知して仲介に入ったのである。しかしそれにはそれなりの思わくがあった。ただ好意だけで仲介をしたのではなかった。その見返りとしての満州への進出、といっても領土的進出ではない経済的侵出である。

支那への領土侵出については、ヨーロッパの列強がすでに支那の要所要所を租借し、種々の権益を獲得しており、アメリカの入る余地がなかった。幸い日露講和の斡旋をした。これを利用して満州の地に権益を得ようとしたのである。

即ち日露の戦争が終わると、早速アメリカの鉄道王ハリマンがやってきて日本が戦争で獲得した南満州鉄道の共同経営を提案してきた。当時の桂太郎首相、井上馨蔵相らは戦後の財政の苦しい折柄、日本が独力で南満鉄道を経営するのは負担が重すぎる、共同経営の方がよいとして仮契約までしたが、小村寿太郎によって「日本の将兵の血によって手に入れた満州の権益をアメリカに売り飛ばすことはできない」と反対され仮契約は廃棄された。

しかしアメリカはこの後も満州鉄道中立化を提案してきたりして、何とか満州の地に権益を得ようとしていろいろと画策したがうまく行かなかった。このあたりからアメリカの不満の矛先は日本に向けられるようになってきた。

マクマリー（元アメリカの中国公使）の見解で傾聴に値するのは、自らの経験から結局アメリカ人は「中国国民党びいき」であったと断言していることである。マクマリーはその原因を中国大陸でキリスト教の布教の成功、中国の対米宣伝の巧みさ、不平等条約への一般のアメリカ人の同情などに見ている。また一九二八年（昭和三）七月アメリカは日本との事前協議なしに米中関税協定を結び中国の関税自主権を承認し、国民政府の実質的承認を認めている。また第二次南京事件で蒋介石の軍隊がアメリカ人宣教師に暴行を加えて、アメリカ人の支持が動揺したとき、蒋介石がキリスト教に改宗すると発表したこと等を挙げている。

中国はアメリカから多くのキリスト教宣教師を受け入れていた。同時にアメリカ国民も〝巨大な中国市場〟を夢みて、中国に好意を寄せていた。ルーズベルトも幼少のころから祖父の影響を受けて中国に好意をいだいていた。

アメリカは一九三五年（昭和十）中立法を制定した。第一次世界大戦の結果を踏まえ、もう戦争はいやだというのだった。

ところが一九三七年（昭和十二）八月に第二次上海事変が勃発すると、ルーズベルトは中立法は中国には適用しないと宣言した。ルーズベルトは幼少のころから祖父の影響を受けて中国に好意をいだいていたから、中立法を中国には適用せず、蔣介石政権を援助して日本潰しにかかったのである。

アメリカの排日移民法

日露戦争の翌年一九〇六年（明治三十九）サンフランシスコ市教育委員会が日本人学童の隔離教育を実施した。この年サンフランシスコ大地震があって、日本は国家予算の十分の一以上にあたる五十万円を救援資金としてサンフランシスコ市に、五万円を在留邦人に送った。これほどの見舞金を出したのは、日露講和の際のアメリカの仲介に対する礼と、日本人移民への差別をいくらかでも緩和して貰いたいという願いからであった。

しかるにサンフランシスコはどうしたか。地震によって学校が壊れたり焼失した公立校が狭くなったという理由で日本人・朝鮮人・支那人を焼け野原にポツンと建っていたボロ小屋に押し込め隔離してしまったのです。日本の支援で建てられた新しい学校には有色人種は誰一人入れて貰えなかったのです。これは明らかに人種差別でした。

これ以後も排日政策は排日移民法となって次々と実施された。この排日移民法のよって来たる根元は、要するにアメリカ人の人種差別の偏見によるものであった。有色人種が白人の領域にはびこるのはけしからんという白人優位の立場を失いたくないという彼らの思いがこうした行為を実施するに至ったのである。排日移民法ははじめはカリフォルニア州などの州法であったが、最後には連邦法となりアメリカ合衆国の法律となって施行された。この法律による日本移民に対する差別、圧政たるや非人道極まるものであり、在米日本人移民に強いられた苦しみは言語に絶するものがあった。土地の所有を禁じられ、農地の賃貸借権も禁止され、アメリカへの帰化不能国人として帰化権も剥奪され、そのため多くの日系移民は、汗を流して作りあげた農地を残して帰国せざるを得なくなったのです。これらの措置は有色人種に限られ、白色人種の移民たちには課せられませんでした。明らかに有色人種に対する差別扱いであった。

このアメリカの日本人移民排斥によって、それまでどちらかといえば親米の日本であったが、この排日移民法によって一気に反米感情が高まった。当時の日本人は人口過剰でその上貧乏でした。それで満州を日本の生命線として満州国建国へとつながっていったのである。この差別はトラウマとなって永久に日本人の心に残りました。この差別は終戦時まで続いた。日米戦争がはじまると、一二万人以上のアメリカ国籍を持っていた日系人が全財産を没収されたうえ、有刺鉄線によって囲まれた強制収容所に送られたのです。

天皇陛下（昭和天皇）も終戦直後側近に「この戦争の遠因はアメリカの移民禁止にあり、引き金となったのは石油禁輸である」という趣旨の御発言がありました（昭和天皇独自録）。まことに簡潔明瞭な史観であると拝察いたす次第であります。

アメリカの保護貿易主義

昭和の初期、世界大恐慌に対してアメリカは自由貿易を捨てて自国の産業保護のためにブロック経済体制を作った。この大不況の中アメリカは「ホーリー・スムート法」という法律を施行した。この法律は不況で苦しむ国内産業を保護するために作られたものだが、アメリカに輸出される一、〇〇〇品目について超高率の関税をかけて国内産業を守ろうとした。こんな高関税をかけられては誰もアメリカに向けて輸出は控えるだろう。不況の時こそ自由貿易によって交易を盛んにし経済をよくするのが本筋であるのに、それとまったく逆のことをアメリカはしてしまったのである。

アメリカが自給自足のブロック経済に入ってしまったものだから、イギリスもカナダのオタワに大英帝国支配の国・地域を集めて会議を開き、大英帝国経済圏という自分たちの経済ブロックを作った。なにしろイギリスは当時世界の四分の一を占めるほどの土地（植民地を含む）を持っていた。それらが一つの自給自足の経済ブロックを形成したのである。

東にアメリカという大国が保護貿易圏をつくり、西に大英帝国が同じく一つの保護貿易圏をつくった。これらの大国はそれ自体で自給自足できるであろう。しかしその間に狭まれた日本はどうなる。おまけに日本は年に一〇〇万人位ずつ人口が増えるのである。そしてアメリカにもオーストラリア、カナダ、ニュージーランドにも移民が禁止され移民できなくなったのである。

当時の日本は生糸等を売って外貨を稼ぎ、そのカネで買った原材料で安い雑貨類を作って海外輸出をすることで成り立っていたような国である。日本はその乏しい利益で近代産業を起こし近代軍備を整えていたのである。それが世界経済がブロック化してしまったらどうなるか。日本のような資源の少ない国は製品の輸出も、資源の輸入も出来ないのであれば、国内産業は滅びるしかない。それで日本と満州を一つの経済圏、つまり「日満ブロック政策」をとって生き残ろうとしたのである。

第二次世界大戦は、ドイツや日本がはじめたものとされているが、本当はドイツや日本を戦争に追い込んだのは「持てる国」がブロック経済をやりだしたためなのである。

だから大東亜戦争は日本が生きるための戦争、つまり自存自衛の戦争だったのである。自ら進んで戦争をはじめたのではない。日本から戦争を仕掛けたというような痕跡など一つもない。はじめからアメリカと戦争などする気はなかった。やむを得ず戦うことになったのである。

戦後一九五一年（昭和二十六）五月三日、東京裁判を仕切った当人マッカーサー元帥は、アメリカ上院の軍事外交合同委員会という公式の場で次のように証言しているのである。

「日本は蚕以外には固有の産物は殆んどない。綿がない、羊毛がない、石油がない、錫《すず》がない、ゴムがない、その他実に多くの原料が欠如しているのだ。それら一切のものはアジアの海域には存在していた。もしこれらの原料の供給を切られると、一、〇〇〇万人から一、二〇〇万人の失業者が発生することを日本人は怖れていた。したがって彼らが戦争に突入したのは主として自衛のため、やむを得なかったことだった」と。東京裁判を仕切った本人が言うのである。これほど確かなものはあるまい。

アメリカの宣戦布告なき戦争＝経済封鎖

一九二八年（昭和三）パリ不戦条約（ケロッグ・ブリアン協定とも）をアメリカが批准するとき、議員の質問に対して米国務長官ケロッグは「経済封鎖は戦争行為である」と答えている。だとすれば一九四一年（昭和十六）七月の日本の在米資産全面凍結、同年八月の対日石輸全面禁止は戦争行為ということになる。一九四〇年（昭和十五）の日米新通商航海条約破棄も準宣戦布告といえよう。資産凍結や通商航海条約は、イギリスもオランダもアメリカにならって破棄を宣告した。オランダは日蘭民間石油協定を停止した。

こうしてＡＢＣＤ包囲網（いわゆる経済封鎖）が形成される。Ａはアメリカ、Ｂはイギリス、

Ｃは支那、Ｄはオランダである。このＡＢＣＤ包囲陣は完全な戦争行為である。ということは実際に戦争を仕掛けてきたのはアメリカやイギリス、オランダ等であるということだ。実際のところ日本は米英相手に戦争を仕掛けたという痕跡もない。もっぱら日米交渉を続けて何とか和平に持ち込もうと苦心を重ねてきたのである。

したがって戦争準備など戦争勃発直前まで殆んど何もしてこなかったようなものである。むしろアメリカの方は日露戦争後から日本に対してはオレンジ計画を検討しており、大西洋会談ではルーズベルト大統領はチャーチル英首相にしばらく日本をあやしておいてなどと語っており、後述するように真珠湾攻撃の五カ月も前に日本本土爆撃計画が作成され、これにルーズベルトがサインしているのである。こうしてみると、アメリカは日本よりも早くから戦争の準備をしていたことになる。

近衛首相の日米首脳会談をアメリカは拒否した

日米交渉は進展せず、その間ＡＢＣＤ包囲陣による経済封鎖は強化され、ついに石油の全面禁輸によってわが国には石油の一滴も入らなくなった。近衛はこの危機打開のため、自ら米大統領と直接会見して難局を打開しようと決意し、天皇のお許可も得た。そこで従来の事務的な交渉でなく、大所高所に立って時局救済を図らんとして、日米首脳会談の提案を野村大使を通して一九四一年八月八日米側に伝達したが、折しもルーズベルト大統領はチャーチル英首相と洋上会談のため不在で、伝達はハル国務長官になされた。だがハルは「日本の政策に変更がない限り、これを大統領に取り次ぐ自信がない」と冷ややかな応対ぶりだった。

このときルーズベルトとチャーチル英首相は大西洋上で会談し、いかにして日本を戦争に引きずり出すか、それも先に日本より第一発を撃《う》たせるにはどうしたらよいかの相談をしていたのである。これでは、もうこのときアメリカは戦争をすることに決めていたのであるから、近衛の申込みなど受けつけるわけはなかったのである。

近衛はルーズベルト大統領宛のメッセージを八月二十八日野村大使を通して大統領に手渡した。大統領は大いに乗り気で近衛のメッセージを「立派なものだ」と称賛したが、同席していたハルは、首脳会談は事前に問題点を詰めてまとまった案を確認するだけのものにしたいと主張し、近衛の意図と根本的に背馳するものであった。

九月三日にルーズベルトは近衛のメッセージに対する回答を野村大使に渡した。それは首脳会談はあくまでその前提として基本問題に関して合意するための予備会談が必要であるというハルの意見が支配的になっていた。大統領もハルの意見に同調したのである。そればかりか日米間のいかなる協定も英蘭支の同意が必要だと強調するようになった。内外ともに近衛の計画は四面を拒否で包囲されることになった。

チャーチルの洋上会談の内容でも分かるように、この時期アメリカは戦争を決意していたのである。近衛の願いなど一顧だにされなかったのである。日米交渉はアメリカが戦争準備完了するまでの時間稼ぎのようなものであった。

ＪＢ―三五五計画

真珠湾攻撃の前にアメリカは日本爆撃を計画していた。ＪＢ―三五五計画とは、日本本土爆撃作戦計画のことである。アメリカの爆撃機を中国に供与し、中国から東京や京阪神を爆撃する計画である。供与された爆撃機は中国軍を装い（「フライング・タイガー」と呼ばれる）、アメリカ陸海軍飛行士も派遣されていた。一九四一年米陸海軍合同委員会から出されたこの計画にルーズベルト大統領がＯＫのサインをした文書が一九七〇年に公開されている。

この計画は一九四一年（昭和十六）七月十八日陸海軍長官の連名で大統領に提出され、同年七月二十三日に大統領が署名しているアメリカの公的資料である。開戦五ヵ月前に日本本土爆撃を承認した文書である。中国のどの基地から、日本のどの都市を爆撃するかを決めた詳細な計画である。これはもはやオレンジプランとは違う、実行プランである。しかもそれを中国にやらせる

（アメリカは中立を宣言していたから）。

B―17爆撃機一五〇機、二五〇機の戦闘機によって、一九四一年十月三十一日までに日本の京浜地区と京阪神地区の産業地帯に空襲する計画を立てていたのである。飛行機には青天白日の中国のマークをつけ、実際にはアメリカの飛行士によって実行される計画であった。けれどもたまたまヨーロッパにおける大戦でイギリスの方でB―17爆撃機が必要になり、そちらへ回さなければならなくなったので作戦がおくれただけなのである。

日本では多くの専門家によって一九四一年七月二十八日南部仏印進駐を強行したことが日米開戦の引き金になったと信じられている。

しかしその前にJB―三五五計画即ち日本本土爆撃作戦計画を立てていて、ルーズベルトはそれにOKサインをして承認しているのである。たまたまヨーロッパ戦線が急迫してB―17爆撃機をイギリスに回さなければならなくなったが、もしイギリスに回すような事態になっていなかったら確実に日本本土は爆撃されていたのである。

日米開戦前に「JB―三五五作戦」が実施されていたとすれば、完全な奇襲作戦となって京浜・京阪神地帯は大被害を蒙っていたに違いない。当時の日本には防空体制が完全ではなかった。今でもアメリカ国民の大部分は、真珠湾攻撃が日本による卑怯な騙し討ちだと信じているが、これこそ卑怯な騙し討ちになった筈だ（アラン・アームストロング著　塩谷紘訳『幻の日本爆撃計画』

日本経済新聞出版社)。

ハル・ノートと真珠湾の謀略

我国の第一航空艦隊は、一九四一年十一月二十六日択捉島《エトロフ》の単冠湾《ヒトカップ》からハワイ真珠湾を目指して征途についた。偶然の一致だがこれと同じ日にハル国務長官から野村・来栖両大使に突如〝ハル・ノート〟が手交された。ハル・ノートは直ちに東郷外相に打電された。

ハル・ノートは前述したように第一項(ハル四原則)のほかに第二項十ヵ条から成っていて、重慶政府以外の政権は否認せよとか、日独伊三国同盟からの離脱、中国大陸と仏印から一切の陸海軍と警察力の即時撤収など十ヵ条を列記した提案は、従来の日米交渉で議題にもならなかったものまで含まれており、これまでの日米交渉をまったく無視したものであった。

東郷外相はこれを読んで「目も眩《くら》む思いだった」と言っている。閣僚の誰もがこれはもはや「最後通牒」であり「日本への挑戦状」だと感じた。

アメリカは日本を戦争へと追いやったのである。こうすれば日本は受諾できず戦争するしかないことを十分知りつつ通告したのである。言ってみれば今までの日米交渉は、アメリカの戦争準備が完了するまでの時間かせぎであり、和平など考えてもいなかったのである。こうして日本を戦争へと引きずり込むのが狙いだったのである。

実際のところ、ルーズベルトとその戦時内閣はハルの最後通牒が日本に通達される前日十一月二十五日、平和の展望ではなく、戦争がどうはじまるかについて議論していたのであった。

スティムソン陸軍長官は、この日の自身の日記で以下のように記している。

「会議に同席したのは、ハル、ノックス、マーシャル、スタークと私自身だった。大統領はもっぱら日本との関係について話をした。大統領はわが国がおそらく（早ければ）次の月曜日にも攻撃されるであろうと指摘した。これは日本が予告なしに攻撃することで悪名高いためであり、問題はわが国としてどうすべきかということだった。問題はいかにしてわが国に甚大な被害を招くことなく、日本が最初に発砲するような状況に導くかということだった」

また真珠湾に向けて出航した第一航空艦隊は厳重な無線封鎖を行っていた。ところが途中で何回か無線封鎖を破って連絡のため僚艦に向けて微弱な低周波電波を発したのを、フィリピンのコレヒドールとグアム島、アラスカのダッチハーバーの無線所がそのつど傍受して、方位を探知することによってその位置をつかんでいたのである。

十一月二十六日キンメル太平洋艦隊司令官は、スターク海軍作戦部長から突然、空母「エンタープライズ」と「レキシントン」で、ウェーキ島とミッドウェー島に陸軍の戦闘機を運ぶように命ぜられた。十一月二十八日に「エンタープライズ」が巡洋艦など十一隻の新鋭艦に護られてウェーキ島へ、十二月五日に「レキシントン」がやはり八隻の新造艦を伴ってミッドウェー島へ向けて真珠湾を出港した。

真珠湾に残ったのは戦艦「アリゾナ」をはじめとして殆んどが第一次大戦からの旧型艦だった。真珠湾から二隻の空母は出払ったのである。今日ではノックス海軍長官が日本の機動部隊がハワイに向かっているのを知って、ルーズベルト大統領の承認を得たうえで、二隻の空母を真珠湾から出港させたと解釈されている。

ルーズベルト大統領は、日本が十二月七日（ハワイ時間とアメリカ東部時間）にハワイを攻撃することをマジック（暗号解読）で知っていた。それにもかかわらずマジック情報は、肝心のハワイの太平洋艦隊司令官のハズバンド・キンメル大将と、陸軍司令官のウォルター・ショート中将だけには知らされなかった。

リメンバー・パール・ハーバー（真珠湾を忘れるな）。ルーズベルトはアメリカをヨーロッパの戦争に参加させるために、日本が真珠湾を攻撃することを知りつつハワイの太平洋艦隊を生けにえにしたのだった。

第十六章　日米戦争はなぜ起きたか

前章では「日米戦争を起こしたのは誰か」をテーマに記述した。本章では視点をかえて、「日米戦争はなぜ起きたか」をテーマとして私見を述べてみたい。

日米戦争の責任は、アメリカと日本の双方にあったと思う。端的にいえば、両者は中国で利害が対立したのである。この利害の対立はいつからはじまったのかというと、それは日露戦争終了直後からと考えられる。

アメリカはフロンティアを求めて中国に侵出しようとするが、すでにヨーロッパ列強の中国分捕りが進んでいてアメリカのつけ入る隙がない。そこでアメリカは一八九九年（明治三十二）九月六日米国務長官ジョン・ヘイは中国の門戸開放と機会均等を提唱する。これは日米開戦に至るまでのアメリカの対中国政策の柱であった。要するに中国との交易に自分も入れてくれというものだった。

日本は国防上から隣国朝鮮を他国の侵入から守るために日清・日露の戦争をして南満州に権益を持った。当時の世界では強い国が他国に経済的特権を持つことが認められており、それが常識であった。日本もこの特権を中国大陸に持つことになったのである。

ところで日露講和の仲介をしたアメリカは、戦後早速鉄道王ハリマンがやって来て、南満州鉄道の共同経営を日本に提案した。時の日本の首相桂太郎は、南満鉄道の日本単独経営は負担が大きすぎる、共同経営の方がよいとして一旦仮契約までしたが、小村寿太郎外相に反対されて取り止めとなってしまった。

アメリカは「日本は満州を独り占めにしようとしている」として不快感を持つようになった。それ以来何かと中国大陸における両国の利害が衝突するようになるのである。このハリマンの満鉄共同経営提案は、歴史の大きな分かれ目だったと見ることができる。この時日本が共同経営していたら、日米は協調路線をとり日米戦争など起こらなかっただろうとも考えられるからである。しかし日本はこれを断わった。

アメリカは日露戦争後一九〇六年（明治三十九）「オレンジ計画」という対日作戦計画を立てる。これは年々改訂され最終的には日本本土無差別爆撃まで盛り込まれた。この根底にはアメリカの人種差別意識があった。その証拠に日露戦争の直後明治三十九年、サンフランシスコ市で日本人学童隔離という事態が起こった。爾来排日移民政策となってこの政策は終戦のときまで続いたのである。また第一次世界大戦当時、日本は赤道以北のドイツ領南洋諸島を獲得したが、これは丁度アメリカ領グアム島とアメリカ本土との中間に位置していた。アメリカはひそかにこれを太平洋侵出の邪魔物とみていたことであろう。

こうしてアメリカの中国大陸侵出の野望と大陸（満州）における日本の権益を守る姿勢とが互いに衝突し、支那事変がはじまったときには、アメリカは中立を捨てて蒋介石擁護に向かい、またアメリカはワシントン会議で日英同盟を体よく解消させ、やがて日本へのＡＢＣＤ包囲網など経済封鎖を続け、最終的にはハル・ノートで日本を日米戦争へと挑発し、日本もやむをえず自存自衛のために戦わざるをえなくなったのである。

日米戦争を概観してみると、結局中国大陸における日本とアメリカの権益争いが起点となって、支那事変（日中戦争）に際してアメリカは中国側につき、第二次世界大戦になってからはイギリスのチャーチル首相からの要請を受けて、アメリカは日米戦争への糸口を求めていろいろと画策して日米戦争を誘発した。しかもそれを日本の真珠湾奇襲攻撃（これには日本外交の手落ち、外交官の失態があった）を奇貨（得がたい機会だから逃がさず利用すべきだ）として、アメリカ国民の戦争参加へと統一的団結を成功させたのである。

大東亜戦争（太平洋戦争）の結果は、戦勝国にとっても、敗戦国にとっても何の得もない結果となった。つまり日本については、確かな成算もないまま戦争に入り悲惨な敗戦となり、戦勝国にとっては、アジアはおろか全世界における彼らの持っていた植民地の殆んどすべてを失った。すなわち彼らの植民地は独立国となったのである。

日米戦争の責任は双方にあると当初に述べた。その責任とは何であるか、大局的にみればアメリカについては、人種差別の排日移民法、保護貿易主義、ＡＢＣＤ経済封鎖等があろう。日本については、第一次大戦中の対華二十一ヵ条要求や大義なき無意味な支那事変などがあろう。この支那事変があって太平洋戦争へとつながったことをみれば、これは日本にも責任があると言わざるを得ない。

あとがき

この本は明治のはじめから昭和二十年日本が大東亜戦争に降伏した日八月十五日までの期間に限定して、この間に行われた日本と外国との戦争の経緯と結果、その因果関係、その功罪を追求し、自分自身に納得できるように整理し記載したものである。実際に史実を丹念に調べてみると、正しかったこともあれば間違っていたところもあったことが分かった。

まず明治時代におきた日清・日露の戦争について述べよう。当時は日本がアメリカ軍人ペリーの砲艦外交によって鎖国の夢から醒めて国政の大転換をして、西洋の近代的文明を取り入れて西洋に負けない国家体制を作ることに精進した時代である。

日本は自らを近代化することに努めると同時に、当時の国際情勢は未だ植民地争奪、帝国主義的侵略がアジアに押し寄せてきた時代であったから、当然日本は自国を守ると同時に近接する朝鮮、支那についても関心を抱かざるを得なかった。なぜかというと、欧米の先進国はアジアの地に植民地を求め、あるいはいろいろな権益を求めてやってきたのであるから、わが国に隣接する朝鮮や支那に欧米先進国の勢力が侵入し、支配するようになることそれ自体がわが国への脅威になると明治の人達は真剣に恐れ、そのためにはわが国と朝鮮、支那とは友好的な関係を保つ独立国として存在していてくれなくては困ると考えたのは当然のことであった。

日清・日露の戦争も朝鮮が支那やロシアに支配されるようなことにでもなったら大変だ、夜もおちおち眠れないと考え、自存自衛のために戦った戦争であった。

また日本は欧米との不平等条約の解消という大問題を抱えていた。不平等条約とは、例えば治外法権、つまりわが国内で起きた外国人の犯罪などを日本人が日本の国内法によって裁くことができない、裁くことができるのは外国人である。ということや関税自主権がないこと、つまり日本は自主的に関税率を定める権利を与えられなかったのである。これらは日本が国際的な法の整備が出来ていなかったことによるものだった。それがために欧米先進国と対等のつき合いが出来なかったのである。日本が欧米諸国と不平等条約を結んだのは、一八五八年（安政五）井伊直弼大老の時にはじまる。この不平等条約が完全に解消され治外法権を認めず、関税自主権を持つことが出来るようになったのは、一九一一年（明治四十四）二月二十一日日米新通商航海条約が調印されたのを皮切りに他の西洋諸国とも同様の条約が調印されてからである。こうしてわが国は欧米諸国との間に平等な条約を結ぶのに実に五十三年の期間を要したのである。日本は欧米先進国と平等条約を結んだアジアで最初の国家であった。

　また日清戦争の勝利によって清国より台湾を譲り受け、日露戦争後には条約によって日韓併合を行い日本の領地とした。この二件については本文においては取り上げて記述しなかったので簡単に記載しておこう。日本は日本の安全と満州の権益を守るためには韓国の安定が是非とも必要であった。それで日露戦争後、日本は韓国に統監府を置いて韓国を日本の保護国として韓国の近代化を進めた。日本の方針に反対した韓国皇帝は、オランダのハーグで開催された万国平和会議に密使を送って、日本の圧力によって独立を失ったと訴えたが、各国は外交権のない韓国に発言権はないとして韓国皇帝の訴えを認めなかった。日本の韓国併合について欧米列強からは何の干渉もなかった。欧米先進国はいずれも少なからぬ植民地を持っていたから同じことをした日本を批判することなどできなかったのである。その後伊藤博文がハルビンで韓国独立運動家安重根によって射殺された事件が起こったのをみて、これでは一刻も早く韓国を併合しなければならない。このまま打ち捨てておけばどんな災難が日本にふりかかってくるか分からないとして、これを機に日韓併合を行ったのである。今でこそ日本は韓国を侵略して併合したといわれているが、帝国主義が当時の世界の常識で食うか食われるかの時代であった。現在の常識では当時の善悪を判断できないのではないかと思う。

私は朝鮮植民地統治について、財政的、人材的、経済的、文化的にその向上発展のためにわが国ほど多大な資源を投入して朝鮮近代化の基礎を築いた国がどこにあったか、と言いたいのである。例えば京城帝国大学の図書館予算は東京帝国大学の十倍もあったとか、地租にしても日本国内が二五パーセントに対して朝鮮はたったの三・八％だったとか、朝鮮総督府の歳出は大正八年を除いては赤字で、日本政府からの補充金で埋め合わせたとか、朝鮮を搾取したどころか、日本の内地国民からの搾取で朝鮮の民生を支えていたのである。

これに比べて欧米列国の植民地政策はただの搾取ではないか。どこにその民族の発展に貢献したか、それは日本の統治政策とまったく違っていた。つまり植民地民族の文化発展、社会基盤の向上に自国の税金を補充してまでその文明向上、生活向上、生産向上に日本ほど努力した国がどこにあったかと言いたいのである。欧米流の植民地支配、侵略とは内容的に質的に違うのである。これを欧米流の植民地支配あるいは侵略と同列に見られて、それで果たしてよいのであろうか。

同じ植民地でも、朝鮮より早く日清戦争の勝利によって賠償として獲得した台湾については状況が違うようである。

朝鮮においては、国家主権を奪われた民族の恨みは今日（二〇一六年）においてもなお払拭されていないが、台湾についてはこのようなことは聞いたことはない。はじめの頃は原住民との戦いもあったが、児玉源太郎が台湾総督になり、後藤新平が民政局長になってからは、産業の発展、生活の向上は目覚ましいものがあった。これは結局統治の仕方が良かったからである。後藤は日本本国からの押し付け方法ではダメだ。何より民意、民情を重んじ、台湾人の風俗、習慣を調査し漸次改善したのが良かった。また日本人の技術、学術面での指導、インフラ等近代的設備の整備等台湾人から感謝される事績は数多く見られるのである。台湾は日本本土からの財政援助も無くなるのも早く、自主独立の近代的発展も早かった。

大正に入っては第一次世界大戦が起こる。

日本は日英同盟を結んでいたイギリスから参戦を要請されて大戦に参加した。この戦争で日本はドイツが持っていた権利、具体的には膠州湾や山東半島を占領し、赤道以北のドイツ領マーシャル・マリアナ・カロリン諸島を国際連盟からの委任統治地として日本領土として統治した。

また支那に対しては二十一ヵ条要求をして一部を除いて要求を認めさせた。この一部というのは要求ではなく希望条項であったが、日本人を政治・軍事顧問として招聘すること、警察を日支合同とすること、日本に兵器の供給を求めるかまたは支那に日支合弁の兵器廠を設けること、福建省の鉄道・鉱山・港湾に関する優先権を日本に与えること、支那での日本人の布教を認めること等々であって、これは明らかに内政干渉で到底支那が承認できない無理な注文であった。ここに至って支那は排日・抗日の姿勢をとるようになった。これは希望条項とはいえ、あまりにも中国の内政に介入した事項であり、中国を馬鹿にした行為であり反省すべきことと私は思う。

また第一次世界大戦当時、一九一七年（大正六）十月革命によってレーニンによるソビエト労農政府が誕生し、レーニンによる「平和についての布告」が発表され、翌年一九一八年にはウィルソン米大統領も「和平のための十四ヵ条の原則」を提案した。これらはいずれも各民族は自由独立すべきだと宣言した。これら両大国の民族自決宣言は、世界の被植民地の人たちに民族独立の希望を与え、世界各地で独立運動が起こるようになった。上海に大韓民国臨時政府が樹立したのも、この潮流に乗った一例である。

第一次世界大戦は、世界秩序のあり方に大きな変化をもたらした。民族自決、平和主義、公開外交（秘密外交をしないこと）など、これまでにみられなかった新しい理念が唱えられ受け入れられるようになってきた。こうした新たな世界秩序を具体化したのが一九一九年のベルサイユ条約であり、国際連盟の成立である。

しかしベルサイユ条約はあくまでヨーロッパ中心のものであった。これに対して太平洋地域の国際秩序確立のために開催されたのが一九二二年（大正十一）二月のワシントン会議である。そこでは海軍軍縮会議、中国に関する九ヵ国条約など多くの条約が成立した。

日本はワシントン会議における海軍軍縮や九ヵ国条約によって種々の制限を課せられた。海軍軍縮では主力艦保有高比率を米五、英五、日三と制限され、九ヵ国条約では中国に対する門戸開放を約束させられ、わが国の大陸政策を原則的に否認するものであった。九ヵ国条約における門戸開放は太平洋戦争開戦まで一貫してアメリカの基本的対日外交政策であった。

また山東半島で得た日本の権益は支那へ返還となった。そして日本の不満をさらに募らせたのは、アメリカの要求で「各国がこれまで得た権益は何ら影響は受けない」と決まったことであった。何のことはない、日本だけが折角獲得した権益を放棄させられ、米英等がすでに持っている権益は維持するというものであった。つまり、持っている植民地は認め、持たざる国が新たに権益を手にするのは侵略だと禁じたことである。

一九二四年（大正十三）五月二十六日、絶対的排日移民法がアメリカ合衆国の連邦法として成立した。これまでの排日移民法がここにきて合衆国全体の連邦法として成立したのである。この絶対的排日移民法は、日本人の対米感情を著しく悪化させた。在米日本人の苦悩たるや筆舌に尽くし難いものであった。

カリフォルニア排日土地法の存在する根本の要因は、アメリカ合衆国帰化法に日本人を帰化不能外国人として差別的待遇を与えているがためであるとして、われわれにも帰化権を与えよとして立ち上がったのが、我等が郷土からアメリカに渡ってライスキングとして成功した国府田敬三郎氏だった。

太平洋戦争がはじまると、アメリカ在住日本人全部が敵国外人として奥地の戦時転住所に抑留された。大地主であった国府田氏も当然この適用を受けた。終戦後転住所から出所した同氏は民権擁護会を組織し、カリフォルニア州を相手に法廷戦を行い、さらに排日土地法がカリフォルニア州に存在するのは、アメリカ合衆国帰化法に日本人を帰化不能外人としているためであるとして、われわれにも帰化権を与えよと叫び、帰化権獲得同盟を結成し、寝食を忘れて法廷戦と立法運動に奔走した。この運動は前後七年の歳月と百万弗を費やして日本人の勝利となり、排日土地法は違憲となり、新移民帰化法が成立し、ここに在米日本人は晴れて天日を仰ぐに至らしめた此の運動、そして大成功に終わらしめた氏の熱烈な正義感と指導力は、在米日本人の歴史あって以来の功績である。

氏が日本訪問中東京において一九六四年（昭和三十九）十二月脳溢血で客死するに際し、政府より勲三等瑞宝章を贈られた事も正に当然であった。もし氏をもってライスキングの名声を挙げたとか、巨万の富を積んだとかを以て氏を評価するならば、それは単なる一般事業成功の域に過ぎず、他にも幾多氏に比する成功者は挙げられる。それよりも民権擁護会結成、帰化権獲得同盟の結成によって排日土地法を違憲とし、新移民帰化法を成立させ、その他日本より農業実習生渡米後援、短期農務者の招聘援助等、戦後の復興、日本人救済に力を尽くしたことこそが氏の偉大さを証明するものであり、私はわが郷土よりかかる偉人を出したことを誇りに思い、あえてここに紹介するものである。

昭和に入って満州事変から支那事変（日中戦争）、大東亜戦争（太平洋戦争）へと続く。

まず満州事変については、私は正義の戦いであったと断ずる。なぜか、それは満州事変を起こさねばならなくなった要因について考えれば分かることである。遠因としては前述した排日移民法がある。もしアメリカが日本移民を受け入れていたら、その後の世界秩序は大きく変わったことであろう。「もしも」というのは過去にとって何の意味もなく禁句であるが、しかし反省として見て想像することは意味があり自由である。もしアメリカが日本人移民を排除しなかったら、将来日米英等の自由主義国と、ロシア・中国等の共産国との対立構図が生ずる可能性だって充分考えられないことでもない。

それはともかく、第一次大戦後昭和の初期には世界的大恐慌があった。大恐慌はなぜ起こったか、それはアメリカが保護貿易政策を取ったことであり、イギリスも倣《なら》って大英帝国保護貿易圏を作りそれぞれ自給自足の経済ブロック圏を作ったことが原因となる。東西にブロック経済圏を作られては、その間に挟まれた日本はどうなるか。日本のような貧乏な国は輸出も輸入も思うようにできなくなれば、国内産業は潰れるしかない。それではその捌《は》け口として満州へ進出することになった。つまり満州侵出は侵略でも何でもない。日本が生きるためには「日満経済ブロック」を作って米英等に対抗して生きて行かざるを得なかった。つまりそれは自存自衛のための満州侵出であったのである。しかもそれは侵略ではない、満州民族である溥儀（清国最後の皇帝）を皇帝として満州国建国のお手伝いをしただけである。決して併合ではない。アメリカのようにインディアンを撲滅して合衆国を作ったのとは、わけが違うのである。

満州事変を引き起こし満州国建国の主役を演じたのは関東軍であり、中でもその中心的存在は石原莞爾であった。日本政府及び参謀本部は満州事変不拡大方針であったが、石原らは中央政府の命令に従わず、独自の見解の下満州問題の処理に当たった。この点からみれば彼らの取った行動は下剋上であり、国家の方針に逆らったもので、決してほめられたものではない。それどころかもし間違えれば国家の存立にもかかわりかねない行為であった。しかし石原には東亜連盟の構想があり、日満支は大同団結して東亜の平和を守らねばならないという大きな理想と信念があった。これが石原らを突き動かしたのであった。また満州は当時張作霖・張学良の父子二代にわたる苛斂誅求、苛酷な搾取に痛めつけられ、満州住民の中には独立の気運も高まっていた。満州三、〇〇〇万の民衆を困窮から救うためにも支那からの独立は必要であった。

満州は独立後目覚ましい発展を遂げた。その繁栄と治安の良さが人を引きつけ、かつてはノーマンズランド（無人の地）と呼ばれた満州をアジア大陸の中でも最も繁栄した地域に一変したのである。これをしも侵略といえるか、むしろ正義の戦いの結果だったのである。

続いて発生したのは盧溝橋事件にはじまる支那事変である。盧溝橋事件は支那側からの発砲によってはじまったものである。しかもそれは蒋介石の国民政府からというよりも国民政府内の共産党員によるものだというのが有力な説になっている。というのも、この盧溝橋事件以前の蒋介石は安内攘外（国内を安定し後に外国を打ち払う）をモットーとしており日本と戦争をはじめる意思などなかったのである。このことは彼の言動からみて証明できる。それにソ連はコミンテルンによる世界共産化を目指しており、内乱の続く支那に目をつけ、これが共産化を画策していたのである。

現に支那事変のはじまる昭和十二年の前年西安事件が起こり、共産党の周恩来から「いつまで同朋相撃つ共産党征伐をやっているのだ。その失地回復の義戦をやるというなら共産党は貴下の国民政府軍と一緒になって日本と一戦するがどうだ」と説得され、国共合作が成立したのである。当然国民政府軍の中に共産党員が入党したのである。

さて、盧溝橋事件発生の四日後七月十一日に現地では停戦協定が締結された。現地ではこのような状態であったのに、東京の陸軍中央部では「この際思い切って中国を叩き潰すべし」という意見が大勢を占め、軍隊を派遣して事件は拡大し、それが上海に飛び火して上海事変となり本格的な戦争に移行したのである。満州事変とまったく正反対な状態となったのである。

当時参謀本部作戦部長であった石原莞爾は戦争反対、不拡大方針を主張し、拡大に必死に抵抗したが、多勢に無勢で孤立した石原は参謀本部を去った、いや去らされたというべきであろう。

支那事変は大義名分なき戦争であった。満州事変が簡単に片付いたためもあってか、支那を軽くみていた。一発ガンと叩けばすぐ支那は降参する位に考えたのである。何の大義もなく確たる目的もなく進められた戦争だった。翻って米英蘭ソの援助を受けた蒋介石軍は重慶に引き籠ったまま、時々ゲリラ戦を展開する位でその軍隊を維持し続け、そのために戦争は終わることもなく続いた。当時の杉山陸相は支那事変がはじまったとき、天皇に問われて「支那は一ヵ月位で片付きましょう」などと答えていたが盧溝橋事件以来大東亜戦争が終わるまで九年間も続いたのである。

大東亜戦争（太平洋戦争）となって、日本は開戦直後の十二月十日「今次の対米英戦争及び今後情勢の推移に伴い生起すべき戦争は支那事変を含めて大東亜戦争と呼称する」ことを決定した。

「日米戦争はなぜ起きたか」については第十六章において、中国大陸における権益争いが主たる原因となって日米戦争にまで発展したと述べた。それはその通りであるが、若干つけ加えて述べれば次のようである。

「ドイツの圧倒的軍事力によって欧州が席巻されるのをみて、イギリスは何とかしてアメリカを欧州のこの戦争に引き入れようと考えた。アメリカのルーズベルト大統領も、アメリカ合衆国のいわば祖国ともいうべきイギリスを助けたいと考えた。しかし当時の大統領ルーズベルトは『アメリカの若者を他国の戦争には参加させない』ことを公約として大統領になった人である。そしてアメリカは第二次世界大戦には中立を宣言していた。それでまず一九三九年（昭和十四）武器禁輸条項を撤廃し、イギリス、支那、ソビエト、オランダ、フランス等に武器を供給し、アメリカはこれらの国の兵器廠になると宣言した。ドイツに対抗するために、こうした五ヵ国に武器援助をしたことに加えて、米英蘭陣営が日本に対して行ったことは、いわゆるＡＢＣＤ包囲網といわれる経済封鎖である。

日本は日米交渉を通じて平和を求め、戦争を回避する努力を続けた。

しかしアメリカは、国内向きには他国の戦争には参加しないと説明しながら、裏面ではイギリスや支那の要望に答えて日米戦争を起こし、それもアメリカがあまり被害を受けない程度に日本から最初の一発を発砲させ、それによってアメリカ国民を戦争へと団結させようと綿密な計画を立てた。

こうして真珠湾奇襲攻撃によって、日本から戦争を仕掛けられたとして、アメリカはドイツや日本に対して宣戦布告し第二次世界大戦に表面から参加することになった」。

日本がこの大戦に敗北した原因はいくつかあげることができる。まずドイツの目覚ましい初戦の勝利に眩惑されて、その国力・軍事力を過大に評価し日独伊三国同盟を結んだこと。それに対しアメリカについては、その国力・軍事力について十分分かっており、長期戦になった場合勝利する確信もないまま戦争に入ったことである。日本は短期決戦主義だった。山本五十六連合艦隊司令長官も「一年半位は暴れてみせるが、後は分からない」と言っていたほどである。つまり日本は初戦で叩けるだけ叩き有利な条件下で停戦に持ちこもうと考えたのではないだろうか。これが的を外れて長期戦になったことだ。長期戦になれば生産力の高いアメリカは損害を回復し、軍備も増強できる。

また日本の戦争態勢をみると、太平洋戦争回避のターニング・ポイント（転換点）がいくつかあったにもかかわらず、陸海軍が省益を第一に考え、国益を第二としたことや、国策決定の不統一、つまり軍部と政府間あるいは陸軍と海軍とで共通認識がなく、バラバラにそれぞれ戦争計画を立てたこと、例えばギルバード・ブーゲンビル島沖航空戦の戦果は誤りであって、アメリカの航空母艦機動部隊は健全であったことを海軍は陸軍に報告しなかったために、今村大将が米機動部隊全滅の海軍からの報告を信じて、タロキナ上陸の米軍撃滅作戦を命令し、タロキナ島の日本守備隊は苦もなく米軍に占領されてしまった。あるいは本文でも記載したように堀栄三によれば「堀の在任中、作戦課と作戦室で同席して個々の作戦について敵情判断を述べ、作戦に関して所要の議論を戦わしたことはただの一回もなかった」という（堀栄三著『大本営参謀の情報戦記 情報なき国家の悲劇』文春文庫）。情報部の情勢判断を無視して、参謀本部の作戦課は作戦計画を立案していたことになる。

要するに国家として戦争に対処する統一した見解・方針・行動がとれていなかったことであり、またこうした各機関の不統一を統一するリーダーがいなかったことが、わが国を有史以来はじめての敗戦に至らしめたのだと思う。

日本は米英と戦うことなど考えてもいなかった。日米交渉によって和平に向けて必死の努力を重ねたが、アメリカには分かって貰えなかった。分かって貰えないどころか、日本の支那侵出を日本の大陸進出政策の一環とみてこれを侵略とみた。欧米列強にとってみれば彼らが支那大陸に持っている多くの権益を日本に奪われるのではないかと心配になった。彼らの側に立ってみれば分からないでもない。しかしこれを侵略とみるのであれば、ならば彼らがこれまで植民地にしたり租借地をつくったり鉄道敷設をしたりとかアジアに対してしてきたのも侵略である。でなければ不公平である。彼らは支那を応援し、ＡＢＣＤ包囲網を形成して日本に対し経済封鎖を行った。最後にはハル・ノートによって日本としては受け入れ難い要求だと知りながら突きつけて戦争へと挑発した。日本はやむを得ず戦争を決意せざるを得なかった。日米交渉の最大の難点は支那からの撤兵であった。天皇は最後まで日米戦争回避を願っていた。海軍も内心は米英との戦争はしたくなかった。豊田貞次郎外相は「支那からの軍隊撤兵を陸軍が多少なりとも譲歩するなら、日米交渉の見込みが絶体にないとはいえぬ」と言ったが、東条英機陸相は「駐屯問題だけは陸軍の生命であって絶体に譲れない」と言う。大国アメリカと戦争を選ぶか和平を選ぶかを決める大事な会議において、東条陸相はこう言ったのである。一体陸軍の生命が大事なのか、一国の運命が大事なのか。一国の運命を賭してまでも戦わなければならなかったものだったのだろうか。

私は唯一正義の戦いであったのは満州事変であり満州国建国だったと思っている。日本は満州国建国で止めておけばよかったと思っている。北支への進出や支那事変などは大義なき戦争であった。支那事変があったために米英などが支那大陸の権益を守るために支那側につき日本潰しにかかったのだと思う。そして対支武器援助、ＡＢＣＤ包囲網という経済封鎖を実施した。特に石油の全面禁輸をやられては日本は戦争はできない。対外資産凍結をされ、通商航海条約を廃棄され、石油・ゴム・錫等多くの戦時物資の輸入を止められては、黙っていれば真綿で首をしめつけられるように国内産業は衰退し国力はしぼんでしまうしかなかった。これを脱却するためには資源の豊富な南方の島々へ進出するしかなかった。これがまた日本にとっては自存自衛のための進出であり、敵側にとってみれば、彼らの植民地への侵略だということになって大東亜戦争（太平洋戦争）となった。

改めて大東亜戦争の功罪について考えてみよう。

第一に大東亜戦争のきっかけとなったのは遠因はともかく近因としては支那事変だったと思う。支那事変のきっかけは盧溝橋事件である。しかし盧溝橋事件は現地で停戦協定が結ばれて解決ずみだったはずなのに、日本陸軍中央はこれをきっかけとして支那事変へと発展させてしまった。支那大陸に多くの権益を持った欧米列強は、その権益を護るため、あるいは日本の支那大陸への侵出を防止せんとして蔣介石側につき日本潰しにかかった。これが基で結局太平洋戦争にまで発展した。これを考えてみれば、日本が支那大陸に侵入したから起きた戦争であるから、日本に戦争責任（罪）がないとは言い切れないであろう。

一方欧米側は蔣介石を援助し日本潰しにかかった。即ち対支武器援助、日本資産凍結、通商航海条約の廃棄、石油等資源の対日輸出禁止などの経済封鎖をもって対抗した。資源の少ない日本にとっては、これは生死にかかわる重大事態である。パール判事も東京裁判で、「在外資産の全面凍結で日本を窮地に追いこんだ」と指摘して欧米側にも戦争責任（罪）があると証言している。

第二に日本は戦争には負けたが、この大戦のあと多くの植民地が独立したことである。これは日本が東亜の新秩序を目指して米英支蘭と戦ったことが、植民地に自主独立の気運をもたらしたことは明らかである。そして逆に欧米列強はこの大戦の結果、持てる植民地を殆んどすべて失い、その植民地が独立国となったということである。

この大戦後いかに多くの植民地が独立国家となったかを『世界の民族・国家興亡歴史地図表』（ジョン・ヘイウッド著、柊風舎）で調べてみると、第二次世界大戦が勃発した一九三九年より二〇〇二年までの間に、植民地から解放されて独立した国は一一四ヵ国あるとなっている。この植民地解放という点からみると、第二次世界大戦の結果として極めて重要な世界史的意味を持つものと感じざるを得ない。

以上明治から昭和に至る戦争の概略を述べるに当って、多くの著書を参考又は引用させて頂いた。それはいずれも私の心に適った著述であったからであり、ここに改めてその恩恵に感謝申し上げる次第であります。
最後に、この歴史の真実をみつめ、温故知新、過ちは反省し、正しきは堂々と主張し、かつての日本の名誉を回復し、世界に信頼される日本・日本人として隆々発展することを念願して筆を擱く。

平成二十九年九十三歳の春　佐　藤　豊

【参考文献】

『勝海舟』（松浦玲著　中公新書）
『勝海舟と西郷隆盛』（松浦玲著　岩波新書）
『西郷隆盛と明治維新』（坂野潤治著　講談社現代新書）
『近代日本の外交と政治』（坂野潤治著　研文出版）
『近代日本とアジア』（坂野潤治著　ちくま学芸文庫）
『大系日本の歴史13　近代日本の出発』（坂野潤治著　小学館）
『板垣退助　自由民権の夢と敗北』（榛葉英治著　新潮社）
『岡義武著作集　第一巻　明治政治史Ⅰ』（岩波書店）
『岡義武著作集　第二巻　明治政治史Ⅱ』（岩波書店）
『岡義武著作集　第三巻　転換期の大正』（岩波書店）
『岡義武著作集　第四巻　近代日本の政治家』（岩波書店）
『岡義武著作集　第五巻　山県有朋・近衛文麿』（岩波書店）
『日清戦争』（原田敬一著　吉川弘文館）
『侵略の世界史』（清水馨一郎著　祥伝社）
『日本の近代化５　政党から軍部へ』（北岡伸一著　中央公論新社）
『日本の近代化６　戦争・占領・講和』（五百旗頭真著　中央公論新社）
『守城の人』（村上兵衛著　光人社）

『日清・日露大戦争』（吉本貞昭著　ハート出版）
『近代日本の軌跡3　日清・日露戦争』（井口和起編　吉川弘文館）
『歴史物語朝鮮半島』（姜在彦著　朝日新聞社）
『日韓併合』（森山茂徳著　吉川弘文館）
『日韓併合の真実、韓国史家の証言』（崔基鎬著　ビジネス社）
『朝日新聞が報道した「日韓併合」の真実』（水間政憲著　徳間書店）
『施政二十五年史』（朝鮮総督府発行）
『奉天三十年上下』（クリスティー著　矢内原忠雄訳　岩波新書）
『日本政治史　外交と権力』（北岡伸一著　有斐閣）
『年表で読む　日本近現代史』（渡部昇一著　海竜社）
『渡部昇一の昭和史』（渡部昇一著　ワック）
『自衛の戦争だった　昭和の大戦』（渡部昇一著　ワック）
『日本史から見た日本人　昭和編』（渡部昇一著　祥伝社黄金文庫）
『山川日本近代史　外交と権力』（鳥海靖著　山川出版社）
『日本史・世界史同時代比較年表』（楠木誠一郎著　朝日文庫）
『昭和史』（半藤一利著　平凡社）
『昭和史の謎を追う〈上・下〉』（秦郁彦著　文藝春秋）
『昭和時代戦前・戦中期』（読売新聞昭和時代プロジェクト著　中央公論新社）
『日本の戦争』（皿木喜久著　ワック）

『満州事変　戦争と外交と』（臼井勝美著　中公新書）
『満州事変はなぜ起きたか』（筒井清忠著　中公新書）
『満蒙開拓、夢はるかなり　加藤完治と東宮鐵男〈上・下〉』（牧久著　ウェッジ）
『紫禁城の黄昏』（ジョンストン著・中山理訳　祥伝社）
『地ひらく　石原莞爾と昭和の夢〈上・下〉』（福田和也著　文春文庫）
『板垣征四郎と石原莞爾』（福井雄三著　ＰＨＰ）
『秘録石原莞爾』（横山臣平著　芙蓉書房）
『満州と岸信介』（太田尚樹著　ＫＡＤＯＫＡＷＡ）
『満州裏史』（太田尚樹著　講談社）
『青春の地はるか』（森繁久弥著　日本放送出版協会）
『新歴史の真実』（前野徹著　経済界）
『大系日本の歴史14　二つの大戦』（江口圭一著　小学館）
『日支事変外交観』（元駐独大使本多熊太郎著　千倉書房）
『日中戦争史』（秦郁彦著　河出書房新社）
『支那事変和平工作の群像』（戸部良一著　論創社）
『わかりやすい日中戦争』（三野正洋著　光人社）
『明と暗のノモンハン戦史』（秦郁彦著　ＰＨＰ研究所）
『自ら歴史を貶める日本人』（西尾幹二等現代史研究会　徳間書房）
『日本の植民地の真実』（黄文雄著　扶桑社）

『日中戦争知られざる真実』（黄文雄著　光文社知恵の森文庫）
『中国・韓国が死んでも教えない近現代史』（黄文雄著　徳間文庫）
『捏造された日本史』（黄文雄著　日本文芸社）
『それでも、日本は「戦争」を選んだ』（加藤陽子著　朝日新聞社）
『回想十年新版』（吉田茂著　毎日ワンズ）
『世界と日本』（吉田茂著　中央文庫）
『吉田茂とサンフランシスコ講和〈上・下〉』（三浦陽一著　大月書店）
『満州国建国は正当である』（ジョージ・ブロンソン・レー著　藤永二美訳　PHP）
『大東亜戦史』（責任編集　池田佑　富士書苑）
1太平洋編　2ビルマ・マレー編　3フィリピン編　4蘭印編　10東京裁判編
『太平洋戦争への道　開戦外交史』（日本国際政治学会太平洋戦争原因研究会編　朝日新聞社）
1満州事変前夜　2満州事変　3日中戦争上　4日中戦争下　5三国同盟・日ソ中立条約
6南方進出
『キーワード太平洋戦争』（太平洋戦争研究会著　新人物往来社）
『日本近現史⑥　アジア・太平洋戦争』（吉田裕著　岩波新書）
『戦争を仕掛けた国、仕掛けられた国』（土門周平著　光人社）
『大東亜戦争肯定論』（林房雄著　夏目書房）
『大東亜戦争への道』（中村粲著　展転社）
『第二次大戦とは何だったのか』（福田和也著　有斐閣）

『新しい歴史教科書 市販本』（杉原誠四郎ほか13名　自由社）
『昭和の戦争1 開戦前夜に』（吉村昭著　新潮社）
『日米開戦の正体』（孫崎享著　祥伝社）
『いま語らねばならない戦前史の真相』（孫崎享・鈴木邦男著　現代書館）
『経済で読み解く大東亜戦争』（上念司著　ＫＫベストセラーズ）
『日米関係史』（五百旗頭真編　有斐閣ブック）
『日本の「運命」について語ろう』（浅田次郎著　幻冬舎）
『潜行三千里』（辻政信著　毎日ワンズ）
『永続敗戦論』（白井聡著　太田出版）
『全文リットン報告書』（渡部昇一解説・編　ビジネス社）
『大本営参謀の情報戦記 情報なき国家の悲劇』（堀栄三著　文春文庫）
『日本戦争経済の崩壊』（アメリカ合衆国戦略爆撃調査団編・正木千冬訳　日本評論社）
『日本降伏』（纐纈厚著　日本評論社）
『アメリカの戦争責任』（竹田恒泰著　ＰＨＰ新書）
『嘘だらけの日中近現代史』（倉山満著　扶桑社新書）
『元大本営参謀の太平洋戦争』瀬島龍三インタビュー（東京新聞出版局）
『大東亜戦争の実相』（瀬島龍三著　ＰＨＰ研究所）
『平和への努力』（近衛文麿手記　昭和戦争文学全集別巻）
『大東亜戦争全史』（服部卓四郎著　原書房）

『大東亜戦争の真実・東条英機宣誓供述書』（東条由布子編・渡部昇一解説　ワック）
『「東条英機歴史の証言」東京裁判宣誓供述書を読みとく』（渡部昇一著　祥伝社）
『日本の戦争責任〈上・下〉』（若槻泰雄著　原書房）
『太平洋戦争〈上・下〉』（児島襄著　中公新書）
『東京裁判〈上・下〉』（児島襄著　中公新書）
『秘録東京裁判』（清瀬一郎著　中央文庫）
『国府田敬三郎伝』（河村幽川編　浜通新聞印刷）
『大東亜戦争失敗の本質』（日下公人・上島嘉郎著　ＰＨＰ）
『日米戦争を起こしたのは誰か ルーズベルトの罪状・フーバー大統領回顧録を論ず』
（加瀬英明序　藤井厳喜・稲村公望・茂木弘道著　勉誠出版）
『戦争犯罪国はアメリカだった』（ヘンリー・Ｓ・ストークス著　藤田裕行訳　ハート出版）
『なぜアメリカは対日戦争を仕掛けたのか』（加瀬英明・ヘンリー・Ｓ・ストークス著　祥伝社新書）
『連合国戦勝史観の虚妄』（ヘンリー・Ｓ・ストークス著　祥伝社新書）
『ルーズベルトの責任 日米戦争はなぜはじまったか〈上・下〉』
（チャールズ・Ａ・ビーアド著　開米潤＝監訳　藤原書店）
『幻の日本爆撃計画』（アラン・アームストロング著　塩谷紘訳　日本経済新聞出版社）
『太平洋戦争アメリカに嵌められた日本』（マックス・フォン・シュラー著　ワック）
『マッカーサー大戦回顧録』（ダグラス・マッカーサー著　津島一夫訳　中公文庫）
『日米戦争とは何だったか』（月刊レムナント二〇〇六年五・六・七・八月号　レムナント出版）

『神に愛された国・日本』（久保有政著　レムナント出版）
『大東亜戦争とスターリンの謀略』（三田村武夫著　自由選書）
『日本の戦争』（田原総一朗著　小学館）
『誰も書かなかった日本の戦争』（田原総一朗著）
『ある軍人の自伝』（佐々木到一著）
『見果てぬ夢』（星野直樹著）
『ノモンハン事件の真相と戦果』（小田洋太郎著　有明書院）
『アジア・太平洋戦争』（吉田裕・森茂樹著　吉川弘文館）
『世界の民族・国家興亡歴史地図表』（ジョン・ヘイウッド著　柊風舎）

【著者略歴】

学窓を出てからは、農業技術研究機関、農政部門等の官公庁の公務員として現役時代を過す。私の心情は〝農は国家の大本なり〟であり、この心情は現役を退いてからも変りなく、農一筋に過す。

北海道大学農学部卒業。北海道農林省札幌玉蜀黍試験地勤務。福島県園芸原種農場勤務。福島県農業試験場勤務。福島県勿来農業改良普及所勤務。福島県いわき地方事務所農政課勤務。いわき市役所農林部勤務。現役退く。

明治・大正・昭和の

日本の戦争史観

平成三十年七月二十五日発行

著　者　佐藤　豊

〒九七〇－八〇二一
福島県いわき市平中神谷字瀬戸七八
電　話　（〇二四六）三四－二五二〇

制　作
総発売元　歴史春秋出版株式会社
〒九六五－〇八四二
福島県会津若松市門田町中野大道東八－一
電　話　（〇二四二）二六－六五六七

印　刷　北日本印刷株式会社